PUENTE NUEVO Band 2

Guía didáctica

von
Evamaria Erhart de Fuentes
und Petronilo Pérez

Diesterweg

Puente Nuevo Band 2

Guía didáctica

von   Evamaria Erhart de Fuentes
      und Petronilo Pérez

Beratende Mitarbeit: Volker Glab

Symbole und Abkürzungen

   Übung auf CD

   Lösung

   Zusatzübung

* = falsche Verwendung

L = Lehrer/in

S = Schüler/in

© 2004 Bildungshaus Schulbuchverlage
Westermann Schroedel Diesterweg
Schöningh Winklers GmbH, Braunschweig
www.diesterweg.de

Das Werk und seine Teile sind urheberrechtlich geschützt. Jede Nutzung in anderen als den gesetzlich zugelassenen Fällen bedarf der vorherigen schriftlichen Einwilligung des Verlages. Hinweis zu §52 a UrhG: Weder das Werk noch seine Teile dürfen ohne eine solche Einwilligung gescannt und in ein Netzwerk eingestellt werden. Dies gilt auch für Intranets von Schulen und sonstigen Bildungseinrichtungen.

Druck A[1] / Jahr 2004

Alle Drucke der Serie A sind im Unterricht parallel verwendbar.
Redaktion: Burgunde Niemczyk
Layout und Herstellung: Harald Thumser
Satz und Reproduktion: Fotosatz Griesheim GmbH, Griesheim
Druck: Oeding, Braunschweig
Bindung: Langelüddecke, Braunschweig

ISBN 3-425-09685-0

Inhaltsverzeichnis

Zur Konzeption von PUENTE NUEVO

Seite

1 Zielgruppe 4
2 Zielsetzung 4
3 Methodisch-didaktische Prinzipien 4
4 Lerninhalte 5
5 Die Lehrwerkbestandteile von PUENTE NUEVO 5

Hinweise zu den einzelnen *Unidades*

Unidad 13 9
Unidad 14 25
Unidad 15 41
Unidad 16 55
Unidad 17 70
Unidad 18 85
Unidad 19 103
Unidad 20 118

Tests und Zusatzmaterialien

Unidad 13 135
Unidad 14 142
Unidad 15 150
Unidad 16 158
Unidad 17 164
Unidad 18 173
Unidad 19 180
Unidad 20 187

Lösungsvorschläge zu den Zusatzmaterialien 195

Einleitung

Zur Konzeption von PUENTE NUEVO

1 Zielgruppe

PUENTE NUEVO ist konzipiert für Schulen, die Spanisch als dritte Fremdsprache bzw. spät beginnende Fremdsprache anbieten.
Hinsichtlich der Lerninhalte, der Themenauswahl, des Textumfanges und der grammatischen Progression wurde von Lernenden ausgegangen, die bereits mindestens eine, in der Regel jedoch zwei Fremdsprachen gelernt haben und mit den grundlegenden Arbeitstechniken im Fremdsprachenunterricht vertraut sind.

2 Zielsetzung

In Band 2 von PUENTE NUEVO stehen die thematischen Aspekte im Vordergrund. Er zielt darauf ab, sich mündlich und schriftlich in differenzierter Form zu aktuellen Inhalten zu äußern.

Als allgemeine Zielsetzungen für die Arbeit mit PUENTE NUEVO sind zu nennen:

- der Erwerb einer grundlegenden Verständigungskompetenz in allen Fertigkeiten in authentischen spanischsprachigen Situationen,
- die Kenntnis anderer Lebensweisen und Kulturen, Bewusstwerdung der eigenen kulturellen Identität,
- der bewusste Umgang mit den bisher erlernten Sprachen, der Erwerb von Vergleichskompetenz,
- der handlungsorientierte, interaktive Umgang mit Sprache,
- die Entwicklung von Lernkompetenz und Selbstverantwortung.

3 Methodisch-didaktische Prinzipien

Band 2 baut auf den bisher erworbenen Kenntnissen und Fertigkeiten auf und intendiert die erweiterte Befähigung zur Kommunikation in der Zielsprache.
Rezeptiv gilt die Gewöhnung an umfangreichere und komplexere Texte, produktiv sind wesentlich komplexere Aufgaben- und Problemstellungen zu bewältigen.
Neben dem Ausbau von Sachkompetenz steht der Erwerb von Methodenkompetenz.
Die Schülerinnen und Schüler werden angeleitet, eigene Lernstrategien zu entwickeln und unterschiedliche Lern- und Arbeitstechniken sach- und situationsgerecht anzuwenden (s. auch Anhang von *Cuaderno de actividades* zu PUENTE NUEVO 1, Druck B [5 4 3 2 1], S. 81 ff.).
Sie sollen sich ganz selbstverständlich der notwendigen Hilfsmittel bedienen und in der Lage sein, sich auf verschiedenen Wegen Informationen zu beschaffen, auszuwerten und zu präsentieren (Erwerb von Medienkompetenz).

Die Schülerinnen und Schüler sind nun zunehmend in der Lage, Meinungen und Wertungen, Wunschvorstellungen, Zukunftsabsichten zu äußern und diese sprachlich korrekt (z.B. unter Verwendung von *Subjuntivo*-Konstruktionen und Konditionalsätzen) zu formulieren.
Sie lernen typische Merkmale einiger Texte kennen und beziehen sie in die eigene Textproduktion ein (Zusammenfassung, Textanalyse, Interpretation, persönlicher Kommentar).
Bei der Einführung in ein neues Thema sollte im Sinne der Vernetzung an das Vorwissen der Schüler angeknüpft und eine Erwartungshaltung aufgebaut werden. Falls es sich vom Text her anbietet, können Hypothesen darüber gebildet werden, wie die Handlung weitergehen oder enden könnte. In Band 2 eignen sich dazu besonders gut die Texte der Unidades 17 und 18.
Für die Textproduktion bieten sich u.a. folgende Möglichkeiten:
- eine Präsentation zu einem Land machen (*Unidades* 13, 16, 19),
- ein Reisetagebuch führen (*Unidades* 13, 15, 16, 19),
- eine Geschichte, ein Gedicht oder einen Songtext schreiben (*Unidades* 14, 16, 18),
- einen Perspektivenwechsel vornehmen (*Unidad* 18),
- eine kontroverse Diskussion führen (*Unidades* 15, 16, 18)
- eine Wandzeitung für die Klasse herstellen.

Die Schülerinnen und Schüler übernehmen die Rolle von Sprachmittlern in zweisprachigen Situationen (Dolmetschen / Übersetzen von der Ausgangs- in die Zielsprache und umgekehrt) und können spanischsprachige Texte inhaltlich, sprachlich und stilistisch adäquat wiedergeben.
Sie erwerben Studien- und berufsorientierende Kompetenz (Bewerbung, Lebenslauf zur Vorbereitung von Aufenthalten, Berufspraktika und Studien in Spanien oder Lateinamerika).
Durch entsprechende Hinweise im Unterricht (s. auch die Rubrik *Conviene saberlo*) verfügen sie zunehmend über kulturelle Kompetenz und können diese in Realsituationen adäquat einbringen.

Sie sind sich ihrer Lernfortschritte bewusst und bereit, über den schulischen Unterricht hinaus eigenständig ihr Wissen zu erweitern und zu vertiefen.

4 Lerninhalte

4.1 Themen / Inhalte

Ein zentrales Anliegen der Lehrwerkkonzeption ist die Vermittlung von landeskundlichen Kenntnissen und soziokulturellen Kontexten sowie die Bewusstmachung von interkulturellen Unterschieden. Während in Band 1 überwiegend Situationen des Alltagslebens vermittelt werden, stehen in Band 2 authentische Texte mit Berichten über unterschiedliche Lebensformen im Vordergrund. Zum Themenspektrum gehören u.a.: Tourismus / Ökologie (*Unidad* 15), Emigration (*Unidades* 16 und 19), soziale Unterschiede (*Unidad* 18), Gegensatz Stadt – Land (*Unidad* 18). Außerdem werden – ausgehend von dem Spielfilm *La lengua de las mariposas* – in *Unidad* 17 die Themen II. Republik und *Guerra Civil* behandelt.

Unidad 20 lenkt den Blick auf historische Gegebenheiten mit den Schwerpunkten: *Reconquista*, die drei Religionen, Eroberung Lateinamerikas und vorkolumbianische Kulturen.

Mit Chile (*Unidad* 13), Mexiko (*Unidad* 16) und Argentinien (*Unidad* 19) werden drei lateinamerikanische Länder ausführlicher vorgestellt.

4.2 Sprache und Wortschatz

PUENTE NUEVO verwendet die kastilische Sprachnorm, auf lateinamerikanische Varianten wird an entsprechender Stelle hingewiesen.

Bei der Festlegung des aktiven Wortschatzes wurde auf thematische Notwendigkeit und kommunikative Relevanz geachtet.

Der rezeptive Wortschatz ist häufig transparent und durch Kontext, Wortableitungen, Internationalismen etc. zu erschließen.

Zur Unterscheidung von aktivem und passivem Vokabular ist in der *Lista de palabras* der Lernwortschatz halbfett hervorgehoben.

Der chronologische Wortschatz enthält neben der Übersetzung ins Deutsche eine dritte Spalte mit der Kontextualisierung des Lernwortschatzes.

Das alphabetische Register enthält den Wortschatz von Band 1 und 2 mit Angabe des ersten Auftretens und der entsprechenden Übersetzung ins Deutsche.

4.3 Grammatik

Die grammatische Progression orientiert sich sowohl an der didaktischen als auch an der thematischen Notwendigkeit.

Die Komplexität von Themen und Inhalten führt auch im Bereich der Syntax zu komplexeren Strukturen (konditionale Satzgefüge, indirekte Rede, Passivkonstruktionen, Gebrauch unterschiedlicher Tempora im Kontext etc.).

Zu Beginn von Band 2 wird der *Subjuntivo*, der in Band 1 nur punktuell vorkam, systematisch eingeführt und sukzessive vertieft. Auch werden die Zeiten des Indikativ durch Futur und Konditional vervollständigt.

Zur schnelleren Orientierung werden die neu einzuführenden Grammatikstrukturen im Rahmen der jeweiligen *Unidad* präsentiert und erklärt.

Eine Übersicht über die Verben in Form einer Konjugationstabelle erfolgt im Anhang am Ende des Schülerbandes. Der anschließende Grammatikindex zum schnellen Auffinden eines grammatischen Phänomens gilt für beide Bände.

5 Die Lehrwerkbestandteile von PUENTE NUEVO

PUENTE NUEVO besteht aus zwei Bänden, die jeweils den Schülerband *(Libro de texto)*, das Arbeitsheft *(Cuaderno de actividades)*, zwei CDs und die Lehrermaterialien *(Guía didáctica)* umfassen. Die Arbeitshefte sind wahlweise mit oder ohne Sprachtrainer auf CD-ROM erhältlich. Der Multimedia-Sprachtrainer kann auch separat erworben werden.

Das Werk ist in insgesamt 20 Unidades unterteilt, von denen Band 1 die *Unidades* 1 – 12, Band 2 die *Unidades* 13 – 20 enthält.

Für die Bearbeitung der einzelnen Lektionen ist ein Zeitaufwand von etwa 14 – 18 Unterrichtsstunden zu veranschlagen.

5.1 Das Schülerbuch

Eine *Unidad* besteht in der Regel aus:
– einer vorgeschalteten Fotodoppelseite mit landeskundlichem Inhalt,
– einem Textteil mit einem oder mehreren Texten,
– einem Übungsteil (*Actividades*),
– einer Zusammenfassung der in der Lektion vorgekommenen Redemittel (*Esto te ayuda …*)
– einem Grammatikteil mit den neu einzuführenden Strukturen (*Gramática*).

Der Anhang zu Band 2 enthält
– eine Übersicht über das spanische Regierungssystem (*El sistema institucional español*), S. 130,
– ein landeskundliches Lexikon in spanischer Sprache (*Nombres y lugares*) mit Informationen zu den in den Lektionen vorkommenden Personen und Orten, S. 131 – 137,

Einleitung

- eine Zusammenstellung der Arbeitsanweisungen *(Para hacer las actividades del libro)*, S. 138 – 139,
- das chronologische Vokabular *(Lista de palabras por unidades)*, S. 140 – 171,
- das zweisprachige alphabetische Register *(Lista alfabética)*, S. 172 – 198,
- eine Konjugationstabelle mit den in Band 1 eingeführten Verbparadigmen und unregelmäßigen Verben *(Conjugación de los verbos)*, S. 199 – 207,
- einen alphabetisch geordneten Grammatikindex *(Índice gramatical)* zum schnellen Auffinden eines Grammatikphänomens, S. 208 – 210.

Die vorderen und hinteren Umschlaginnenseiten der beiden Schülerbücher enthalten die politischen und geographischen Karten Spaniens und Lateinamerikas.

5.1.1 Der Textteil

PUENTE NUEVO hat die Intention, ein möglichst realitätsnahes Bild der spanischsprachigen Welt zu vermitteln. Daher gibt es zu einigen *Unidades* vor- bzw. zwischengeschaltete Fotodoppelseiten, die wissenswerte Informationen zum jeweiligen Land enthalten und sich für eine selbstständige Erarbeitung eignen. Das neue Vokabular dieser fakultativen Texte wird im Vokabelverzeichnis aufgeführt, gehört aber nicht zum Lernwortschatz. In Band 2 gilt dies für die *Unidades* 13 und 16. Dagegen ist der Text-Bildteil in *Unidad* 19 (S. 96 – 99) obligatorisch. In den *Unidades* 15 und 19 werden zu den Fotos lediglich kurze Bildlegenden gegeben, so dass die Schülerinnen und Schüler dazu eigene Kommentare erstellen können.

Soweit es für diese Stufe möglich war, wurden Originaltexte ausgewählt und dann für das entsprechende Niveau angepasst.
Bei Sachinformationen und landeskundlichen Themen, insbesondere solchen, die kontrovers diskutiert werden, wurde auf offene Anlage Wert gelegt. Die Texte und Übungen bieten in der Regel "Aufhänger" für weitergehende Informationen, die aus anderen Quellen (Internet, Tageszeitungen, Zeitschriften, Radio- und Fernsehsendungen) aktuell besorgt werden können.
Wie bisher sollten die einführenden Texte nach entsprechender Vorentlastung und – soweit erforderlich abschnittweise – als Hörverstehenstext von der CD präsentiert werden.
Die neuen Strukturen sind in der Regel innerhalb des Textes so verteilt, dass Text und Grammatik schrittweise – ggf. auf verschiedene Unterrichtseinheiten verteilt – eingeführt werden können. In den Hinweisen zu den einzelnen *Unidades* (siehe dort) wird auf diese Möglichkeit im Detail eingegangen.

5.1.2 Der Übungsteil *(Actividades)*

Es werden Übungen zum Textverständnis, zum Hörverstehen, zu Wortschatz und Strukturen, kommunikative und handlungsorientierte Übungen angeboten. Strukturübungen sind generell mit einem Querverweis zum entsprechenden Abschnitt des Grammatikteiles versehen, auch wenn es sich nicht um rein grammatische Übungen handelt.
Übungen, in denen ein einziges grammatikalisches Phänomen gefestigt werden soll, wechseln ab mit solchen, in denen auf mehrere Aspekte zu achten ist. Dies bedeutet, dass die Reihenfolge der Übungen im Lehrbuch nicht einem linearen Ablauf entsprechen kann. Bestimmte Übungen können sofort nach Einführung einer Struktur durchgeführt werden, da sie keine inhaltlichen Kenntnisse voraussetzen, andere beziehen sich auf den Inhalt der Lektion und setzen daher die Lektüre des Textes voraus.

Auch im Übungsteil des Schülerbuches werden landes- und kulturkundliche Themen behandelt, so z.B.:

A 13.2   Die Bevölkerung Chiles,
A 13.14 ONG,
A 15.17 Umweltzerstörung,
A 16.15 Illegale Einwanderer in den USA,
A 16.16 „Spanglish",
A 17.15 Der spanische Bürgerkrieg,
A 17.16 Film,
A 18.3   Analphabetismus,
A 18.10 Landflucht,
A 18.15 Straßenkinder,
A 19.15 Sprachvergleich spanisch – argentinisch.

5.1.3 Der Grammatikteil *(Gramática)*

Die Präsentation des grammatischen Stoffes erfolgt immer am Ende der jeweiligen *Unidad*, wobei *Unidad* 20 keine neuen grammatischen Strukturen enthält.
Knappe, präzise Regeln und anschauliche Beispielsätze unterstützen die kognitive Herangehensweise im Umgang mit Grammatik.
Einer möglichst eindeutigen Zuordnung von Beispiel und Erläuterung bzw. Regel dient die parallele Anordnung, so dass sich Beispiel und Regel gegenseitig erschließen.
Die Beispiele sind den Lektionstexten entnommen oder zumindest an sie angelehnt und werden daher nicht übersetzt.
Eine Zusammenstellung der Verben mit Konjugationstabelle erfolgt im Anhang am Ende des Bandes.

5.2 Die Tonmaterialien

Zu jedem Band gibt es zwei CDs:
- jeweils eine CD zum Schülerbuch mit den Lektionstexten, Liedern, Gedichten und Hörübungen und

– eine CD zum Arbeitsheft mit Hörtexten und Hörübungen.

Die Texte werden von spanischen und lateinamerikanischen Sprecherinnen und Sprechern vorgetragen, so dass die Schüler unterschiedliche Aussprachevarianten kennen lernen.

5.3 Das Arbeitsheft

Das *Cuaderno de actividades* ist auf das Schülerbuch abgestimmt und entspricht ihm in Aufbau und Progression. In den *Unidades* 14 und 15 wird darüber hinaus das Thema „Arbeitswelt" schwerpunktmäßig behandelt (Berufe / Stellenanzeigen / Bewerbung / Lebenslauf).
Die *Actividades* sind schriftlich in Einzelarbeit sowie schriftlich oder mündlich in Partner- bzw. Gruppenarbeit zu bearbeiten. Neue Vokabeln sind jeweils unten auf der Seite durch Fußnote angegeben.
Einige Übungen bzw. Übungsteile erfordern die Benutzung eines Wörterbuches. Diese werden durch Symbol gekennzeichnet.
Strukturübungen sind mit einem Querverweis zum entsprechenden Abschnitt des Grammatikteils im Schülerband versehen. Jede *Unidad* enthält mehrere Hörverstehensübungen, die durch CD-Symbol gekennzeichnet sind.
Am Ende des *Cuaderno de actividades* gibt es wie in Band 1 ein landeskundliches Quiz zur Überprüfung der erworbenen Kenntnisse (20.15).

Das *Cuaderno de actividades* ist auch mit integrierter CD-ROM erhältlich (s. 5.4).

5.4 Multimedia-Sprach-Trainer

Der Sprachtrainer bietet zu jeder *Unidad* ein abwechslungsreiches Übungsprogramm auf CD-ROM mit jeweils 10 Übungen und einem abschließenden Test. Zu den Übungsformen gehören Zuordnungsübungen, bildgesteuerte Übungen, Lotto, Lese- und Hörverstehensübungen etc.
Im Grammatikteil, der dem des Lehrbuchs entspricht, gibt es Links zu den passenden Übungen der jeweils angezeigten grammatischen Struktur. Mit dem Vokabeltrainer kann der Wortschatz kapitelweise oder insgesamt Spanisch-Deutsch oder Deutsch-Spanisch gelernt und wiederholt werden.

5.5 Die Lehrermaterialien

5.5.1 Zu den Unidades

Zu jeder *Unidad* werden konkrete Hinweise und Anregungen für einen effektiven und erfolgreichen Einsatz des Lehrwerkes PUENTE NUEVO im Unterricht gegeben.

Im Einzelnen gehören zu jeder *Unidad*:
– ein Strukturraster zur schnellen Übersicht von: Thema / Situation, Ziel, Grammatik, Landeskunde, Sprechintention, Hörverstehen,
– eine Tabelle mit dem aktiven Wortschatz,
– eine Grobstruktur bzw. Untergliederung in einzelne Phasen,
– Vorschläge für die Ausgestaltung der Phasen bzw. für die Textarbeit mit Anmerkungen zu den Lektionstexten,
– Lösungen zu dem *Libro de texto* und dem *Cuaderno de actividades* sowie die Hörtexte und Hörverstehensübungen.

In der Regel werden zu jeder Übung die Lösungen bzw. ein Lösungsvorschlag gegeben.
Darüber hinaus wird auf eventuell zu erwartende Schwierigkeiten bzw. Schülerfragen oder spezielle Problemstellungen hingewiesen.
Gelegentlich wird auf landeskundliche Besonderheiten aufmerksam gemacht.
Im Lösungsteil sind die Erläuterungen und Anmerkungen zu den jeweiligen Übungen in spanischer Sprache gehalten. In einer Randspalte werden die wichtigsten Schlüsselbegriffe nochmals auf Deutsch zusammengefasst.

5.5.2 Zum Anhang

Der Anhang enthält Zusatzmaterialien und Tests zur Lernerfolgskontrolle, die vielseitig genutzt werden können:
– als Ergänzung und Intensivierung des behandelten Stoffes,
– als Wiederholung nach einer längeren Pause (z. B. nach den Ferien), wenn Kenntnisse wieder reaktiviert werden müssen,
– als Bausteine für einen Lernzirkel zu bestimmten Themen bzw. Grammatikkapiteln,
– als Teilbereiche von Freiarbeitsphasen.

Sie wurden als komplexe Aufgabentpyen erstellt, bei denen die Schülerinnen und Schüler aufgefordert sind, die Gesamtheit eines Themas bzw. der Sprache (d. h. Grammatik, Satzbau, Wortschatz, Idiomatik) zu erfassen und sowohl mündlich als auch schriftlich zu verbalisieren.

Es werden für jede *Unidad* drei Leistungskontrollen angeboten:
– Der Vokabeltest / *Examen corto de español* (1) (30 Punkte)
kann als einfache Hausaufgabenüberprüfung, oder auch als Wiederholungstest eingesetzt werden. Er stützt sich ausschließlich auf das Basisvokabular. Lehrerinnen und Lehrer, die den Unterricht mit einem größeren Wortschatz bereichern, müssten weitere Lernkontrollen individuell ergänzen.

Einleitung

- Der Grammatiktest / *Examen corto de español* (2) (30 Punkte)

bietet sich als intensive Überprüfung am Ende einer *Unidad* an oder aber auch als rückgreifende Wiederholung nach einigen Wochen bzw. Monaten. Es wurde bei den Kopiervorlagen ein kleiner Vokabelteil integriert, so dass auch die schwächeren Schüler eine Chance haben, sich wenigstens einen Teil der Punkte zu sichern.

- Die Klassenarbeit / *Examen de español* (60 Punkte)

ist dagegen wesentlich umfangreicher und in ihren Anforderungen komplexer gestaltet. Sie deckt die Bereiche Wortschatz, Grammatik, Textverständnis und Textgestaltung ab und stellt die Grundlage für die Lernziele der Klasse 13 dar.

# Unidad 13

Tiene largo, pero no tiene ancho

Situation / Thema

Paloma erhält eine E-Mail von ihrer chilenischen Brieffreundin Paula.

Ziel

Vermittlung chilenischer Landeskunde unter Einbeziehung sozialkundlicher Themen (z.B. Analphabetismus und Aids).

Grammatik[1]

Presente de subjuntivo	G 13.1
Subjuntivo der Verben mit Diphthong	G 13.2
Orthographische Veränderung beim *Subjuntivo*	G 13.3
Unregelmäßiges Präsens des *Subjuntivo*	G 13.4
El perfecto de subjuntivo	G 13.5
El uso del subjuntivo (I)	G 13.6
El uso de subjuntivo (II) *en frase subordinada*	G 13.7

Landeskunde

Bildpräsentation zum Thema "Chile" mit folgenden Themen:
1. La cultura chinchorro / 2. La araucaria / 3. La Isla de Pascua / 4. Geografía. (fakultativ)
Arbeit der ONG.

Sprechintentionen

Mit Hilfe des *Subjuntivo* Gefühle, Hoffnung, Wünsche, Erlaubnis, Verbot, Ratschläge, Zweifel und Meinung ausdrücken.

Hörverstehen

Actividades:	A 13.6	*Estos conflictos*
Cuaderno de actividades:	13. 9	*Todos tenemos nuestros deseos*
	13.17	*Buen oído*

---

[1] Erfahrungsgemäß fällt es den S leichter, sich mit den Formen des *Subjuntivo* schrittweise anzufreunden. Aus diesem Grund ist es sinnvoll, im Unterricht zunächst nur die Fälle zu behandeln, die in den Texten und Übungen vorkommen. In den Folgelektionen werden Formen und Gebrauch des *Subjuntivos* jeweils um neue Aspekte ergänzt.

Unidad 13

Wortschatz und Strukturen

Substantive	Verben	Adjektive / Adverbien	andere Strukturen
Lástima que esté tan lejos			
el correo electrónico	fijar una fecha	personalmente	lástima
el saludo	contactar con	fantástico/a	a cambio
el bosque	desconfiar de	digno/a de	acá
el desierto	estar dispuesto/a a	deprimido/a	ojalá
el pasaje	hacer algo por alg.	divertido/a	de momento
la tarea	darle rabia a alg.	chistoso/a	
el analfabeto	dar igual		
el barrio	tratar de		
	proteger(se)		
el gobierno	contagiar(se) de		
la situación	quedar embarazada		
el animal	prohibir		
la actividad	divertirse		
el asunto	hacer el amor		
el SIDA	perseguir		
el objetivo	dar envidia		
la esperanza	seguir juntos		
la relación	cortar con		
el curso de alfabetización			

Grobstruktur der Unidad 13

Phase 1: Gruppenarbeit zu landeskundlichen und kulturellen Aspekten Chiles als Einstieg in die Lektion. Erarbeitung und Ergänzung des Textes *Tiene largo, pero no tiene ancho* (fakultativ).

Phase 2: Präsentation der Ergebnisse (fakultativ).

Phase 3: Einführung und Festigung des *Subjuntivo* am Beispiel des Textes *Lástima que esté tan lejos*.

Phase 4: Punktuelle Vertiefung des Textes *Lástima que esté tan lejos* zu den Themen „Analphabetismus" und „ONG".

Vorschläge zur Gestaltung der Phasen bzw. Textarbeit

Phase 1 (fakultativ)

Mit dem ersten Band von PUENTE NUEVO haben sich die S einen beachtlichen Wortschatz und eine solide Basis an Grammatik erarbeitet. Beides kann in PUENTE NUEVO 2 genutzt werden, um sich intensiver mit landeskundlichen bzw. kulturellen Themen auseinanderzusetzen. *Unidad* 13 bietet eine optimale Grundlage für eine arbeitsteilige Auseinandersetzung mit ausgewählten kulturellen bzw. landeskundlichen Aspekten Chiles.
Nach einer kurzen geographischen Einordnung Chiles auf der Landkarte Lateinamerikas mit Hilfe

des Arbeitsblatts (Zusatzmaterialien, Aufgabe 1), können Vorkenntnisse bzw. Interessensgebiete der S durch ein lockeres Unterrichtsgespräch erkundet werden. Meist nennen die S einen Aspekt, der als Überleitung in die Einführung der Gruppenarbeit genutzt werden kann. Der Text *Tiene largo, pero no tiene ancho* sollte von vornherein arbeitsteilig behandelt werden. Sowohl die Seiten 8 und 9 der *Unidad* 13 als auch die Übung 13.13 im *Cuaderno de actividades* bieten eine thematische Aufteilung für die unterschiedlichen Gruppen an. Je nach Klassengröße ist eine Ergänzung des Themen-Fundus denkbar, so dass möglichst alle S an dieser Aufgabe beteiligt sind.

Mögliche Themen-Auswahl:
1. *La geografía de Chile. Montañas, lugares nevados y volcanes,*
2. *Aspectos arqueológicos de Chile,*
3. *La Isla de Pascua,*
4. *Pueblos indígenas de Chile: los araucanos, los onas, los yaghans, los alacalufes,*
5. *Comida típica,*
6. *Fiestas típicas,*
7. *Pablo Neruda – biografía* + Textbeispiele,
8. *Isabel Allende – biografía* + ein ausgewähltes Werk (z.B. „Das Geisterhaus", Buch + Film).

Phase 2

Da es sich nun um fortgeschrittene Lerngruppen handelt, empfiehlt es sich – soweit möglich – die Kurzreferate in spanischer Sprache vorbereiten und präsentieren zu lassen. Eine entsprechende Veranschaulichung der Themen durch Fotos, Plakate, Filme, Gedichte, Werbetexte, etc. erscheint in dieser Phase sinnvoll und sollte bei den einzelnen Gruppenarbeiten berücksichtigt werden. Um eine gemeinsame Grundlage in der Klasse für die Weiterarbeit mit der Lektion zu gewährleisten, kann man den einzelnen Gruppen zusätzlich die Aufgabe geben, sowohl eine Zusammenfassung des spezifisch behandelten Themas als auch eine Lernkontrolle auf Spanisch für die Zuhörer zu erstellen (z.B. als Fragebogen oder Rätsel).

Phase 3

Der Text *Lástima que esté tan lejos* bildet den eigentlichen Lektionstext. Die Übungen A 13.1 und A 13.2 schärfen zunächst den Blick für die Vergangenheitszeiten und sind als Festigung der letzten Kapitel in PUENTE NUEVO Band I zu verstehen, bevor die S mit dem *Subjuntivo* konfrontiert werden. Danach scheint eine kurze Einführung des *Subjuntivo* notwendig. Hierzu bedarf es einiger Erläuterungen, bevor die Konjugationsformen eingeführt werden. Erst dann sind die S in der Lage, mit Hilfe der Aufgabe A 13.4 den *Subjuntivo* am Text genauer zu erforschen und zu üben.

Textbezogene Aufgaben:
Um den Wortschatz und die Grammatik textbezogen zu üben, können folgende Aufgaben bearbeitet werden: *Cuaderno de actividades* 13.2, 13.7, 13.12, 13.14. Zur inhaltlichen Ergänzung des Textes eignet sich die Aufgabe 13.1 im *Cuaderno de actividades*.

Textunabhängige Aufgaben:
Daneben bietet die Lektion eine zahlreiche Auswahl an textunabhängigen Übungen, mit denen der *Subjuntivo* eingeübt werden kann: *Actividades* A 13.5, A 13.7, A 13.8, A 13.11, A 13.12, *Cuaderno de actividades* 13.10, 13.3, 13.4, 13.5, 13.6.

Zur Gestaltung von Dialogen können folgende Übungen genutzt werden: *Actividades* A 13.10, *Cuaderno de actividades* 13.9.

Als Hörübung kann *Actividades* A 13.6 eingesetzt werden.

Die Übungen 13.11 und 13.8 im *Cuaderno de actividades* legen den Schwerpunkt auf die Differenzierung von Indikativ und *Subjuntivo*. Da sie für die S häufig eine besondere Herausforderung darstellen, sollten sie erst dann behandelt werden, wenn sowohl die Indikativ- als auch die *Subjuntivo*-Formen beherrscht werden. Als Vorlauf kann hier die Verbtabelle (Zusatzmaterialien, Aufgabe 2) bearbeitet werden, um zu gewährleisten, dass die Formen vorher sitzen.

Anmerkungen zum Text:

Zeile 1 (Einführung): *P. vio que tenía:* Die 3. Pers. Sg. von *ver* im *Indefindo* kann sowohl mit als auch ohne Akzent geschrieben werden (*vió / vio*).

Zeile 2 (Einführung): *por Internet:* Der Ausdruck "Internet" wird im Spanischen normalerweise ohne Artikel benutzt und groß geschrieben. Es ist auch möglich, den männlichen Artikel zu setzen.

Zeile 3: *ya verás:* Futurform (noch nicht eingeführt), die lediglich als Vokabel behandelt werden sollte.

Zeile 8: *Por una vida digna:* Die Verben *luchar, trabajar, esforzarse* werden mit der Präposition *por* verwendet, um das damit verbundene Ziel zu kennzeichnen.

Zeile 9: *poblaciones marginales:* Die Bezeichnung für Elendsviertel variiert in den unterschiedlichen Ländern, so dass der in Chile gebräuchliche Begriff *poblaciones marginales* nicht ohne weiteres auf andere Länder oder Regionen übertragen werden kann.

Zeile 13: *sin pedirles nada a cambio:* Im Unterschied zum Deutschen ist es im Spanischen nicht möglich, nach der Präposition *sin* eine bejahende Partikel zu benutzen. Es muss eine negative Partikel wie *nada, nadie,* etc. folgen.

Zeile 14: *me da rabia que el Gobierno:* Die Groß- und Kleinschreibung bei Institutionen ist nicht eindeutig geregelt. Geht es um die Regierung eines bestimmten Landes, so wird *Gobierno* groß geschrieben.

Unidad 13

Zeile 18: *nunca fueron al colegio:* Gebrauch des *Indefinido* in Lateinamerika, in Spanien würde man wegen des Bezugs zur Gegenwart, in der sich der Sprecher befindet, das Perfekt gebrauchen.

Zeile 21: *para que no queden embarazadas:* In Spanien wird dieses Verb reflexiv gebraucht, in Chile nicht.

Zeile 26: *que dicen ustedes:* Die Sprecherin ist Chilenin und verwendet deshalb die Form *ustedes*. Eine Spanierin hätte dagegen die Form *vosotros* benutzt (s. auch Zeile 31: *¿o ya no siguen juntos?* anstelle von *¿ya no seguís juntos?*).

Phase 4

Mit dem zweiten Band von PUENTE NUEVO gilt es u.a., die S auf das schriftliche und mündliche Abitur bzw. auf das Studium oder einen Auslandsaufenthalt vorzubereiten. Die S müssen in der Lage sein, Inhalte, Meinungen, Fragen, Stellungnahmen zu formulieren bzw. zu verstehen. Aus diesem Grund nehmen die kreativen Arbeitsphasen in diesem Band eine besondere Stellung ein. Sie sind für L und S zwar zeit- und arbeitsaufwändig, für die Entwicklung einer niveauvollen Ausdrucksfähigkeit jedoch unverzichtbar.

Nach intensiver Auseinandersetzung mit dem Text *Lástima que esté tan lejos* kann dieser sowohl mit einer Textgestaltungs- und daran anschließenden Hörverstehensübung (*Cuaderno de actividades* 13.15, 13.17) als auch mit einer Recherche zu den Themen „ONG", „Analphabetismus" (*Actividades* A 13.4 und *Cuaderno de actividades* 13.8) ergänzt werden.

Zusatzmaterialien

(s. Anhang, S. 140-141)

1. Übung zur geographischen Einordnung Chiles.
2. Verbtabelle zur Festigung des *Indicativo* und *Subjuntivo*.
3. Worträtsel zum Vokabular der *Unidad* 13.

Unidad 13

Soluciones

Observaciones generales:

– En cada uno de los ejercicios se añade la información o las sugerencias que creemos oportunas.
– Por razones prácticas usamos el término "el profesor" en sentido general, es decir, nos referimos tanto a los profesores como a las profesoras.
– Cuando se habla de "alumnos" se habla en sentido genérico de todos, chicos y chicas.

el profesor steht für *el profesor / la profesora*

los alumnos steht für *los alumnos / las alumnas*

Libro de texto

A 13.1 Bien dicho

Verbos en indefinido:

abrió el correo (introducción)	acto puntual y único concluido antes del presente (hoy)
vio (introducción)	misma razón
te **conté** (línea 8)	misma razón
empecé (línea 9)	misma razón
nunca **fueron** (línea 18)	podía ser el perfecto "nunca han ido", característica del castellano de LA
me **pareció** muy divertido (línea 26)	reacción ante un mensaje o percepción
desde que **corté** (línea 31)	hecho puntual en el pasado, decisión

Verbos en imperfecto:

vio que **tenía** un e-mail (introducción)	lo que se percibe es la realidad presente en ese momento del pasado, el e-mail está en ese momento disponible
¿**sabías** que ...? (línea 5)	forma de cortesía en vez del presente "sabes que"
te conté que **iba** a trabajar (línea 8)	en vez del presente "voy a trabajar" debido a las reglas de la concordancia cuando se introduce el mensaje con un indefinido, imperfecto o pluscuamperfecto

Verbos en perfecto:

has fijado (línea 2)	acto no concluido

A 13.2 Un poco de historia

que han vivido / que vivieron – murió – encendían fuegos – fueron la razón – dieron – que vio – fue Fernando – fue él – atravesó – salió de – tuvo que – condujo otra – fundó en 1541 – cruzó el río – se encontró con – capturaron – ejecutaron – consiguieron

A 13.3 Todo lo contrario

pronto – tarde
no tiene nada – tiene mucho / tiene de todo
cerca – lejos
barato – caro
olvidarse – recordar / acordarse de
terminar – comenzar / empezar
fácil – difícil
confiar en – desconfiar de

nadie – alguien
mucho – poco
tampoco – también
mayorcito – jovencito
permitir – prohibir
aburrido – divertido
malo – bueno

Unidad 13

A 13.4 Las cosas formales ▶ G 13.1 – 13.4

Líneas 1 a 16:
esté tan lejos – que **vengas** – **sean** tan caros – para que no **sean** – **esté** dispuesto – que **haga** tan poco – que la gente **viva**

Líneas 17 a 33:
que **comprendan** – que se **protejan** – que no se **contagien** – para que no **queden** embarazadas – que **hagan** el amor – que se **hagan** realidad – quizás **sea** – que **hayas** terminado – ojalá también yo lo **pase** – para que **salga** con él – que lo **pases** bien – que te **diviertas**

A 13.5 Espero que vengas ▶ G 13.7

A 13.6 Estos conflictos ▶ G 13.7

Los impuntuales
Iñaki: Mira la hora que es y ellos sin aparecer.
Marisa: ¿Para qué hora habíais quedado?
Iñaki: Para las dos y ya son casi las tres. Les he pedido millones de veces
5   que me llamen si llegan más tarde, saben que me molesta muchísimo que no llamen, pero no hay manera.
Marisa: A lo mejor …
Iñaki: Pero tienen móvil, ¿por qué no llaman?

Madre e hija
10 Madre: Bueno, a las doce en casa, ya sabes.
   Chica: ¿A las doce? Pero mamá, si a las doce es cuando empieza realmente la fiesta.
   Madre: Ya, pero a mí no me gusta que vuelvas sola a casa tan tarde. Eres todavía muy joven.
15 Chica: Pero si no vuelvo sola, vuelvo con mis amigas, mamá. Y a ellas, sus padres les permiten que se queden hasta las dos. Me da rabia que no confíes en mí.
   Madre: Que he dicho que no y basta.

De excursión
20 Victor: ¿A qué hora pensáis salir?
   Álex: A las siete de la mañana. Ojalá haga buen tiempo.
   Victor: Sí, creo que sí, por lo menos eso han dicho en el telediario.
   Álex: A mí no me importa que haga frío, pero me fastidia un montón que llueva. Para dormir es muy desagradable que el suelo esté mojado.

25 **Estos hombres**
   Silvia: ¿Qué tal con Juanjo?
   Marta: No sé, últimamente nos vemos poco, estamos en crisis. No creo que nuestra relación funcione mucho más tiempo.
   Silvia: Hija, ¡en crisis … ! ¿y por qué?
30 Marta: Quizás porque ya no me gusta que me trate como me trata y que haga conmigo lo que hace. Si él tiene ganas de salir, espera que yo salga con él, y si no, se enfada. Pero cuando yo quiero que salgamos juntos y él quiere ver un partido en la tele, le da igual que yo me enfade o no. Así que le he dicho que, de momento, es mejor que no
35   nos veamos.

Unidad 13

<u>Los impuntuales</u>
1. Habían quedado para las dos y ya son las tres.
2. Les ha pedido que llamen si no pueden llegar a tiempo.
3. Le molesta que no llamen aunque tienen móvil.

<u>Madre e hija</u>
1. Quiere que vuelva a casa a las 12 de la noche, dice que no le gusta que ande sola por la noche.
2. La hija dice que a las 12 es cuando empieza realmente la fiesta y que ella no vuelve sola, sino con sus amigas.
3. Le da rabia que su madre no confíe en ella.

<u>De excursión</u>
1. Álex espera que no llueva.
2. No le importa que haga frío.
3. Le fastidia que llueva porque es muy desagradable dormir en la tienda si el suelo está mojado.

<u>Estos hombres</u>
1. Marta no cree que su relación tenga futuro, dice que está en crisis.
2. No le gusta que él la trate como la trata, que él haga siempre lo que le da la gana y que no salga con ella cuando hay partidos de fútbol.
3. Le ha dicho que, de momento, es mejor que no se vean.

A 13.7 ¿Te gusta o no te gusta? ▶ G 13.7

Propuestas de frases posibles:

1. Me da igual que haga buen tiempo o mal tiempo cuando tengo clase.
2. Me da rabia que en mi país haya gente pobre / que en mi país haya probreza.
3. Me alegro de que las ONG ayuden a la gente sin pedir nada a cambio.
4. No me gusta que los exámenes sean los lunes por la mañana.
5. Me alegro de que mi novio / mi novia salga conmigo.
6. Yo no creo que todos los alemanes sean puntuales.
7. No me importa que la escuela esté lejos de mi casa.
8. Me da rabia que la riqueza sea sólo para unos pocos.

A 13.8 Te deseamos ▶ G 13.6

1. h) 2. f) 3. a) 4. c) 5. g) 6. i) 7. d) 8. b) 9. e)

A 13.9 Otro e-mail ▶ G 13.7

Propuestas de posibles frases:

1. Quiero que me digas cuándo llega el avión.
2. Te aconsejo que te levantes pronto ese día para que tengas suficiente tiempo.
3. Es necesario que pienses en el pasaporte y en el billete.
4. Te recomiendo que (vayas) / llegues puntual al aeropuerto.
5. Deseo que traigas una mochila pequeña para excursiones.
6. Te aconsejo que metas también un par de botas en la maleta.
7. Espero que traigas poco equipaje.
8. Te aconsejo que te pongas ropa de abrigo porque está haciendo frío.
9. Espero que te acuerdes de comprar algunas revistas.
10. Quiero que me compres un cedé con música de tu país.

Unidad 13

A 13.10 Quieres que ... ▶ G 13.7

a)
¿Quieres
que hablemos? – que salgamos a tomar algo? – que hagamos una fiesta? – que vayamos a un concierto? – que oigamos juntos el nuevo cedé que me he comprado? – que te invite a cenar? – que pase por tu casa? – que te presente a un amigo / a una amiga? – que te deje un libro sobre relaciones personales? ...

A 13.11 Tu opinión ▶ G 13.7

Posibles combinaciones siguiendo el orden de la columna de la derecha:

1. Me alegro de que mucha gente vaya de vacaciones.
2. No creo que haya tantas fiestas.
3. Está claro que tu amigo no está cuando tú lo necesitas.
4. Me da rabia que la gente sea egoísta.
5. Es lógico que las personas se manden e-mails.
6. Es una lástima que tu novio / tu novia discuta con sus padres.
7. Temo que tus padres no te dejen salir todos los días.
8. Es normal que tus padres esperen levantados hasta que llegas tú.
9. Está claro que hay mucha gente que vive mal.
10. Me da rabia que mis amigos lleguen siempre tarde.
11. Me da rabia / Me gusta que mi familia celebre la Navidad como la celebra.
12. Es posible que mi compañero o mi compañera saque mejores notas que yo.

A 13.12 Y ... , ¿para qué ...? ▶ G 13.7

1.
–Mira, este móvil es para ti.
–Y..., ¿para qué? Ya sabéis que no me gusta llamar por teléfono.
–Sí, ya. Pero es para que nos llames más veces.
2.
–Mira, este reloj es para ti.
–Y..., ¿para qué? Ya sabéis que no me gusta llevar reloj.
–Sí, ya. Pero es para que llegues puntual a las citas.
3.
–Mira, estos billetes de tren son para ti.
–Y..., ¿para qué? Ya sabéis que me gusta viajar solo.
–Sí, ya. Pero es para que pases más tiempo con nosotros / con tus amigos.
4.
–Mira, este perro es para ti.
–Y..., ¿para qué? Ya sabéis que me gustan más los gatos.
–Sí, ya. Pero es para que salgas más a pasear.
5.
–Mira, este CD es para ti.
–Y..., ¿para qué? Ya sabéis que no me gusta la música clásica.
–Sí, ya. Pero es para que la conozcas mejor.
6.
–Mira, estas zapatillas son para ti.
–Y..., ¿para qué? Ya sabéis que no me gusta hacer deporte.
–Sí, ya. Pero es para que corras todos los días / vayas a correr un poco todos los días.
7.
–Mira, este jersey es para ti.
–Y..., ¿para qué? Ya sabéis que el color rojo me queda fatal.
–Ya, sí. Pero es para que estés más guapo.

Unidad 13

A 13.13 Ojalá, en un futuro próximo ... ▶ G 13.6 / 13.7

Posibles combinaciones:

1. Ojalá el mundo sea más justo.
2. Espero que toda la gente tenga trabajo y una vida digna.
3. Quiero que los profesores sepan comprendernos mejor.
4. Ojalá los coches no hagan tanto ruido.
5. Confío en que mejore el medio ambiente.
6. Quiero que los indígenas de Latinoamérica vivan mejor que ahora y sepan todos leer y escribir para que no haya analfabetos.

A 13.14 Tenemos un proyecto común

Cuaderno de actividades

13.1 ¿Desde cuándo aprendes español?

– En mi colegio / en un curso de verano / en Guatemala, etc.
– Desde hace un año.
– He venido de vacaciones.
– Pues vine hace dos semanas.
– No, no mucho, sólo unos días. / Sí, unas tres o cuatro semanas.
– Bueno, tengo que estar allí antes de final de mes.
– Desde el año pasado.

13.2 Hay momentos decisivos en la vida

a)
Imperfecto:
– situación existente en un momento del pasado
– costumbres, usos, rutina
– repeticiones indefinidas
– la acción o situación que ya está en marcha cuando algo nuevo comienza
– descripción de personas o cosas
– indicación de: nombre, profesión, fecha, tiempo y hora, color, edad, forma y tamaño
– con verbos de movimiento: en camino hacia el lugar de destino
– en el estilo indirecto sustituye al presente del estilo directo

Indefinido:
– hechos y acontecimientos concretos y puntuales ocurridos antes de hoy
– decisiones, reacciones, percepciones
– la excepción que rompe la rutina o costumbre (normalmente ... pero ese día ...)
– datos biográficos, fases históricas
– con verbos de movimiento: en el lugar de destino

c)
Formulación del texto:

me invitó – cuando yo llegué – era pronto – no había – no sabía – felicité – le di – me serví – me senté – se sentó – no lo conocía – no lo había visto – me gustó – era muy guapo – tenía unos ojos negros – me preguntó – de dónde era – me dijo – se llamaba – que era de – que estaba estudiando – puso – me preguntó – si quería – acepté – tenía ganas – hicimos una pausa – fuimos a – teníamos sed – hicimos – nos divertimos – lo pasamos – se rió / se rio – se despidió – me dio – le di – yo volví – me había enamorado – me llamó – salimos juntos

Unidad 13

13.3 ¡Espero que no te aburras con estas cosas! ▶ G 13.1 – 13.4

viajar	comer	subir	contar	pensar
viaje	coma	suba	cuente	piense
viajes	comas	subas	cuentes	pienses
viaje	coma	suba	cuente	piense
viajemos	comamos	subamos	contemos	pensemos
viajéis	comáis	subáis	contéis	penséis
viajen	coman	suban	cuenten	piensen

estar	tener	dar	ir	ser
esté	tenga	dé	vaya	sea
estés	tengas	des	vayas	seas
esté	tenga	dé	vaya	sea
estemos	tengamos	demos	vayamos	seamos
estéis	tengáis	deis	vayáis	seáis
estén	tengan	den	vayan	sean

13.4 Deseos, dudas y esperanzas ▶ G 13.1 – 13.4

¿Quieres que
1. te cuente algo de mi país? 2. te mande fotos de Chile? 3. ponga música latinoamericana? 4. vaya a verte en primavera? 5. te diga cuándo voy a ir a Chile?

Esperamos que
6. vengas pronto a Chile. 7. te guste nuestro país. 8. nos traigas fotos de España. 9. no tengas problemas durante el viaje.

A Paloma le gusta que
10. Paula le cuente cosas de Chile. 11. Paula le escriba e-mails. 12. sus amigas salgan con ella. 13. su novio esté con ella.

A Paula le da rabia que
14. muchos jóvenes en Chile no sepan leer. 15. el Gobierno haga tan poco. 16. los chicos no vayan al colegio. 17. algunos hablen mal de las ONG.

13.5 Los deseos, a veces, se cumplen

1. ojalá no llueva 2. ojalá me llame 3. ojalá sea fácil 4. ojalá tenga suerte
5. ojalá lleguen bien

13.6 Deseos y propuestas

Proponemos que se recomiende hacer este ejercicio **de forma libre**, es decir, que los alumnos confeccionen **minidiálogos** con los elementos dados y los que ellos quieran o puedan añadir de su propia cosecha, sin centrarse demasiado en el uso del subjuntivo.

Der kommunikative Aspekt sollte im Vordergrund stehen

1.
—Aquí tengo el mando / El mando lo tengo yo, ¿quieres que ponga la tele?
—Ah, pues sí, puedes ponerla.
—¿Qué canal quieres que ponga?
—No sé, mira a ver dónde ponen el partido de fútbol, quiero verlo.
—¿Otra vez fútbol? ¿No prefieres ver otra cosa?
—No, no, quiero ver el partido.

Unidad 13

2.
–Estoy leyendo un libro interesante, ¿quieres que te lea algo?
–No, hoy no me apetece, mejor otro día, ¿vale?
–Vale, pues cuando quieras te leo algo.

3.
–Oye, hoy es el cumpleaños de Pablo, tenemos que regalarle algo, ¿no?
–Sí, claro, pero ¿qué le regalamos?
–No sé, ¿qué te parece si le compramos un CD?
–Hombre, Pablo ya tiene muchos cedés, ¿no es mejor que le compremos otra cosa?
–Bueno, por mí le podemos comprar lo que tú quieras.

4.
–El fin de semana hacemos una fiesta, ¿a quién quieres que invitemos?
–Me da igual, puedes invitar a quien quieras, pero no a Mariluz.
–¿Qué pasa con Mariluz?
–Nada, no pasa nada, sólo que no quiero que la invites, ¿vale?
–Vale, vale, como tú quieras.

5.
–Yo quiero salir un rato, ¿y tú?
–Sí, yo también. ¿Qué te parece si vamos al cine?
–No, hoy no me apetece ir al cine, prefiero ir de bares.
–A mí me da igual, si quieres que vayamos de bares, pues vamos de bares.

13.7 Palabras, sólo palabras

1. no ha fijado la fecha – muchas ganas – le ha escrito – un país fantástico – en el desierto – es realmente una pena – tan lejos – los pasajes –
2. comenzó hace poco – desconfía de todos – de su barrio – esté dispuesto – nada a cambio – muy frustrada – mucha rabia – aprendan
3. muy chistosas – haya terminado / haya aprobado[1] – un poco de envidia – de sus relaciones – ha cortado con él – de momento – que se divierta

Observación:
[1] Estas dos soluciones son intercambiables, primero aprobado y luego terminado.

13.8 La vida no siempre es fácil ▶ G 13.6 / 13.7

<u>Los impuntuales</u>
J.P.: ¿pones esa cara?
L.: ¿pongo? – ¿la hora que es? [...] que me llamen – si no pueden – que lleguen tarde – nunca llaman
J.P.: no les haya pasado
L.: si les ha pasado – es normal que llamen
J.P.: quizás hayan olvidado / han olvidado

<u>Madre e hija</u>
H.: es cuando empieza
M.: que andes
H.: si no vengo – que vengo
M.: da igual que vengas – yo no puedo dormir – que yo me pase
H.: …
M.: Pues no lo seas …

13.9 Todos tenemos nuestros deseos ▶ G 13.4

Dialogbeispiel auf CD

Unidad 13

13.10 Espero que lo hayan visto ▶ G 13.4 – 13.7

1. Espero que no haya dejado su trabajo en la ONG.
2. Ojalá no le haya pasado nada.
3. No creo que los politicos hayan decidido hacer algo por los pobres.
4. Es posible que Paloma haya sacado ya el billete.
5. Es posible que Paula haya cortado con su novio.
6. Paula se alegra de que algunos padres hayan permitido a sus hijos que vayan a sus clases.
7. Ojalá haya llegado el libro que envió Paula.
8. No creo que hayas suspendido, hombre, no te preocupes.

13.11 Para comenzar después de una larga pausa ▶ G 13.4

1. Bienvenidos de nuevo a clase. Es una lástima que hayan terminado las vacaciones, pero espero que las hayáis pasado bien, que hayan sido agradables y que hayáis cargado las pilas. Me imagino que habéis hecho cosas interesantes ...
2. Me alegro de que estéis otra vez ... – para que las clases sean interesantes ...
3. Si queréis que, a partir de ahora, hablemos ...
4. Mi deseo es que todos vosotros saquéis ... – y que aprendáis mucho para que (...) podáis entenderos ...

13.12 Dilo en castellano

1. Paula espera que su amiga Paloma la visite en Chile. Le gustaría conocerla.
2. Es una pena que Chile esté tan lejos. Ojalá Paloma pueda ir / viajar pronto allí.
3. Me da rabia que el Gobierno haga tan poco por la gente pobre / por los pobres, dice Paula.
4. Paula le cuenta a su amiga Paloma de su trabajo, para que Paloma sepa lo que ella hace.
5. Me alegro de que vengas a Chile, le escribe Paula a su amiga.
6. Nosotros queremos que los chicos y chicas aprendan a leer y a escribir, para que puedan aprender una profesión.
7. Paula se ha alegrado mucho de que Paloma haya aprobado el bachillerato con tan buenas notas.

13.13 Tú puedes demostrar lo que sabes

Pablo Neruda

Poeta y político chileno, hijo de un ferroviario, nació en 1904 en Parral. Su infancia transcurrió en Temuco, al sur de Chile, pero luego, en 1921 pasó a vivir en Santiago de Chile. Fue cónsul de su país en diferentes países del
5 mundo, entre ellos España, donde vivió entre 1934 y 1938, siendo testigo de la Guerra Civil. Al finalizar dicha guerra, Neruda ayudó a muchos "republicanos" a refugiarse en Chile para huir de la persecución de Franco. Desde 1941 es embajador de Chile en México hasta 1945, fecha en que regresa a su país, donde es elegido Senador. Sus convencimientos políticos eran afines al comunismo, por lo que fue gran admirador de la Unión Soviética. En 1970 fue nombrado
10 candidato del Partido Comunista a la presidencia de Chile, pero Neruda renunció en favor de Salvador Allende. En 1971 recibió el Premio Nobel de Literatura. Neruda murió en 1973, poco después del golpe de Pinochet. Entre sus obras destacan: "Veinte poemas de amor y una canción desesperada", "Residencia en la tierra", "Canto general", "Memorial de Isla Negra" y sus
15 memorias tituladas "Confieso que he vivido". Neruda se cuenta entre los mejores escritores en lengua castellana.

Isabel Allende
Escritora chilena aunque nacida en Lima en 1942, sobrina del Presidente Salvador Allende. A los 17 años empieza a trabajar como periodista y ya en 1982 salta a la fama con su primera obra "La Casa de los espíritus", libro traducido a más de 20 lenguas y llevado a la pantalla. Entre sus obras destacan también: "De Amor y de Sombra", "Eva Luna", "El Plan Infinito", "Paula", "La hija de la fortuna" y "Retrato en sepia". Isabel Allende está considerada como una de las mayores representantes de la literatura feminista de Latinoamérica en el sentido de que en sus obras trata de fomentar la emancipación de la mujer frente al "machismo" real-existente en el subcontinente sur.

Punta Arenas
Ciudad situada a orillas del Estrecho de Magallanes, en la península de Brunswick, capital de la región de Magallanes. Originalmente se llamó Punta Arenosa, traducción literal del nombre inglés, "Sandy Point" que le dió a este pequeño paraje su descubridor J. Byron en el siglo XVII. Actualmente Punta Arenas es el centro comercial, cultural y social del territorio magallánico, en el extremo sur del país, de clima frío y fuertes vientos.

Bernardo O'Higgins
General y libertador de Chile. Es considerado el padre de la independencia chilena. Hijo de padre irlandés y madre chilena, nació en 1778 en Chillán Viejo. Estudió en Santiago, en Cádiz y en Londres. Regresó a Chile en 1802. El 17 de octubre de 1813, en plena lucha por la independencia, O'Higgins animó a las tropas que estaban a punto de huir ante los españoles con el grito de "O vivir con honor o morir con gloria. El que sea valiente que me siga". Esa fue su primera victoria frente a los realistas (partidarios del Rey de España), a la que siguieron otras. El 16 de febrero de 1817, después del triunfo en la batalla de Chacabuco, O'Higgins fue nombrado Director Supremo, es decir, Presidente de la Nación. Fundó la Biblioteca Nacional, ordenó componer el Himno Nacional y creó el Escudo de Armas de la República chilena. Fundó también la primera Escuadra Nacional, es decir, la marina para dominar los mares.

Aconcagua
Alta montaña en la cadena de los Andes entre Chile y Argentina, de 6.962 metros de altura. Actualmente es un conocido centro de deporte de invierno y de alpinismo de alta montaña. Su nombre se deriva, según una teoría, de su designación en quechua "ackon cahuak" que significa "centinela de piedra"; otros afirman que proviene del araucano o mapuche "aconca hue", nombre aplicado también al río Aconcagua y que significa "viene del otro lado". La administración de la zona del Aconcagua corresponde a la ciudad de Mendoza.

La Isla de Pascua
Isla en el Pacífico, a unos 3.700 kilómetros de la costa de Chile, país al que jurídicamente pertenece desde el 9 de septiembre de 1888. El territorio insular tiene aproximadamente 16.600 hectáreas, de las cuales sólo 3.000 hectáreas están habitadas por los indínegas "rapanui". El resto del territorio está dividido en dos parques naturales. El primero es el "Parque Nacional Rapa Nui" donde está el mayor número de monumentos y restos arqueológicos y declarado por la UNESCO "Patrimonio de la Humanidad". El segundo es el "Fundo Vaitea" donde se encuentran las mejores tierras agrícolas.
Los "rapanui" o primeros habitantes de la Isla de Pascua llegaron probablemente a la isla hacia el año 500 d.C. procedentes de Polinesia Central. La isla no fue descubierta por los europeos hasta el siglo XVIII. En los años situados entre ambas fechas, y en completo aislamiento del resto del mundo, se desarrolla una cultura de extraordinaria complejidad que tiene como su expresión material más relevante la arquitectura y escultura megalítica ceremonial "los moais" por

Unidad 13

los que la Isla de Pascua es mundialmente conocida y de los que se desconoce
70 prácticamente todo, es decir, el cómo y el para qué se erigieron esas figuras
gigantescas de piedra en forma humana.

Valparaíso
Ciudad portuaria, situada en la V Región, a 118 kilómetros de Santiago de
Chile. Es el principal puerto del país. Sus calles se caracterizan por su mezcla
75 de edificios antiguos y de moderna arquitectura. Dignos de ver son el Muelle
Prat donde atracan los barcos de paseo y yates deportivos; enfrente de este
muelle está la Plaza Sotomayor con el monumento a los héroes de Inquique.
Una excelente vista panorámica sobre el puerto se tiene subiendo hasta el
Paseo 21 de Mayo.

80 **Los araucanos**
"Araucanos" es el nombre que le dieron los españoles a los "mapuches",
pueblo de guerreros nómadas, llegados a Chile desde el otro lado de los Andes,
que sometió a los antiguos pobladores de la zona adoptando sus costumbres e
idioma. Los mapuches tenían fama de valientes y aguerridos, hecho que explica
85 que en 1485 consiguieran frenar el avance de los Incas hacia el sur de Chile.
La influencia inca fue, sin embargo, enorme y beneficiosa, ya que los mapuches tenían un nivel técnico y cultural muy inferior. Los mapuches aprendieron de los incas las técnicas de tejer.
Tampoco los españoles consiguieron someter a este pueblo indómito que
90 siguió determinando la cultura en la Araucanía, actualmente la IX Región de
Chile, en la zona sur entre los ríos Biobio al norte y el Toltén al sur. Muchas
comunidades "mapuches" viven de la agricultura y de la artesanía, especialmente tejidos de lana y alfarería que venden a los turistas que visitan la zona.
El heroísmo de los "araucanos" o "mapuches" fue cantado por Alonso de
95 Ercilla en su epopeya "La Araucaria", libro emblemático de la cultura chilena.
Araucaria es también el nombre de un árbol de la familia de las coníferas
típico de esta región.

13.14 Un puente de unión

para tu viaje – para otro año – preguntan por ti – pienso mucho en ti – estoy segura de que – tiene de todo – subir a las montañas – cerca de Santiago – caminar por la nieve – en mi próximo e-mail – para que veas – estoy muy orgullosa de vivir – ¿Te acuerdas de …? – en mi último mensaje – trabaja para / en una ONG – problemas para contactar con la gente – desconfían de nosotros – de su barrio – dispuestos a hacer algo por ellos – nada a cambio – se contagien de – trato de – convencerlos de – de mi vida – he cortado con José – convencida de su amor – no creía en sus palabras – separarme de él – Desde hace unas semanas – enamorado de mi – que salga con él – de momento – estar sin pareja

13.15 Todos se alegran de tu e-mail

13.16 Una combinación con buen sentido

dar		hacer		hacerse	
	envidia		el bachillerato		realidad
	clases		un viaje		amigos
	un paseo		el papel de …		tarde
	que pensar		amistad con		un lío
	una vuelta		un examen		el sordo
	propina		la comida		médico
	asco		las camas		rico

13.17 Buen oído

a)

Ismael:	Hola, cariño, ¿qué tal? ¿cómo ha sido el vuelo?
Paloma:	Bien, un poco largo, pero bien. Tenía mucho miedo a marearme, pero ni a la ida ni a la vuelta tuve problemas. Ay, Ismael, no te imaginas lo largo que se hace el viaje. ¡Quince horas de vuelo con dos horas de escala en Río de Janeiro!
	Y no te lo vas a creer, pero te he echado de menos.
Ismael:	No, si ya te decía yo que tú sin mí no puedes vivir.
Paloma:	¿Ah, y tú sin mí sí?
Ismael:	Pues claro, ¿no ves qué vivito estoy?
Paloma:	¡A ver si me lo pienso y me busco otro!
Ismael:	¡Anda, tonta, que era una broma! También yo tenía muchas ganas de verte y de abrazarte.
Paloma:	Ah, eso ya me gusta más.
Ismael:	Venga, cuenta, ¿cómo lo pasaste, qué te pareció Chile?
Paloma:	¿Sabes lo que me impresionó muchísimo? Las enormes montañas de los Andes, … es que son altísimas, eh. Uff … me causaron una impresión … increíble. Además el avión tiene que bajar y bajar y perder mucha altura en poco tiempo para aterrizar en Santiago. Notas el enorme cambio de presión, igual que cuando bajas en un ascensor muy rápido. Pero el país es una maravilla. Tiene paisajes preciosos. Claro que en tres semanas no puedes ver mucho, pero lo que vi me encantó.
Ismael:	¿Y la familia de Paula?
Paloma:	Bueno, Paula no es muy alta, en la foto parecía más alta, pero es simpatiquísima. Todos fueron muy cariñosos conmigo, me trataron como a una hija más. Me enseñaron la capital, me llevaron a Valparaíso, a Isla Negra … ¿Sabías tú que en Isla Negra vivió Pablo Neruda?
Ismael:	Ah, pues no, no lo sabía.
Paloma:	Pues sí, vivió allí y estuvimos viendo su casa. Ah y también hicimos muchas excursiones a la cordillera, a la costa, … y ¿a que no sabes a dónde fuimos también?
Ismael:	No sé, Chile es tan grande … ¿Al sur, a la Tierra del Fuego?
Paloma:	Frío, frío.
Ismael:	Claro, en la Tierra del Fuego hace mucho frío. Entonces, al norte. ¿Al desierto de Atacama?
Paloma:	Frío, frío.
Ismael:	¿También frío? Pues no sé, me rindo.
Paloma:	¡Fuimos a la Isla de Pascua! ¡Huy, está lejísimos! Yo no me lo imaginaba, pero, tardamos casi 5 horas en avión. Eso sí, valió la pena. Cuando estás delante de los Moais, esos gigantes de piedra que te miran sin verte, no te imaginas que en la realidad puedan impresionarte tanto.
	No se puede explicar con palabras lo que sientes cuando los ves de cerca. Me ha gustado tanto, que algún día voy a volver, pero esa vez vas a ir tú conmigo.
Ismael:	Hombre, claro que sí. Si es como tú dices, mañana mismo me pongo a ahorrar para el viaje.
Paloma:	¿Me estás tomando el pelo?
Ismael:	No, no, qué va, lo digo en serio.

Unidad 13

1. Le ha parecido muy largo, 15 horas de vuelo con dos horas de escala en Río de Janeiro, pero no se mareó. Le impresionaron mucho las altas montañas de los Andes y la rapidez con que el avión tiene que perder altura, le pareció como cuando se baja en un ascensor muy rápido.
2. La enorme distancia que hay desde Chile, cinco horas de vuelo, y luego le impresionaron muchísimo los "moais", no se imaginaba esas figuras de piedra tan enormes como son en realidad. No tiene palabras para expresar su impresión.
3. Creía que era más alta de lo que es, pero no, Paula es más bien baja, pero muy simpática. Y su familia fue muy cariñosa con Paloma, la trataron como a una hija.
4. Paloma estuvo en Santiago, claro, y luego hizo excursiones a Valparaíso, a la costa, a Isla Negra donde vivió Pablo Neruda, y también a la Isla de Pascua donde admiró los "moais".
5. Paloma quiere volver a Chile, pero no ella sola, sino con su amigo. Ismael está de acuerdo, dice que va a empezar a ahorrar para el viaje y que lo dice en serio, que no le está tomando el pelo.

13.18   Trabajando con Internet

Unidad 14

De gira con los Jarabe de Palo

Situation / Thema

Ein Journalist verbringt einige Tage mit der Gruppe *Jarabe de Palo*.

Ziel

Information über die Entstehung und Entwicklung der Rockgruppe *Jarabe de Palo*.

Grammatik

El futuro simple	G 14.1
El condicional simple	G 14.2
Futuro y condicional irregular	G 14.3
El futuro y el condicional perfecto	G 14.4
El uso del futuro	G 14.5
El uso del condicional	G 14.6
La suposición	G 14.7
Subjuntivo nach depende de	G 14.8
Subjuntivo en frase temporal (I)	G 14.9

Landeskunde

Präsentation einer bekannten spanischen Rockgruppe
(s. auch Information und Interview in den Zusatzmaterialien S. 148 / 149).

Sprechintentionen

Differenzierte Meinungsäußerung mit Hilfe des *Subjuntivo*.

Hörverstehen

Actividades:	A 14.18	*Así suena*
Cuaderno de actividades:	14.6	*Los niños toman la palabra*
	14.11	*La ropa inteligente*
	14.13	*¿No pensarás dejar los estudios?*

Unidad 14

Wortschatz und Strukturen

Substantive	Verben	Adjektive / Adverbien	andere Strukturen
El encuentro fue en Bilbao			
el encuentro	vender	prácticamente	no hace mucho
el ejemplar	depende (de)	desconocido/a	según
el disco	ensayar	sentado/a	detrás de
el concierto	observar	disgustado/a	al fondo de
la cafetería	llamar la atención	enamorado/a	
el grito	estar de mal humor	emocionante	
el aplauso	dejar de	agotado/a	
la línea	quitar		
el público	saberse algo de		
el cielo	memoria		
el mar	sudar		
la canción	comentar		
el fin			
el bis			
el fan			
la sala			
Antes y ahora			
el / la cantante	echar de menos	directo/a	antes
la relación	cobrar		de hecho
	tomar una copa		
	tocar		
Así me enrollé en este grupo			
el batería	dejar los estudios		a mi lado
la botella	jurar		en aquel tiempo
la batería	grabar		jamás
el euro			por casualidad
la grabación			
A 14.8	te importaría		
A 14.13	casarse		
A 14.17			
el ciudadano		creativo/a	apenas
el avance		reducido/a	
las ciencias			
la guerra			
la criminalidad			
la desaparición			
el delito			
la cárcel			
el paraíso			

Unidad 14

Grobstruktur der Unidad 14

Phase 1: Einstieg in die Lektion über das Lied *Depende* von *Jarabe de Palo*.
Phase 2: Kurze Einführung des Futur und des Konditional; Informationsbeschaffung über die Gruppe *Jarabe de Palo* mit Hilfe des Lektionstextes *De gira con los Jarabe de Palo*.
Phase 3: Intensive Auseinandersetzung mit dem Gebrauch des Futur (I und II) und Konditional (I und II).
Phase 4: Kreative Textgestaltung mit Hilfe der neu gelernten Zeiten.
Phase 5: Wiederholungsphase zur Anwendung des umfangreichen Wortschatzes und der unterschiedlichen Zeiten.

Vorschläge zur Gestaltung der Phasen bzw. Textarbeit

Phase 1

"Spanische Rockmusik" ist ein ausgesprochen attraktives Thema für die S und sollte daher auch möglichst schülernah behandelt werden. Es bietet sich an, *Unidad* 14 mit dem Song *Depende* (vgl. A 14.18) einzuführen. Häufig ist die Musik den S vertraut, so dass nach dem ersten Hören des Liedes ein kurzer Dialog darüber im Plenum geführt werden kann. Um den S eine Chance zu geben, sich allgemein über das Lied zu äußern, wird in den Zusatzmaterialien ein Fragebogen angeboten, der von den S vor dem Gespräch im Plenum in einer kurzen Reflexionsphase bearbeitet werden kann. Beim zweiten Hören kann der Lückentext (Zusatzmaterialien, Aufgabe 2) eingesetzt werden, um die S an den Text und das genaue Hinhören heranzuführen. Zur genauen Erschließung des Textes eignet sich als Folgeaufgabe A 14.18 b). Es hat sich gezeigt, dass das Singen aktueller, spanischer Rock- und Poplieder in "singfreudigen" Klassen als Motivationsschub dienen kann. Dies sollte bei bereitwilligen Klassen unbedingt genutzt werden.

Phase 2

Da der Text *De gira con los Jarabe de Palo* einige Futur- und Konditionalformen enthält, ist es sinnvoll, die S vor der Texterarbeitung auf die neuen Formen aufmerksam zu machen. Da es sich um einfache Formbildungen handelt, treten hierbei erfahrungsgemäß keine Verständnisschwierigkeiten auf, so dass der Text ohne Probleme mit dieser kurzen Vorinformation verstanden werden kann. Der Gebrauch und die Bildung der Formen kann auf Phase 3 verschoben werden.

Zur Behandlung des Textes bietet es sich an, eine Gruppenarbeit in Form einer Expertenrunde durchzuführen und dabei die Untergliederung in vier Kapitel zu nutzen.
Vorgehensweise und Zielsetzung:
a) Die S sollen sich in vier Gruppen (grupo A: *El encuentro fue en Bilbao*, grupo B: *Volveremos*, grupo C: *Antes y ahora*, grupo D: *Así me enrollé en este grupo*) als Experten auf einen Textabschnitt spezialisieren und diesen, wenn möglich, mit eigenen Worten zusammenfassen.
Die S erarbeiten sich in ihrer Gruppe den notwendigen Wortschatz, erkennen die wesentliche Information des Textes und formulieren auf Spanisch eine kurze Zusammenfassung.
b) Danach bilden sich neue, gemischte Gruppen mit jeweils (mindestens vier) Experten der vier unterschiedlichen Textabschnitte. In einer Gruppe befinden sich dann folgende Mitglieder: experto A: *El encuentro fue en Bilbao*, experto B: *Volveremos*, experto C: *Antes y ahora*, experto D: *Así me enrollé en este grupo*. Die Herausforderung besteht jetzt darin, die anderen Gruppenmitglieder über einen bestimmten Textabschnitt zu informieren, so dass die jeweilige Gruppe einen Gesamtüberblick über den Text erhält. In dieser Phase ist es sinnvoll, der Reihenfolge der Texte im Buch zu folgen. Ist die mündliche Phase geglückt, kann eine schriftliche Phase erfolgen, in der die Gruppe gemeinschaftlich eine Zusammenfassung des gesamten Textes erstellt. Diese wiederum kann als Grundlage einer freien mündlichen Präsentation in der nächsten Stunde dienen. Als gelenkte Präsentation einer spanischen Rockgruppe stellt diese Aufgabe die Basis für eine spätere kreative Transferaufgabe dar (vgl. Phase 4, *Cuaderno de actividades* 14.14).

Anmerkungen zu den einzelnen Texten:

jarabe de palo: Die wörtliche Übersetzung von *jarabe de palo* wäre „Prügelsirup". *Este chico lo que necesita es jarabe de palo* würde man mit "Dieser Junge braucht eine Tracht Prügel" übersetzen. In einem Interview äußerte Pau: "*Mi manera de aprender ha sido recibiendo un palo detrás de otro.*" ("Ich lernte, indem ich einen Schlag / Hieb nach dem andern bekam."). Er bezieht sich hierbei auf die umgangssprachliche Redewendung.

El encuentro fue en Bilbao
Zeile 1: *eran un grupo*: Der Plural des Verbs bezieht sich auf das elliptische Subjekt (die Musiker). Es wäre aber ebenso möglich, das Verb im Singular zu benutzen, dann bezieht es sich auf *grupo*.
Zeile 9: *la expresión de la cara*: Im Deutschen würde man ein Possessivpronomen benutzen („ihr

Unidad 14

Gesichtsausdruck"). Im Spanischen steht statt des Possessivpronomens der Artikel, wenn von Körperteilen oder Kleidung die Rede ist.
Zeile 11: *a preguntarles:* S darauf hinweisen, dass auf das Verb *preguntar* das indirekte Objekt *le / les* folgt (häufige Fehlerquelle!). Hier steht das indirekte Objekt im Plural, obwohl es sich auf den Singular *gente por la calle* bezieht. Das Spanische zieht in diesem Fall die logische Übereinstimmung der grammatischen Kongruenz vor. (Ein weiteres Beispiel zur Verdeutlichung: *Había mucha gente cortando la carretera en señal de protesta. Cuando llegó la policía, algunos se enfrentaron verbalmente con ellos.* Der Bezug besteht zwischen *gente* und *algunos*, sowie *policía* und *ellos*.)

Volveremos
Zeile 4: *como quien mira al cielo o al mar:* Die Präposition "a" gibt hier die Richtung an. Die Präposition *hacia* wäre zwar grammatikalisch korrekt, würde jedoch nicht so poetisch klingen.
Zeile 7: *se sabe ... de memoria:* In Verbindung mit dem Ausdruck *de memoria* benutzt man *saber* üblicherweise reflexiv.
Der hier angesprochene Dativ – im Spanischen auch *dativo de interés* genannt – wird benutzt, um einen Ausdruck zu intensivieren bzw. besonders hervorzuheben, z.B. drückt *me lo sé de memoria* wesentlich mehr Erinnerungsvermögen aus als die Formulierung *lo sé de memoria*. Weitere Beispiele: *ahora mismo me bebería un litro de agua fría, se lo comió todo de una sentada.*
Zeile 9: *a grito pelado:* Die S darauf hinweisen, dass in der gesprochenen Sprache das "d" in Partizipformen auf -ado häufig „geschluckt" wird: *(a grito pelao / ya hemos hablao del asunto / no estoy muy bien preparao).*
Zeile 12: *Salen a hacer el bis: el bis* wird hauptsächlich in der Schriftsprache verwendet. Wenn das Publikum nach einer Zugabe verlangt, ruft es *otra, otra,* niemals **un bis, un bis.*
Zeile 13: *les dicen a sus fans:* Die S darauf hinweisen, dass die Ergänzung mit dem indirekten Pronomen *les* zwar fakultativ, in Spanien aber üblich ist, obwohl das indirekte Objekt nach dem Verb folgt. Das Wort *fans* wird in Spanien [fans] ausgesprochen.

Antes y ahora
Zeile 3: *si te venía mucha gente:* Auch hier handelt es sich um einen *dativo de interés* (vgl. Zeile 7 im Vortext).
Zeile 5: *tomábamos copas:* Hier geht es weniger um die *copas*, sondern um die Tatsache, dass sie gemeinsam etwas tranken.

Así me enrollé en este grupo
Zeilen 1 / 2: *el batería:* Generell zeigt der männliche Artikel die Person an: *el batería* (der Schlagzeuger), der weibliche Artikel dagegen das Instrument: *la batería* (das Schlagzeug). Wenn ein Mädchen Schlagzeug spielt, fügt man zur Vermeidung von Missverständnissen *la chica* hinzu.
Zeile 2: *tú dirás:* idiomatische Wendung, Aufforderung an den Gesprächspartner / die Gesprächspartnerin (umgangssprachlich „schieß los").
Zeile 5: *bueno, verás:* Wie in Zeile 2 wird die Futurform hier nicht übersetzt, sondern vielmehr genutzt, um auf die nachfolgende Erläuterung von Fakten oder Daten aufmerksam zu machen und zum Zuhören aufzufordern.
Zeilen 9 / 10: *mis viejos:* Der Ausdruck klingt im Deutschen eher abwertend, hat im Spanischen aber eine positive Bedeutung – nämlich herzlich über die Eltern zu sprechen – und wird von den Jugendlichen häufiger verwendet als *padres*. *Papás* hingegen wird eigentlich nur von Kindern gebraucht, in Argentinien dagegen steht es für *padres*.
Zeile 16: *así me enrollé:* darauf hinweisen, dass "r" nach „n" oder „l" als [rr] ausgesprochen wird. Das Verb *enrollarse* kommt aus der Jugendsprache und wird in unterschiedlichen Kontexten gebraucht, z.B. wenn man sich in seinen Ausführungen verstrickt und seine Zuhörer langweilt (negative Bedeutung) oder wenn man eine Unterhaltung oder Beziehung mit einem Jungen oder Mädchen beginnt (positive Bedeutung). Im vorliegenden Text wird der Ausdruck im Sinne von „ich begann mit ... zu spielen" oder „ich trat der Gruppe ... bei" verwendet.

Zur Festigung des Inhaltes und des Wortschatzes können die Übungen *Actividades* A 14.1, A 14.2, A 14.3 und A 14.15 ergänzt werden.

Phase 3

Der grammatische Schwerpunkt ist in dieser Lektion dem Futur und dem Konditional vorbehalten, so dass sich spätestens jetzt eine intensive Grammatikphase anschließen muss. Zur Einübung und Festigung der regelmäßigen und unregelmäßigen Futurformen bietet *Unidad 14* einen Fundus an zahlreichen Übungen: *Actividades* A 14.4, A 14.5, A 14.6, A 14.7, A 14.9, A 14.13 und *Cuaderno de actividades* 14.4, 14.5, 14.6.
Der Konditional ist dem Futur zumindest in seiner Formenbildung recht ähnlich, sollte jedoch zunächst getrennt vom Futur eingeübt werden, um Verwechslungen zu vermeiden. Sinnvolle Übungen hierzu sind: *Actividades* A 14.8, A 14.10, A 14.11, *Cuaderno de actividades* 14.7 und 14.10, Aufgabe 14.9 verbindet das Futur und das Konditional in einer Übung.

Mit den Grammatiksequenzen G 14.8 und G 14.9 wird der *Subjuntivo* nochmals aufgegriffen und erweitert. Geeignete Übungen zur Anwendung der Thematik sind A 14.12 und im *Cuaderno de actividades* 14.12

Phase 4

Die S haben nun ausreichend geübt, um alle Kenntnisse in Form von kreativen Aufgaben zusammenzuführen. Ausgehend von der Aufgabe A 14.14 wäre eine Steigerung denkbar mit der Aufforderung den Dialog frei (falls möglich, spontan) vorzutragen. Erfahrungsgemäß kann das freie Sprechen für den Ernstfall nicht oft genug geübt werden.

Aufgabe A 14.17 fördert die Fertigkeiten der Textgestaltung. Auch wenn es den S zunächst mühsam erscheint, mit Phantasie eine Zukunftsversion zu entwerfen und diese auch noch auf spanisch zu formulieren, kann die Hemmschwelle in Form einer Partnerarbeit etwas abgemildert werden.

Aufgabe 14.14 im *Cuaderno de actividades* wird vor allem den S Spaß machen, die sich scheuen, eigene Phantasien zu entwickeln bzw. sie offen zu formulieren. Diese Aufgabe gibt ihnen die Möglichkeit, an ihre eigene Realität anzuknüpfen.

Die hier vorgeschlagenen kreativen Übungen erfordern eine zeitintensive Unterrichtsphase. Hier wäre eine Freiarbeitsphase denkbar, in der sich die S für eine der drei Aufgaben entscheiden. Jede Gruppe präsentiert dann in einer Folgestunde ihre Ergebnisse. Hier ist ein buntes Spektrum an überraschenden Vorträgen zu erwarten, an denen die S sicherlich viel Spaß haben werden.

Phase 5

Im *Cuaderno de actividades* finden sich zahlreiche Übungen, die unabhängig vom Lektionstext und den neuen Grammatik-Themen behandelt werden können. Sie schulen den Wortschatz ganz allgemein, das Hörverstehen und den Umgang mit den Vergangenheitszeiten: *Cuaderno de actividades* 14.1, 14.2, 14.3, 14.8, 14.11, 14.13.

Zusatzmaterialien
(s. Anhang, S. 147-149)

1. Fragen zur Einführung des Liedes *Depende*.
2. Lückentext zum Lied *Depende*.
3. Information über die Gruppe *Jarabe de Palo*.
4. Interview mit *Jarabe de Palo*.

Das Interview kann wahlweise als Teil der Klassenarbeit genutzt oder als Textverständnisaufgabe für leistungsstarke Klassen eingesetzt werden. Es wurde darauf verzichtet, neue Vokabeln aufzuführen, da in dieser Lernphase von den S gefordert wird, neue Wörter aus dem Kontext zu erschließen und die Fähigkeit zu entwickeln, die wichtigsten Inhalte eines neuen Textes zu erschließen, ohne jedes einzelne Wort zu kennen.

Unidad 14

Soluciones

Libro de texto

A 14.1 Buen observador

Recomendamos dejar este ejercicio para cuando se hayan introducido todos los textos de la unidad, ya que la respuesta a estas preguntas **presupone el conocimiento de los cuatro textos** de la lección.

Einsatz erst nach Durchnahme des Lektionstextes

1.
Observa que los que pasan están como enfadados, tienen cara de mal humor. Siente ganas de salir y preguntarles por qué están tan tristes o malhumorados, pero no lo hace porque cree que no le van a contestar.
2.
Le llama la atención que las chicas están como enamoradas de los Jarabe, que los miran como cuando se mira al cielo o al mar. También le llama la atención que un chico no deja de mirar a su chica, porque quizás tiene miedo de que se la quiten. También le llama la atención que el público se sabe las canciones de memoria.
3.
Antes no viajaban en autobús de lujo y ganaban poco, a veces no ganaban ni para comer, si no venía mucha gente a sus conciertos. Pero antes tenían una relación más directa con sus fans, incluso tomaban unas copas con ellos. Ahora, no, ahora tienen mucho dinero, son muy famosos, pero ya no se relacionan con la gente porque tienen miedo a que los aplasten.
4.
Bueno, Álex ya tocaba bien la batería cuando lo llamó Pau porque necesitaba a un buen batería. Hablaron, surgió cierta química entre ellos, es decir, se parecieron mutuamente simpáticos, y Pau lo contrató para hacer la grabación. Así comenzó a tocar en ese grupo.

A 14.2 Por decirlo de otra manera

1. estar enfadado, estar de mal humor 2. tienen que tocar las canciones antes de dar el concierto para aprenderlas bien 3. cantan muy alto, en voz muy alta 4. están muy cansados, están muertos de cansancio 5. sudan muchísimo 6. tocar al final una canción extra, una canción que no estaba en el programa 7. antes cobraban muy poco dinero 8. quieres que te firme, que te ponga su firma en un papel o en una postal, o en un CD, etc. 9. quiere decir sus padres 10. le pidió dinero 11. sintieron simpatía uno por el otro 12. así empecé a formar parte de este grupo / a tocar en este grupo

A 14.3 Manía de llevar la contraria

1. ahora son conocidos / famosos 2. hemos comprado 3. esperé de pie 4. estaba de buen humor 5. la gente contesta 6. ayer volvimos / regresamos a casa temprano 7. estuve muy lejos del escenario 8. está delante de 9. ya podemos levantarnos de la mesa 10. aplaudió al comienzo del concierto

A 14.4 Yo soy de la misma opinión ▶ G 14.1 / 14.3

En este ejercicio se puede (y quizás se debe) incluir la posibilidad de que el alumno use el **subjuntivo en la respuesta**; esa es la razón de que propongamos también esa solución, aunque en el ejercicio en sí no se exige.

Subjuntivo in der Antwort möglich bzw. erforderlich

Unidad 14

1. ¿que repetirán …? – No sé, pero creo que las repiten / Yo espero que las repitan.
2. ¿Firmarán …? – Sí, seguro que firman. / Me imagino que firmarán. / Ojalá firmen.
3. ¿… volverán tarde …? – Hombre, claro que vuelven. / Es normal que vuelvan tarde.
4. ¿… que los J. dormirán en B.? – No sé, pero creo que dormirán en B.
5. ¿… preferirán …? – Sí, yo creo que prefieren / me imagino que preferirán / Es lógico que prefieran estar cerca del escenario.

A 14.5 Ojalá ▶ G 13.5 / G 14.1 / 14.2

1. ¿Tocarán … ? – Ojalá las toquen. / Espero que toquen … .
2. ¿Podremos estar cerca … ? – Ojalá podamos … / No creo que podamos … .
3. ¿Vendrá ese chico … ? – Ojalá venga. / Me imagino que vendrá.
4. ¿Tendremos ocasión de … ? – Ojalá tengamos. / Sí, yo creo que tendremos …
5. ¿Harán más de un bis? – Ojalá hagan más de uno. / Espero que hagan …

A 14.6 Planes futuros ▶ G 14.1 / 14.3

A 14.7 ¿Y tú qué harás? ▶ G 14.1 / 14.3

Después de haber hecho el ejercicio tal como se indica con las **formas del futuro**, se puede explotar más tarde, una vez introducido el uso del subjuntivo en las temporales, un segundo aspecto del mismo, a saber, pedirles a los alumnos que miren otra vez los diálogos y que apunten los **casos donde aparece el subjuntivo** y que digan cuáles de ellos corresponden a una frase temporal.

Übung der Futurformen, 2. Durchgang zum Herausfinden der Subjuntivo-Formen mit futurischer Bedeutung

1. irás al concierto – si mis padres me darán – serán caras – una entrada costará – No sé si podré ir
2. ¿Qué haréis – estaréis en casa? – saldremos – estaré en casa – pasaré un rato – tendrás que venir – Él sí podrá – ¿sabrá explicármelo? – entonces pasaré – crees tú que estará – Él volverá – ya le diré que te llame
3. no sé si podré – ¡No me dirás que …! – tendré que pedirles – ellos querrán – Dirán como siempre – podremos hablar – habrá que buscar – entre todos sabremos …

A 14.8 Buenos modales ▶ G 14.2 / 14.6

Las viñetas no están numeradas, pero se pueden señalar antes de izquierda a derecha y arriba abajo como A, B, C y D para orientarse mejor a la hora de comentar la solución del mismo. Aparte de eso, conviene animar a los alumnos para que, aprovechando esa situación, construyan un **minidiálogo**, que no se limiten únicamente a colocar la forma deseada del condicional.

Nicht nur Umsetzung der Sprechblasen, sondern Kurzdialog wie im Beispiel

A
–Uy, qué alta tienes la música, así no puedo estudiar. ¿Te importaría bajarla un pelín / un poquito el volumen?
–Para nada, si te molesta, claro que la bajo.
B
–Oye, perdona, te importaría dejarme tú móvil para hacer una llamada? Es que no tengo aquí el mío / es que me olvidé de traer el mío y tendría que hacer una llamada ahora mismo / una llamada urgente.
–Pues claro, chica, a ti te dejo el móvil y lo que sea.
–No, sólo necesitaría el móvil.
–Pues ahí lo tienes, llama cuando quieras.

Unidad 14

C
–¿Necesitaríamos más pan, verdad? Voy a pedírselo al camarero.
Oiga, camarero, ¿nos podría traer más pan, por favor?
–Sí, ahora mismo se lo traigo.
D
–Uf, ¿pero qué talla es esta? Aquí pone la 38, pero esta no puede ser mi talla. ¡Habré engordado yo tanto? ¡No, no es posible! ¡Oye, me podrías traer una talla mayor? Es que este pantalón tiene que tener una talla que no es la suya.
–A ver. Ah, pues sí, aquí pone talla 38, pero está mal puesta, ahora mismo te traigo uno de tu talla.
–¡Menos mal, ya creía que había puesto / engordado un par de kilos!

A 14.9 Cuando sea, sonará ▶ G 14.1 / 14.3 / 14.9

El móvil de este ejercicio es **practicar el subjuntivo** en las temporales; el modelo que se propone no debe considerarse como esclavista, sino que se les debe sugerir a los alumnos que construyan **minidiálogos** sin usar necesariamente siempre el "sabes que" y el "ah, no lo sabía" para que no resulten absurdas las minisituaciones. Como en el ámbito coloquial se usa mucho el presente por el futuro, proponemos aquí entre paréntesis (...) aquellas soluciones que, aun siendo posibles, no resultan naturales en una conversación de nivel coloquial.

Die Futurform in Klammern ist im mündlichen Sprachgebrauch unüblich

1.
–¿Sabes que hay varios e-mails de nuestros fans?
–No, no lo sabía, pero cuando los leamos, sabremos lo que dicen de nuestra música.
2.
–Es que todavía tengo que hacer los deberes.
–Bueno, pues cuando termines, vamos / (iremos) a jugar al fútbol.
3.
–¿Sabes que Andrea ya toca bien el piano?
–Ah, pues no, no lo sabía. Pues nada, cuando ella quiera, puede / (podrá) darnos un concierto.
4.
–Ellos ahora tienen poco dinero y salen poco.
–Bueno, pues cuando tengan más dinero, seguro que salen / saldrán más.
5.
–¿Sabes que los Jarabe de Palo darán otro concierto?
–¡No me digas! Pues cuando vengan, voy / (iré) al concierto, seguro.
6.
–Oye, espera, todavía no están todos aquí.
–Bueno, vale, pero cuando estén todos aquí, hacemos / haremos un juego.
7.
–¿Sabes que Elena está saliendo con un chico?
–Ah, pues ahora mismo me entero. Cuando la vea, ya le preguntaré con quién sale.

A 14.10 Consejos, muchos consejos ▶ G 14.2 / 14.3

También en este ejercicio se debe fomentar la **libertad de expresión**, incitando a los alumnos a que añadan cosas de su parte para hacer natural y vivo el diálogo.

Erweiterung durch die S wünschenswert

1.
–¿Qué os pasa, por qué estáis tristes?
–Es que mañana tenemos un examen y todavía no sabemos las palabras.
–Bueno, pues yo, en vuestro caso, me pondría ahora mismo a aprenderlas.

2.
–¿Qué te pasa, por qué estás tan nerviosa?
–Es que tengo una entrada para el concierto, pero no sé dónde la tengo.
–¿Y has buscado en todas partes?
–Sí, en casi todas, en la cartera, en la mesa, en los bolsillos, …
–Pues yo que tú, la buscaría entre los libros. A veces la metes ahí y luego te olvidas.
3.
–¿Qué te pasa?
–Me gustaría tener un autógrafo de Pau y no sé cómo conseguirlo.
–Pues, ¿por qué no le mandas una carta? Seguro que te contestará.
–¿Tú harías eso?
–¿Por qué no?
4.
–Te veo algo deprimida, ¿qué te pasa?
–Bueno, penas de amor. Es que a mí me gusta Ricardo y me gustaría salir con él, pero no sé cómo decírselo.
–Pues muy fácil, yo que tú, le enviaría un mensaje por el móvil y le preguntaría si quiere salir conmigo. / Pues si te gusta Ricardo, deberías hablar con él y decírselo. Claro, llámalo y dile que te gustaría salir con él. / Llámalo y dile que te gustaría invitarlo a tomar un café.
–¿Tú harías eso?
–Pues claro que sí, hoy día eso es normal.
5.
–¿Qué les pasa, por qué están tan preocupados?
–Es que quieren ir a Chile y no saben español.
–Pero saben inglés, ¿no?
–Sí, se defienden en inglés, pero les gustaría hablar castellano.
–Bueno, pues yo en su caso haría un curso de español antes del viaje.
6.
–¿Te pasa algo?
–Sí, mi amiga está enfadada conmigo y yo no sé por qué.
–¿Has hablado con ella?
–No, todavía no.
–Pues, yo que tú, la llamaría ahora mismo y le preguntaría por qué está enfadada.

A 14.11 Buscando una solución ▶ G 14.2 / 14.3 / 14.6

A 14.12 Depende, todo depende ▶ G 14.8

1. ¿Irás al concierto el sábado? – No sé, depende de cuánto cuesten las entradas.
2. ¿Pasaréis por casa esta tarde? – Bueno, depende de si tenemos tiempo o no.
3. ¿Tú crees que sacarán buenas notas? – Depende de cuánto hayan estudiado.
4. El fin de semana haremos una excursión, ¿no? – No sé, depende de qué tiempo haga.
5. ¿Crees que tendrán éxito? – Es posible, depende de cómo toquen.
6. Bueno, me dejarás la moto, ¿no? – Hombre, depende de para cuándo la quieras.
7. ¿Nos explicaréis el tema o no? – Pues eso depende de si lo comprendemos nosotros o no.
8. Seguro que verás la tele un rato esta noche, ¿no? – No sé, depende de lo que pongan.

A 14.13 La vida es sueño ▶ G 14.1 / 14.3

Unidad 14

A 14.14 Tú tienes la palabra

A 14.15 Hablando se entiende la gente

a)

los músicos
un grupo desconocido
ensayar
volver detrás del escenario
firmar autógrafos
cobrar mucho / poco
ganar dinero
ser famosos

grabar un CD
vender muchos discos
salir al escenario
salir a hacer el bis
actuar
viajar en furgoneta / en autobús de lujo

tocar
cantar / cantante
los instrumentos

el público
ir al concierto
pedir un autógrafo
querer ver y tocar

escuchar
gritar
dar un beso

aplaudir
de pie
sentado

cantar
saberse las canciones de memoria

Sobre **música y concierto** no aparecen muchos términos en los textos, pero el profesor puede proponer que escriban las palabras que se les ocurran al respecto, como, por ejemplo, las siguientes:

Wortschatzerweiterung

música
clásica
aprender música
atonal

moderna
tocar música
folclórica

pop
saber música
antigua

rock
armónica
medieval

popular

concierto
dar un concierto
un concierto de piano

ir a un concierto
preparar un concierto

concierto de guitarra
el descanso

b)
Expresiones coloquiales:

oiga, por favor – a grito pelado – sudar por todos los poros – cobrar una miseria – tomar unas copas – todos quieren verte y tocarte – tú dirás – bueno, verás – mil duros no son nada – mis viejos – la pasta – surgió cierta química – me enrollé

A 14.16 A bombo y platillo

a)
Observe los artículos, sobre todo en el caso del violín y clarinete que son justamente opuestos al alemán.

Artikel beachten

la batería
el saxofón

el piano
el clarinete

la guitarra
la flauta

el violín

la trompeta

A 14.17 ¿Cómo será?

b)
tendrá trabajo – tendrá que trabajar – serán limpias – estarán rodeadas – no habrá guerras – será muy reducida – no habrá policías – sólo habrá

34

Unidad 14

A 14.18 Así suena

b)
1. falso 2. cierto 3. falso: en primavera 4. cierto 5. falso: "no hay otro hombre en tu vida", es un claro indicio que se refiere a una mujer 6. cierto

Cuaderno de actividades

14.1 Hay que tener imaginación

Vertical:

1. escaparate – llave 2. así – este 3. sí – moriré 4. piscinas – duro 5. pa – TIR – coma – UE 6. olvidé – Po 7. le – fruta 8. encantar – sean 9. talla 10. chaquetas – correr 11. vaso – ni 12. pantalón 13. TAS – abrigos 14. en – pantalla 15. vos – ti – tía 16. la – ratón – carne 17. aria – es – osa 18. nevera – iré 19. odio – ni – comida

Horizontal:

A: ese – pon – UCI – teclado **B:** PAL – pan – ar **C:** casi – ventanas **D:** asistí – hora **E:** pi – Cid – asunto – SA **F:** miré – tren **G:** re – talla – vi **H:** más – lata – non **I:** tíos – peras – era **J:** CO – camisa **K:** vino – falda **L:** mar – al – como **M:** leerá – un – corbatas **N:** lo – iraní **O:** verduras – radio **P:** es – UE – tenía **Q:** pasen **R:** pelota – ríos – ven

14.2 El concierto

_____

14.3. Cuéntame alguna anécdota de tu vida

como te decía¹ – estaba estudiando – no me parecía – estaba buscando – que había – fue mi sorpresa – me llamó – di un concierto – fue en Sevilla² – fue un exitazo³ – era la primera vez⁴ – estaba emocionado – salí / salimos – no teníamos miedo – no éramos tan conocidos – pasamos – econtramos a un grupo – nos dijeron – nos pusimos a hablar – yo noté – no me quitaba los ojos de encima – así era – vino a pedirme – se quedó a mi lado – me contó – le parecía – nunca se perdía un concierto – me dijo

Observación:
¹ = *como te estaba diciendo*; se usa el **imperfecto** porque marca el curso interrumpido de la conversación, no una información concreta y aislada.
² = *tuvo lugar*.
³ El **indefinido** marca el **resultado final** de este concierto concreto.
⁴ El **imperfecto** pone el acento en la **circunstancia**, no en el acontecimiento; el uso del indefinido se podría "tolerar", pero no es lo suyo.

Erläuterung zu den Zeiten

14.4 Chica pobre – pobre chica ▶ G 14.1 / 14.3

tendré suerte – conoceré – se enamorará de mí – me dirá – me llevará – se casará conmigo – me hará feliz – tendré mucho dinero – podré comprarme – me pondré vestidos – se morirán de envidia – querrán saber – no les diré – tendremos una casa – haremos viajes – saldremos con los amigos – iremos a

14.5 ¿Qué seré de mayor? ▶ G 14.1 / 14.3

_____

Unidad 14

14.6 Los niños toman la palabra ▶ G 14.1 / 14.3

	Gemma Nierga:	Hola niños.
	Niños:	Hola.
	G.N.:	¿Hablamos un poco del futuro? ¿Qué os parece? ¿Tú qué dices Alba?
5	Alba:	Bueno, es que yo veo cosas positivas y negativas.
	G.N.:	Y tú, Roberto, ¿cómo ves el futuro?
	Roberto:	Yo lo veo bueno y malo.
	G.N.:	¿Por qué?
	Roberto:	Lo malo es que si seguimos tirando cosas al suelo contaminaremos todo … y nos moriremos.
10	Alba:	Yo también creo que tendremos problemas con la contaminación … Habrá más coches y los chinos también irán todos en coche en vez de en bici.
15	G.N.:	¿Y veis más cosas negativas?
	Alba:	Sí, la familia. Mira. Si tú eres mayor, viejo … Bueno. Antes las mujeres no trabajaban y entonces se podían ocupar de las personas mayores. Pero ahora que los hijos trabajan … , ¿quién se ocupará de ellos? Estarán muy solos, ¿no?
20	Roberto:	Pues tendrán una chica para cuidarlos. Les harán de canguros. O quizás inventarán robots para que se ocupen de las personas mayores.
	Alba:	Sí.
	G.N.:	Oye, ¿y los robots querrán a las personas?
25	Roberto:	Creo que no, porque los robots no tienen corazón.
	Alba:	Pero crearán robots que serán como las personas. Les pondrán un corazón.
	G.N.:	Bueno, estamos hablando mucho del futuro. Por futuro, ¿qué entendéis?, ¿dentro de cuánto tiempo será futuro?
30	Alba:	Después de cada día es futuro, hoy es futuro.
	G.N.:	¿Hoy es el futuro?
	Alba:	Sí, y mañana será nuestro futuro.
	Roberto:	En dos segundos ya es futuro y ahora después de decir esto, también.
35	G.N.:	Vale. Vamos a imaginar que han pasado treinta años. Alba, ¿tú cuántos años tendrás dentro de treinta años?
	Alba:	Tendré 39 años, … creo.
	G.N.:	¿Y tú, Roberto?
	Roberto:	Tendré 40.
40	G.N.:	¿Y qué pensáis? ¿Os podéis imaginar cómo seréis?
	Roberto:	Yo seré muy guapo. Llevaré el pelo largo, me pondré solo zapatillas de deporte y jugaré todos los días al fútbol. No tendré que ir al colegio …
	G.N.:	¿Y tú Alba? ¿Qué harás?
45	Alba:	Seré una actriz muy conocida y haré muchas películas, o quizás seré profesora. Y estaré casada y tendré dos niños, bueno, un niño y una niña y ganaré mucho dinero.
	G.N.:	¿Roberto? ¿De qué trabajarás?
	Roberto:	Yo seré futbolista. O arqueólogo.
50	G.N.:	¿Y estarás casado?
	Roberto:	No, no, no.
	Alba:	¿Y tendrás hijos?
	Roberto:	No, ¡cómo voy a tener hijos si voy a ser arqueólogo!
	G.N.:	¿Quééééé? ¿Es que … los arqueólogos no se casan?
55	Roberto:	Bueno … sí, a veces … los arqueólogos también se casan.

Unidad 14

14.7 Yo no lo haría ▶ G 14.2 / 14.3

1. comería 2. tendría que hacer 3. los haríamos 4. jamás abandonaría 5. nunca dirían 6. estaría más guapa 7. ¿tú dónde lo pondrías? 8. yo no saldría sola – me daría 9. tendría que hacer

14.8 ¿Tú qué me aconsejas? ▶ G 13.7

14.9 Es de buena fe ▶ G 14.7

1. no serán buenos 2. habrán llegado tarde 3. habrán discutido 4. estudiaría poco 5. no tendrán coche 6. no tocará bien 7. estarían disgustados 8. no tendrá ordenador 9. estará cansado 10. no sabrá su nombre 11. estaría enamorada 12. habrán reñido 13. podrían aplastarlo 14. no le gustarán otras cosas

14.10 ¿Qué te gustaría ser? ▶ G 14.6

14.11 La ropa inteligente ▶ G 13.7

En la feria futurista "Inventolandia" hemos tenido ocasión de hablar con el Sr. Sagaz, Ingeniero Jefe de la empresa "Technofuture", quien respondió amablemente a nuestras preguntas.

I.
5 P: Sr. Sagaz, la feria Inventolandia es conocida porque en ella se exponen las últimas novedades del mundo técnico. ¿Nos podría decir cuál es la novedad que presentan ustedes este año?
   S: Bueno, pues verá. En nuestro stand presentamos una nueva generación de ropa futurista que pronto estará en el mercado y que será una auténtica
10   revolución.
   P: ¿Ropa futurista? ¿Nos lo podría explicar con más detalle?
   S: Sí, claro, con mucho gusto. Mire, con nuestros inventos, la gente podrá ahorrarse en el futuro muchos quebraderos de cabeza. Estamos a punto de sacar al mercado una colección de ropa que pensará por nosotros. Por
15   ejemplo, si hace mucho sol, la camiseta le indicará que tiene que protegerse con el bronceador o la crema equis, si alguien padece del corazón, la camisa le dirá qué tabletas tiene que tomar y a qué hora, etc. Incluso cuando los hombres tengan que poner la lavadora, no tendrán los problemas que muchos de ellos tienen hoy, pues la ropa misma le indicará a la
20   máquina la temperatura conveniente en cada caso.
   P: Es interesante, pero parece difícil creer que esto pueda ser algún día realidad.
   S: Pues lo será, lo será, no lo dude. Estamos muy avanzados en la creación de este tipo de ropa inteligente.
25   Venga, venga usted por aquí, que le voy a enseñar algo …

Unidad 14

II.
Venga, venga usted por aquí, que le voy a enseñar algo.
Mire, este jersey rojo, por ejemplo, es un modelo de ropa *multitech*. Dentro lleva un microchip intercambiable en el que se pueden memorizar 128 megabytes. Usted puede grabar música, datos, texto, en fin, lo que quiera. En la manga izquierda tiene todos los mandos para su manejo. Además, en el pecho lleva incorporado un micrófono para poder dar los comandos directamente sin usar las manos. Los auriculares están integrados en el cuello.

P: ¡Increíble! Bueno, como todo aparato, me imagino que éste necesitará también energía, claro, ¿de dónde saca la energía?

S: Bueno, de momento funcionará con pilas que van incorporadas en la otra manga, pero estamos trabajando para dotar la ropa de un minitermo-generador. Es un aparato que aprovecha el calor humano o el calor del sol para generar la energía necesaria.

P: ¿Y podrán los jóvenes usar esta ropa con la misma naturalidad que cualquier otra?

S: De momento, lamentablemente no. Este material técnico es todavía muy sensible y muy frágil. Habrá que esperar un par de años más, hasta que esta ropa se pueda usar o llevar en la mochila con la misma naturalidad que un jersey normal. Tenemos que perfeccionarla aún más para que sea igual de cómoda e igual de estética que la ropa de moda.

P. ¿Y el precio?

S: Pues qué le voy a decir, el precio es alto, esa es la verdad. Pero tenga en cuenta que es la primera generación y que los gastos de desarrollo son enormes. Con el tiempo, comprar un anorak inteligente no será mucho más caro que comprar otro normal y corriente.

P: ¿Su proyecto se dirige sólo a los jóvenes?

S: No, no, qué va. Nuestro programa es más ambicioso. Con el tiempo podremos ofrecer para personas mayores ropa que esté en condiciones de medir el pulso, de medir la tensión, de constatar el grado de insulina en la sangre, etc. Ropa para niños que permita a los padres saber dónde se encuentra su hijo en ese momento, camisas con tarjeta de identidad incorporada, blusas que puedan cambiar de color a gusto de la persona que la lleve o chaquetas que enciende el ordenador ya al acercarte a la oficina. En fin, … habrá de todo.

P: Bueno, Sr. Sagaz, gracias por sus amables explicaciones que seguro resultarán interesantes para nuestros lectores.

S: De nada, ha sido un placer.

b)

l. 4: ¿Nos podría decir … ?
l. 5 – 6: Bueno, pues verá … – estará en el mercado – será una auténtica revolución
l. 9: ¿Nos lo podría explicar …?
l. 10 – 14: la gente podrá ahorrarse – ropa que pensará por nosotros – le indicará que – la camisa le dirá
l. 16 – 17: no tendrán los problemas – le indicará a la máquina
l. 19: Lo será, lo será

Unidad 14

d)
Elementos del lenguaje coloquial:

venga, venga por aquí – le voy a enseñar – en fin – bueno, como todo aparato – claro – bueno, de momento – pues qué le voy a decir – esa es la verdad – no, qué va – ha sido un placer

e)
Resumen en alemán:

Resümee auf Deutsch

Auf der Bekleidungsmesse wird multifunktionale Hightech-Kleidung vorgestellt, so z.B. ein roter Pullover mit eingebautem Mikrochip zur Aufnahme von Musik, Daten, Texten etc. sowie einer Fernbedienung, einem Mikrophon und Kopfhörern. Als Energiequelle werden dazu noch Batterien benötigt, aber es wird an der Umsetzung von Körperwärme und Sonnenenergie geforscht.
Das Material ist sehr empfindlich und daher für Jugendliche noch nicht geeignet. Außerdem ist der Preis sehr hoch auf Grund der enormen Entwicklungskosten. Es wird Kleidung für ältere Leute geben, die den Puls und den Blutdruck misst und den Insulinspiegel feststellt, Kleidung für Kinder, mit dem man ihren Aufenthaltsort feststellen kann. Außerdem Kleidung mit integriertem Personalausweis und Kleidungsstücke, die die Farbe wechseln oder den Computer anschalten können.

14.12 ¿Cuándo vamos a bailar? ¡Cuando tú quieras! ▶ G 14.1 / 14.3 / 14.9

a)
1. –¿Cuándo vamos / iremos a Chile?   –Cuando tengamos vacaciones.
2. –¿Cuándo compras la batería?   –Cuando mis padres me den la pasta.
3. –¿Cuándo sales con tus amigos?   –Cuando haga mejor tiempo.
4. –¿Cuándo me explicáis el asunto?   –Cuando estemos mejor informados.
5. –¿Cuándo hace / va a hacer un curso …?   –Cuando pueda pagarlo.
6. –¿Cuándo tenéis tiempo para ir al cine?   –Cuando llegue el fin de semana.

b)

1.
–¿Venden / han vendido / habrán vendido muchos discos?
–… cuando lo sean …

2.
–¿Cuándo y dónde nos encontramos / (encontraremos) con Pau?
–… cuando él termine el concierto.

3.
–¿Qué haces aquí tú solo?
–Ya ves, cuando tengo tiempo, …

4.
–¿Viajabais antes …?
–No, no, cuando éramos menos conocidos …

5.
–¿Ya te ha dicho Pablo …?
–… cuando sepas exactamente cuándo puedes / podrás venir tú.

6.
–¿Cuándo es / será el concierto?
–… te lo diré cuando lo sepa.

7.
–¿Cuándo volvéis / volveréis …?
–Volveremos el …

8.
–¿Cuándo vas a empezar a …?
–Cuando mis padres me den …

9.
–… cuándo ensayas …?
–… Cuando vuelvo del colegio, …

10.
–¿Puedo pasar por tu casa …?
–Sí, claro, cuando quieras.

Unidad 14

14.13 ¿No pensarás dejar los estudios?

a)

> Padre: Pero hijo, te pasas todo el santo día aporreando ese cacharro que no hace más que ruido.
> Álex: Papá, esto no es un cacharro, es una batería y yo no la aporreo, la toco. Tú sólo oyes ruido porque no entiendes la música moderna y porque esta batería no vale para nada. Es vieja y mala. Yo, lo que necesito es una nueva. Anda, papá, ¿cuándo me vas a dar la pasta para comprarme una mejor?
> Padre: Ah mira, si quieres pasta, habla con tu madre, que yo no quiero líos. Menudo es ella para eso del dinero. Además si te doy el dinero para una batería nueva, luego no haces más que tocar y adiós los estudios.
> Álex: Que no, papá, que no. Te juro que, si me compras una batería nueva, voy a estudiar más que nunca.
> Padre: No, si yo te creo, pero de eso tienes que convencer a tu madre, no a mí. Espera que termine la telenovela y habla con ella.
> ...
>
> Álex: Mami, ¿qué tal ha estado el capítulo de hoy, te ha gustado?
> Madre: Bah, tonterías, siempre es lo mismo, dan más vueltas que un molino y nunca pasa nada.
> Álex: Anda, no te quejes, que bien que te gusta verlas, no me digas que no. ... ¿Sabes qué me ha dicho papá? Que tú estás de acuerdo en que él me dé el dinero para comprarme una batería nueva.
> Madre: ¿Eso te ha dicho? Pues lo habrá soñado, hijo, porque yo no he dicho esta boca es mía.
> Álex: O sea, que sí estás de acuerdo.
> Madre: No, no, de eso nada. Hasta que no termines los estudios, nada de batería. La carrera es lo que tienes que terminar y nada de tonterías de música.
> Álex: Pero lo uno no quita lo otro, mami. Mira, te juro que, si me das la pasta, no te voy a defraudar. Voy a estudiar más que nunca y a sacar las mejores notas de toda mi vida.
> Madre: Sí, eso es lo que prometéis todos, y luego ...
> Álex: Palabra de honor, mamá. Anda, sé buenecita y dame el dinero, que si no, no puedo tocar con mi grupo.
> Madre: ¡Ay, qué hijos tiene una! ... Bueno, mira, si tu padre te lo ha prometido, pues pídeselo a él. Pero como a final de curso saques malas notas, que no me eche a mí la culpa.
> Álex: Eres la mejor mamá del mundo. Bueno, voy corriendo a hablar con papá antes de que cambie de opinión.

b)
Quiere conseguir el dinero para una batería. A su mamá le dice que el padre está de acuerdo y a su papá le dice que la madre no tiene nada en contra. Además promete estudiar más y sacar mejores notas.

14.14 Sobre gustos no hay nada escrito

Unidad 15

Cara y cruz del turismo

Situation / Thema
Rede über die Entstehung und Entwicklung des Tourismus in Spanien.

Ziel
Die S sollen sich kritisch mit dem Thema Tourismus auseinandersetzen.

Grammatik

El imperativo	G 15.1
Bejahter Imperativ der 2. Person (*tú / vosotros/as*)	G 15.2
Bejahter Imperativ der 2. Person Singular: Ausnahmen	G 15.2
Stellung des Pronomens beim Imperativ	G 15.4
Subjuntivo en frase temporal (II)	G 15.5
Subjuntivo con la conjunción "aunque"	G 15.6
Subjuntivo en frase completiva	G 15.7

Landeskunde
Touristische Gebiete, Formen und Folgen des Tourismus in Spanien.

Sprechintentionen
Eine Zuhörerschaft direkt ansprechen.
Allgemeine biographische Angaben über sich selbst oder eine andere Person formulieren.
Meinungs- und Gefühlsäußerungen.

Hörverstehen
Cuaderno de actividades: 15.4 *Más consejos*
15.8 *Situaciones de la vida*

Wortschatz und Strukturen

Substantive	Verben	Adjektive / Adverbien	andere Strukturen
Cara y cruz del turismo			
el aspecto	estar seguro/a	exacto/a	aunque
el pasado	de que	económico/a	tan sólo
el currículum	puede que	sincero/a	en cierto modo
el siglo	desconocer	fresco/a	a pesar de (que)
el nacimiento	permitir	autoritario/a	otra cosa
el turismo	nacer	conservador/a	pues bien
el turismo de masas	determinar	democrático/a	en cuanto
el origen	volver a	ecologista	por culpa de
la época	interesarse por	sucio/a	
la tierra	reconocer	culpable	
	deberse a		

Unidad 15

Substantive	Verben	Adjektive / Adverbien	andere Strukturen
la minoría	tener ganas de	ruidoso/a	
el arte	gastar	únicamente	
la anécdota	contribuir a	mallorquín/a	
la economía	modernizar	catalán/a	
el salto	construir	vasco/a	
el puesto	atreverse a	gallego/a	
el éxito	afirmar	holandés/a	
el bienestar	hacer posible	sueco/a	
el invento	simpatizar	educado/a	
el transporte	indignar	respetuoso/a	
el factor	identificar(se) con	disciplinado/a	
la infraestructura	que yo sepa		
la autopista	considerarse		
el mérito	divertirse		
la culpa	olvidar		
el medio ambiente	comportarse		
la basura			
la contaminación			
el coste de la vida			
la invasión			
la isla			
los modales			
la educación			
la situación			
el / la oyente			
la paciencia			
la imagen			
la atención			
A 15.2			
el bosque			
el ruido			
A 15.4			
	molestar		
A 15.13			
los dulces	fumar		
el dentista	ser disciplinado/a		
G 15.2			
	poner la mesa		
G 15.4			
la nevera			

Unidad 15

Grobstruktur der Unidad 15

Phase 1: Texterarbeitung: *Yo, entonces era un don nadie*; Texterschließungsaufgaben zum Inhalt und Wortschatz.
Phase 2: Wiederholung und Erweiterung des *Subjuntivo*.
Phase 3: Einführung und Anwendung des *Imperativo*.
Phase 4: Kreative Aufgaben zur Übung der selbstständigen Textgestaltung.
Phase 5: Gemischte Wiederholungsaufgaben.

Vorschläge zur Gestaltung der Phasen bzw. Textarbeit

Phase 1

Als Redeimpuls zum Einstieg in das Thema „Tourismus" können die Fotos auf den Seiten 36 und 37 genutzt und mit einem Gespräch über Ferien / Urlaub verbunden werden.
Yo, entonces era un don nadie ist ein relativ langer Lektionstext, der zwar ein bekanntes Thema behandelt, aber an Inhalt und neuem Wortschatz recht komplex gestaltet ist. Der Tourismus beschreibt in diesem Text in personifizierter Form seinen Lebenslauf, d.h. seine Entwicklung in Spanien. Dabei präsentiert er sich selbst in einer Rede und spricht die Zuhörer direkt an. Er erwähnt seine Verdienste, beschwert sich über die Kritik, die ihm von Seiten seiner Gegner immer wieder entgegengebracht wird, und möchte sein schlechtes Image verbessern.
Da es sich um eine Rede handelt, sollte der Text zunächst auch als Hörtext vom Tonträger präsentiert werden. Die S werden einige Zeit brauchen, um zu erkennen, wer hier spricht und in welcher Form das Thema dargestellt wird. Der Text sollte deshalb anschließend auf jeden Fall handlungsorientiert bearbeitet werden. Die Aufgaben A 15.1 und A 15.2 bieten einen optimalen Leitfaden zur Erschließung des Textes nach der ersten Lektüre. Die Aufgaben A 15.2 a) und b) können zu einer Arbeitsphase zusammengenommen werden, in der sich 4 Gruppen mit den unterschiedlichen Themen auseinandersetzen (Thema 1: *Aspectos positivos del turismo*; Thema 2: *Aspectos negativos del turismo*; Thema 3: *El turismo en el siglo XIX*; *El turismo en el siglo XX*). Eine Präsentation der Ergebnisse der einzelnen Gruppen mit Hilfe einer Folie (siehe Kopiervorlage Zusatzmaterialien, Nr. 1) ist ein sinnvoller Abschluss für diese Phase.
Die Aufgaben *Actividades* A 15.4, A 15.7 und A 15.8 dienen der textgebundenen Wortschatzarbeit.

Anmerkungen zu den einzelnen Texten:

Zeile 4: *puede que* entspricht der Formulierung *puede ser que* oder auch *quizás* und wird vom *Subjuntivo* begleitet.
Zeile 8: *mi currículum*: als lateinischer Ausdruck im spanischen Sprachgebrauch integriert, auch die Variante mit der Endung auf -o *currículo* ist üblich. Die Formulierung *mandar un currículo* entspricht dem deutschen „sich bewerben".
Zeile 9: *allá por el siglo*: Das Demonstrativpronomen *allá* entspricht der Präposition *hacia*. Es kann hier nicht durch *allí* ersetzt werden, da es sich um einen idiomatischen Ausdruck handelt. Die Präposition *por* beschreibt eine ungefähre Zeitangabe, d.h. Tag, Monat oder Jahr der Entstehung werden nicht genau bestimmt. Andere Beispiele für den Gebrauch von *por* in diesem Sinne sind: *por Navidad, por aquellas fechas, por la primavera*.
Zeile 17: *pero volvamos a*: Der Imperativ der 1. Pers. Pl. wird in der Umgangssprache eher selten gebraucht, in Reden und Konferenzen dagegen als rhetorisches und stilistisches Mittel eingesetzt.
Zeile 19: *permitirse el lujo de*: Im Sinne von „sich etwas leisten können" wird *permitirse* meist mit dem Zusatz *el lujo de* ergänzt („ich kann es mir nicht leisten" = *no puedo permitirme ese lujo*).
Zeile 21: *se interesaba más por*: Nach dem Partizip *interesado* kann außer der Präposition *por* auch die Präposition *en* auftreten, jedoch nicht in diesem Kontext. Während die Präposition *por* lediglich ein allgemeines Interesse ausdrückt, signalisiert die Präposition *en* ein verstärktes Interesse bis hin zum Erwerb einer bestimmten Sache. *Está interesado en este cuadro* meint die Absicht, das Bild zu kaufen.
Zeile 33: *el bienestar que empezaba a haber*: In diesem Fall muss das Imperfekt eingesetzt werden, um den lang andauernden Prozess zu beschreiben, den die Gesellschaft durchlief, bis sie den Wohlstand erlangte.
Zeile 61: *en ríos y mares*: Möglicherweise fällt den S auf, dass das Wort *playas* von einem Artikel begleitet wird, während *ríos y mares* ohne Artikel stehen. Aus stilistischen Gründen wurde bei *ríos y mares* auf den Artikel verzichtet. Während der Ausdruck *las playas* alle Strände mit einbezieht, drückt die Formulierung *ríos y mares* eine Begrenzung aus.
Zeilen 69 - 72: Die Nennung der unterschiedlichen Regionen Spaniens ist eine Anspielung auf die unterschiedlichen Tourismusformen: Massentourismus, Kultur-Tourismus, ländlicher Tourismus, religiöser Tourismus etc.

Phase 2

Nach der intensiven Textarbeit sollte eine Grammatikphase folgen, in der der *Subjuntivo* wieder

Unidad 15

aufgegriffen, gefestigt und erweitert wird. Nach der Erläuterung des *Subjuntivo* im Temporalsatz, Konzessivsatz und im *que*-Satz, eignen sich zur Anwendung die Übungen A 15.9, A 15.10, A 15.15 und für die Differenzierung zwischen *Indicativo* und *Subjuntivo* im *Cuaderno de actividades* Aufgabe 15.15.

Phase 3

Es wurde bewusst darauf verzichtet, den Imperativ vor der Textarbeit einzuführen, obwohl er im Text an mehreren Stellen erscheint. In der Regel können sich die S den Kontext erschließen ohne die Imperativform zu kennen. In dieser Phase soll der Imperativ vom Text losgelöst erläutert und geübt werden. Folgende Übungen eignen sich: *Actividades* A 15.12, A 15.13, A 15.14; *Cuaderno de actividades* 15.1, 15.2 und 15.4.

Phase 4

Unidad 15 bietet eine breite Palette an kreativen Aufgabentypen, die unterschiedliche Zielsetzungen verfolgen. Aufgabe A 15.16 animiert die S, sich mit dem Thema Tourismus in anderen Ländern auseinanderzusetzen. Denkbar wäre auch eine Erweiterung des Themas durch folgende zusätzliche Fragestellungen:

a) *En España se puede realizar lo que se llama "turismo verde", es una forma moderna de hacer turismo. Explica la expresión y busca regiones en España donde se puede realizar turismo verde.*
b) *Ya estamos en el siglo XXI. ¿Crees que la situación del turismo es igual que en el siglo XX?*
c) *¿Crees que el 11 de marzo ha cambiado la situación del turismo en España? ¿Y en Alemania?*
d) *Inventa más razones de por qué los alemanes no viajan tanto como antes.*

Aufgabe A 15.7 erwartet eine Stellungnahme zum Tourismus aus der Sicht der Natur. Sie fordert von den S einerseits das Anführen schlagfertiger Argumente, andererseits aber auch die Gestaltung eines logisch aufgebauten Textes, der die behandelte Grammatik berücksichtigt und richtig einsetzt. Es ist ein sehr komplexes Unterfangen, sollte den / die L jedoch nicht abschrecken, da es die S hervorragend auf schriftliche Prüfungen vorbereitet.

Die Aufgaben 15.12 und 15.13 im *Cuaderno de actividades* geben den S die Möglichkeit, sich mit spanischsprachigen Lebensläufen und Vorstellungsgesprächen zu befassen. Diese Aufgabe wird vor allem solche S motivieren, die Auslandsaufenthalte planen. Aufgabe 15.14 behandelt das Thema „Tourismus in Spanien" am Beispiel einer ganz realen Situation. Die S werden animiert, einem Freund eine Empfehlung für eine Spanienreise zu geben, und informieren sich durch die Aufgabenstellung geschickterweise selbst.

Phase 5

Für die Wiederholungsphase allgemein hält das *Cuaderno de actividades* eine abwechslungsreiche Auswahl bereit, die vielfältig eingesetzt werden kann: z.B. als Hausaufgaben, als Einstieg nach den Ferien oder als Fundus einer Freiarbeitsphase.

Zusatzmaterialien
(s. Anhang, S. 154-157)

1. Kopiervorlage für die Präsentation der Textarbeit in Phase 1.
2. Tandemübung – Imperativ.
Übung zum Imperativ, die gleichzeitig eine Vokabelwiederholung integriert. Es wurden Verben der *Unidades* 13 – 15 berücksichtigt.
Vorgehensweise: Der / die S, der / die das deutsche Wort sieht, sagt es laut und bildet dann den bejahten und den verneinten Imperativ der 2. Pers. Sg. auf Spanisch. Der Partner / die Partnerin sieht die Lösung auf seiner / ihrer Seite und gibt eine Rückmeldung.
3. Vokabelübung zur Wiederholung der gesamten Verben aus den *Unidades* 13 – 15.
Die S werden dabei aufgefordert, die passenden Wortpaare zu finden und das spanische Wort neben das deutsche zu schreiben.
4. Verbtabelle zur Wiederholung der wichtigsten Formen des *Indicativo* und *Subjuntivo*. Die Übung verbindet Übersetzung mit Formenlehre. Die S müssen jetzt aus dem Gedächtnis das passende spanische Wort zunächst im Infinitiv notieren, dann in den angegebenen Formen.

Soluciones

Libro de texto

A 15.1 Hablando se entiende la gente

1. Un currículum
Un currículum es la presentación de los datos más relevantes de la vida de una persona presentados de forma esquemática.
2. Clases de turismo
Hay turismo de masas que se da fundamentalmente en las zonas marítimas, es decir, en las playas. Hay turismo rural que busca el contacto con la naturaleza y la gente del campo. Hay turismo cultural, que se interesa por el pasado histórico y artístico de alguna región o país. Hay turismo religioso, que se da en aquellos lugares que se relacionan con algún acontecimiento sobrenatural o milagroso, por ejemplo, los que hacen el Camino de Santiago.
3. Importancia del turismo
El turismo es desde el punto de vista económico muy importante por las divisas que aporta a la economía del país y por los puestos de trabajo que genera.
4. Relación alemanes – Mallorca
Muchos alemanes viajan desde hace décadas con preferencia a Mallorca. Muchos alemanes están incluso viviendo permanentemente en Mallorca. La fama de los alemanes en Mallorca no es siempre positiva, porque muchos turistas no se comportan como deberían comportarse.

A 15.2 Pros y contras

a)

aspectos positivos	aspectos negativos
un factor económico importante	tiene la culpa de la contaminación
da trabajo a millones de personas	por su culpa hay tanta basura en bosques y playas, ríos y mares
contribuyó a modernizar el país	es culpable de que suba el coste de la vida
contribuyó a mejorar la infraestructura	por su culpa España es el país más ruidoso de Europa
gracias a él se construyeron autopistas, hoteles y carreteras	
gracias al turismo llegaron aires nuevos a la España autoritaria y conservadora del franquismo	
hizo posible la modernización y democratización del país	

b)
En el siglo XIX viajaba poca gente y los que hacían turismo lo hacían por razones culturales, no para tomar el sol y broncearse. Era un turismo más individual.
En el siglo XX subió el nivel de vida y la renta per cápita y la gente empezó a ir a otros países a pasar las vacaciones, sobre todo, la gente de países fríos a países de clima más cálido y con playas. En el siglo XX el turismo es mayoritariamente un turismo de masas.

A 15.3 Hacer un viaje

Unidad 15

A 15.4 Con otras palabras

Entre paréntesis la indicación de la línea donde aparece el término buscado.

Angabe der Zeile in Klammern

1. mi currículum (l. 7) 2. modernamente (l. 8) 3. allá por el siglo XIX (l. 9)
4. yo, en aquellos tiempos, era un don nadie (l. 26) 5. se debió al bienestar que empezaba a haber (l. 33) 6. eso les beneficiará a ustedes y mejorará mi imagen (l. 94 / 95) 7. tenía dinero y ganas de gastárselo (l. 38 / 39) 8. el coste de la vida (l. 62) 9. me indigna sobremanera (l. 63 / 64) 10. Vienen sólo a emborracharse y a armar follón (l. 83)

A 15.5 Tú nunca serías un indeseable ▶ G 14.2. / 14.3

1. Yo no la dejaría en ..., la tiraría a ...
2. Yo no haría turismo en M. para eso.
3. Yo no diría que el turismo es ...
4. Yo no entraría en bañador a ...
5. Yo no olvidaría la buena educación.

A 15.6 Te lo has propuesto ▶ G 14.2. / 14.3 / 15.6

1. Cuando yo esté de vacaciones, no olvidaré los buenos modales.
2. Cuando hagamos un viaje de turismo, respetaremos las costumbres del país.
3. Cuando sepa más español, hablaré con la gente en castellano.
4. Cuando haga turismo, me divertiré sin molestar a los demás.
5. Cuando quiera oír música por la noche, me pondré auriculares para no molestar.
6. Cuando volvamos al hotel, tiraremos la basura en ..., no la dejaremos en la playa.

A 15.7 Manía de llevar la contraria

(con indicación de la línea donde aparece)

1. son desconocidos (l. 6)
2. modernamente se dice Turismo de Masas (l. 15)
3. eran muy pocos (l. 20)
4. por culpa de esos *fans* (l. 86)
5. no eran ni la sombra de lo que son hoy (l. 23 / 24)
6. era un país autoritario y conservador (l. 49)
7. no simpatizan nada conmigo (l. 56 / 57)
8. el país más ruidoso de Europa (l. 63)

A 15.8. La combinación adecuada

1. puede que haya
2. te acabo de decir
3. una minoría
4. ya no es ni su sombra
5. en aquellos tiempos
6. empezaba a haber
7. sin saber muy bien por qué
8. en cierto modo
9. yo tengo la culpa
10. el resto me lo dejo en el tintero
11. eso les beneficiará a ustedes
12. algunos están muy bien vistos

e) a lo mejor hay
g) te he dicho hace un momento
a) unos pocos
f) ha cambiado mucho
b) entonces
c) comenzaba a existir
j) sin conocer la verdadera razón
h) de alguna manera
i) yo soy el culpable
d) más cosas ya no digo
l) eso será bueno para ustedes
k) algunos son bienvenidos

46

Unidad 15

A 15.9 Tú tienes la palabra ▶ G 15.7

A 15.10 A algunos les molesta ▶ G 13.6

Las combinaciones pueden ser múltiples; aquí damos una de las posibles combinaciones.

mehrere Kombinationen möglich

1. No está bien que algunos gasten tanta agua.
2. Es posible que el turismo haya contribuido al …
3. Me fastidia que mi vecino ponga la música tan alta.
4. No está bien que ustedes hayan entrado a la catedral en bañador.
5. Es lógico que en Mallorca le llamen "invasión alemana".
6. Me alegra que España haya cambiado tanto y que ya no sea un país autoritario.
7. No nos gusta que algunos turistas sólo vengan a armar follón.
8. Es lógico que los ecologistas tengan miedo de los efectos negativos del turismo.
9. Es probable que mejore la imagen del turismo, si nosotros nos portamos como …
10. No creo que hayan dicho en la radio que los alemanes ya no van a M.

A 15.11 ¿Qué gigantes?

Ver ejercicio 15.10 en el *Cuaderno de actividades*.

A 15.12 Cómo ser un perfecto indeseable ▶ G 15.1 – 15.3

a)
Proponemos que sugieran a los alumnos que completen el ejercicio del imperativo negativo con una segunda **frase concesiva con *aunque* + subjuntivo** en los casos que el contexto lo permita.

Ergänzung durch Konzessivsatz

1. No dejes la basura en la playa, aunque sea más cómodo.
2. No te duches tantas veces al día, aunque pagues el hotel.
3. No pongas la música tan alta, aunque estés de vacaciones y quieras divertirte.
4. No vayas a todas partes en bañador y en sandalias, aunque seas turista.
5. No digas siempre que la comida está mala, ni grites en el comedor.
6. No le llames idiota a un policía, aunque él no te entienda.

A 15.13 El médico sólo piensa en tu bien ▶ G 15.1 – 15.3

1. No comas demasiado / tanto. 2. Bebe mucha[1] agua. 3. No fumes nunca. 4. Haz deporte y no estés siempre sentado. 5. Muévete un poco, no vayas siempre en moto. 6. Sé disciplinado. 7. Sal al campo y haz deporte. 8. Ve / Vete al dentista.

Observación:
[1] Todos sabemos que *agua* lleva en singular el artículo masculino *el* agua por razones de fonética (cacofonía). Esta norma, sin embargo, no se aplica a los adjetivos antepuestos, error frecuente entre hispanohablantes. Lo correcto, pues, es decir *much**a** agua, est**a** agua, poc**a** agua, tant**a** agua*.

agua (f.): Artikel *el*, Adjektiv auf *-a*

A 15.14 Para ti está más claro que el agua ▶ G 15.1 – 15.3

1. juega al fútbol 2. haz deporte 3. siéntate un rato 4. oye estos cedés 5. pon la tele 6. di quién es tu novio/a 7. cuenta algo de … 8. ve / vete a la fiesta 9. sal con nosotros 10. préstame tu moto

Unidad 15

A 15.15 Cómo ser una persona bien educada ▶ G 14.1 / 14.3 / 15.6

1. Cuando estés en ..., pórtate como ...
2. Cuando entres en ..., ve / vete bien vestido.
3. Cuando no estés de acuerdo con algo, dilo ...
4. Cuando haya poca agua[1], no te duches tanto.
5. Cuando regreses de ..., déjala ...
6. Cuando quieras algo, pídelo ...
7. Cuando la gente esté durmiendo, no hagas ...
8. Cuando salgas al campo, respeta la ...
9. Cuando otros quieran dormir, no pongas ...
10. Cuando pagues la cuenta, da propina.

Observación:
[1] Ver observación del ejercicio A 15.13.

A 15.16 Doy de comer a millones

A 15.17 ¡Señoras y señores, respetable público!

A 15.18 Una persona muy educada ▶ G 15.8

1. Disculpen ustedes que haya hablado tanto tiempo, espero que no se hayan aburrido.
2. Nos llena de orgullo que a nuestro curso le hayan dado un premio por nuestro compromiso ...
3. Siento mucho que os haya hecho esperar / Siento mucho haber llegado tarde y que estéis de mal humor por mi culpa.
4. Yo no tengo la culpa de que hayamos perdido el partido, todos hemos jugado mal.
5. Os agradezco mucho vuestra atención. / Os agradezco que me hayáis escuchado con tanta atención.
6. Disculpad que haya olvidado la cita, siento mucho que me hayáis esperado en vano.
7. Siento mucho que no hayáis podido llamarme porque mi móvil estaba desconectado.
8. Yo no tengo la culpa de que el proyector no funcione.

Unidad 15

Cuaderno de actividades

15.1 Muy formal ▶ G 15.1 / 15.2

a)

vende	no vendas	venda usted	vendan ustedes	vended	no vendáis
piensa	no pienses	piense usted	piensen ustedes	pensad	no penséis
traduce	no traduzcas	traduzca usted	traduzcan ustedes	traducid	no traduzcáis
ven	no vengas	venga usted	vengan ustedes	venid	no vengáis
pide	no pidas	pida usted	pidan ustedes	pedid	no pidáis
ve	no veas	vea usted	vean ustedes	ved	no veáis
toca	no toques	toque usted	toquen ustedes	tocad	no toquéis
estáte[1]	no estés	esté usted	estén ustedes	estad/estaos[1]	no estéis
ríete	no te rías	ríase usted	ríanse ustedes	reíos	no os riais/riáis[2]
cuenta	no cuentes	cuente usted	cuenten ustedes	contad	no contéis

Observación:

[1] El imperativo de segunda persona del verbo *estar* se usa poco, prefiriendo otras formas de expresión. En la segunda persona de singular se usa únicamente la forma reflexiva: *estáte quieto / estáte aquí a las tres*. En la segunda persona de plural son teóricamente posibles ambas formas: *estad uno minuto con el niño / estaos quietos*.

Imperativ bei *estar*

[2] Como triptongo la forma *riais* no necesita ortográficamente el acento, pero la *Real Academia* admite como correctas las dos versiones.

mit und ohne Akzent möglich

15.2 La excepción confirma la regla ▶ G 15.3

a)
1. dime la verdad 2. haz los deberes 3. sal de aquí 4. ten cuidado 5. sé bueno
6. ven pronto 7. ve/vete en tren 8. pon los libros

b)
1. diga la verdad 2. haga los … 3. salga de aquí 4. tenga cuidado 6. sea bueno
7. vaya en tren 8. ponga los libros

15.3 ¿Dónde lo pongo? ▶ G 15.4

1. Dile a Claudia que …, escríbele un SMS. 2. Cómprala 3. Permítame que me presente … 4. No te pongas … 5. Arreglaos, vamos a salir. 6. Levántate a las seis … 7. portémonos como personas educadas. 8. No os lavéis con … 9. llámalo 10. Duchaos antes de salir. 11. No te sientes en … 12. No nos grite.

15.4 Más consejos ▶ G 15.1 – 15.3

Katja:	Oye Ainhoa, voy a vivir 4 semanas con una familia española, porque hago un curso de español en Córdoba. No sé, no estoy muy segura cómo será la familia. ¿Qué tengo que hacer para no meter la pata, me podrías dar algunos consejos?
5 Ainhoa:	Por supuesto. Mira. Primero cuando llegues a Córdoba, si tomas un taxi, no te sientes delante con el taxista, sino atrás.
Katja:	¿Y por qué?
Ainhoa:	Pues, no lo sé. Sólo te puedo decir que es una costumbre y que nadie se sienta delante si va solo.
10 Katja:	Vaya. Y le doy dinero extra … ¿cómo se dice eso?

Unidad 15

	Ainhoa:	Se dice propina. Sí, dale propina si se ha portado bien, es decir, si no te ha cobrado demasiado, si te ha ayudado a meter y sacar las maletas, etc.
	Katja:	¿Y cómo voy a saber yo si me ha cobrado demasiado?
15	Ainhoa:	Muy fácil, infórmate antes en el aeropuerto, pregunta cuánto suelen cobrar y luego pregúntale al taxista.
	Katja:	Muy bien. ¿Y luego al llegar?
	Ainhoa:	Cuando conozcas a la familia, ya verás, te saludarán con un abrazo y unos besos, así que no te extrañes, es normal.
20		Y cuando te enseñen el piso no te quedes muda.
	Katja:	¿Cómo que no me quede muda? No te entiendo.
	Ainhoa:	Di que el piso es muy bonito. Reacciona. Por ejemplo diles: ¡Qué bonito! o ¡me encanta! o ¡qué grande! o algo parecido. Si no, van a pensar que no te gusta.
25	Katja:	Vale. Pero lo que me preocupa es la comida.
	Ainhoa:	¿Por qué?
	Katja:	Ya sabes que soy vegetariana …
	Ainhoa:	Pienso que no será un problema. Tú díselo a la señora. Dile que no te gusta mucho la carne y que prefieres comer ensaladas, verduras
30		… . Y acostúmbrate a beber agua del grifo, no pidas agua mineral con gas. Generalmente nadie la bebe con gas en casa. Ni tampoco pidas té para comer o cenar. Y para desayunar no esperes un desayuno como en Alemania, ya sabes que los españoles desayunamos poco y mal.
35	Katja:	¿Se te ocurre algo más?
	Ainhoa:	Sí, si sales con españoles a tomar algo, no pagues nunca sólo lo que tú has tomado. Trata de pagar la cuenta y si no te dejan, la próxima vez, trátalo de nuevo. Si te invitan a comer a casa, lleva algo, no sé, compra una botella de vino o flores y llévalos, sobre
40		todo si no conoces bien a la gente.
		Ah, y muy importante es también lo del dinero y lo de los años.
	Katja:	¿A qué te refieres?
	Ainhoa:	No preguntes nunca cuánto gana alguien. Eso en España no se dice, ni se pregunta. Tampoco preguntes a alguien mayor que tú,
45		cuántos años tiene.
	Katja:	Tantas cosas que son diferentes. Pues no va a ser tan fácil. Me parece muy difícil no meter la pata.
	Ainhoa:	No, no es difícil, qué va. Tú sé amable con las personas, muestra que te sientes bien y ya verás, será muy fácil y, si realmente alguna
50		vez metes la pata, no importa, saben que no eres española y no se enfadarán.

Hinweis:
Ein männlicher Gast bringt keine Blumen als Gastgeschenk

15.5 Cuando y como tú quieras ▶ G 15.5 / 15.6

Cuando vaya a España, haré un curso de español.
Wenn ich (irgendwann) nach Spanien fahre, werde ich einen Sprachkurs machen.

(Zukunft: Die Handlung ist beabsichtigt, muss erst stattfinden)

Cuando estoy en España, trato de hablar sólo español.
(Jedes Mal) Wenn ich in Spanien bin, versuche ich Spanisch zu reden.

(Tatsache / Gewohnheit)

1. Cuando llegue a casa, me siento en el sofá y pongo la tele.
Wenn ich zu Hause ankomme, werde ich mich auf das Sofa setzen und den Fernseher einschalten.

(Absicht in der Zukunft)

2. Escríbeme una postal cuando estés en Barcelona.
Schreibe mir eine Postkarte, wenn du in Barcelona bist.
(Zukunft: Erst wenn du dort bist.)

3. En cuanto tenga dinero, me compraré el CD que tú me recomendaste.
Sobald ich Geld habe, werde ich mir die CD kaufen, die du mir empfohlen hast.
(Erst wenn ... / später)

4. No quiero que habléis tanto mientras estamos comiendo.
Ihr solltet beim Essen / (während des Essens) nicht so viel reden.
(Tatsache: Wir essen jetzt.)

5. Mientras no trabajes más, no sacarás mejores notas.
Solange du nicht mehr (für die Schule) tust, wirst du auch keine besseren Noten schreiben.)
(Annahme, Meinung, Vermutung, keine Tatsache)

6. Aunque es un buen músico, no encuentra un grupo donde tocar.
Obwohl er ein guter Musiker ist, kommt er bei keiner Band unter.
(Tatsache, Erfahrung)

7. Aunque haga buen tiempo, me quedaré en casa, tengo un examen mañana.
Selbst wenn das Wetter schön wird, werde ich zu Hause bleiben und für die Prüfung lernen.
(Annahme, Vermutung, Einräumung)

8. Llámame, aunque sea tarde.
Ruf mich an, auch wenn es spät wird.
(Annahme, Vermutung)

15.6 Merece la pena el turismo ▶ G 14.5

Cifras en letra:
seiscientos cincuenta y siete millones
mil novecientos noventa y nueve
cuatrocientos cincuenta mil millones
doscientos cincuenta y cinco millones
dos mil diez

en dos mil uno
cuarenta y nueve coma¹ cinco millones
en dos mil veinte
setenta y un millones

15.7 En resumen

<u>El turismo antes y ahora</u>
Bueno, verás, el artículo habla del turismo en España y dice que comenzó hacia los años 60 del siglo pasado, cuando en Europa y América la gente empezó a tener más dinero. Antes poca gente hacía turismo. El turismo tiene
5 dos caras, una buena y otra mala. Por un lado trae divisas y riqueza al país, por otro lado es un poco el culpable de la contaminación de los mares y de la destrucción del paisaje en las zonas costeras. También dice el texto que hay turistas y turistas, es decir, que no todos van en busca del sol y de la playa, sino que también hay algunos que buscan cultura e historia. En este caso, los
10 centros más visitados son Andalucía y algunas ciudades como Madrid, Toledo y Barcelona. En este grupo hay algunos que incluso hablan el castellano y conocen bien las costumbres del país.

Resümee

Unidad 15

Aunque los alumnos no tienen que hacer una versión literal, sino tomar esta información como base orientativa para **resumir** con sus palabras **lo más importante** de este mensaje, ofrecemos la **traducción más o menos literal** para aquellos profesores que prefieran usar este ejercicio en ese sentido.

Übersetzung

<u>El turismo antes y ahora</u>
El turismo de masas comenzó en España allá por / hacia los años sesenta del siglo XX (veinte), porque el bienestar de la clase media en Europa y América lo hicieron posible. Antes sólo muy pocos podían / sólo poca gente podía
5 permitirse el lujo de pasar las vacaciones en el extranjero / de ir al extranjero de vacaciones. La mayoría pasaba las vacaciones en su propio país.
El turismo tiene para España una cara positiva y una cara negativa.
Por el turismo / Gracias al Turismo entraron en el país muchas divisas, que contribuyeron / ayudaron a modernizar la infraestructura del país. Por otro
10 lado / Por otra parte con él aumentó enormemente la contaminación y la destrucción del paisaje en las costas / en las zonas costeras.
Pero no todos los turistas que van / viajan a España buscan sol y playa, sangría y fiestas. Muchos van a las ciudades históricas para visitar / ver los monumentos. Sevilla, Granada, Córdoba, Toledo, Madrid y Barcelona son las
15 ciudades más visitadas / son los destinos preferidos. Algunos de estos "turistas culturales" hablan un poco de español, lo cual es la mejor base para entender la cultura del país y respetar sus usos y costumbres.

15.8 Situaciones de la vida

a)

–Perdone.
–Un momentito.
...
–Oiga, por favor.
5 –Un momentito, ya le he dicho que espere.
...
–A ver, dígame, ¿qué desea?
–Mire, es que en mi habitación no se puede dormir. En la habitación de al lado hacen tanto ruido que la noche pasada ...
10 –¿Número de habitación?
–La 348.
–¿Y dice que hacen ruido?
–Sí, música, risas, discusiones, ... Hasta las tantas de la noche.
–¿Ha hablado con la gente que duerme en esa habitación?
15 –No, no he hablado. ... Bueno, sí, lo intenté una vez, pero no me entienden.
–Pues ¡qué extraño! Hasta ahora no se ha quejado nadie. Pero bueno, vamos a ver qué se puede hacer por usted. Pase mañana otra vez por aquí, a ver si le puedo dar otra habitación.
–Hm, es que ... es que no es sólo eso.
20 –¿Ah no? ¿Entonces ...?
–Es que ... me iba a duchar y no sale agua. Bueno, sale muy poquita.
–¡Ya, el agua! ... Lo siento, pero es que abren la ducha todos a la vez y ... ¡a ver ... ! Ya sabe que aquí en la isla llueve poco y no tenemos tanta agua. Si espera usted un ratito, ... un cuarto de hora ... o media hora como
25 mucho, seguro que tendrá otra vez suficiente agua en la ducha.
¿Le puedo ofrecer algo mientras tanto?
–No, no, gracias, muy amable, pero ahora no me apetece nada.
Prefiero esperar en mi habitación.

b)
Damos a continuación un posible **modelo de diálogo** para la situación número 1.

Chica:	Buenas tardes.	
Policía:	Hola, buenas tardes, dígame ¿qué desea?	
Chica:	Mire, es que me acaban de robar el bolso con el dinero y la documentación y ahora no sé qué hacer.	
5 Policía:	Pues sí, va a tener usted un problema. Vamos a ver, ¿vio usted quién se lo robó?	
Chica:	No, yo no vi nada. Bueno, sí, yo vi a unos chicos salir corriendo, pero no sé si fueron ellos.	
Policía:	A ver, explique dónde y cómo fue.	
10 Chica:	Pues verá, yo estaba tomando un café en un bar y cuando fui a pagar me di cuenta de que me habían quitado el bolso.	
Policía:	Ya, pero ¿dónde tenía usted el bolso, en la barra, en el suelo, colgado del hombro, ...?	
Chica:	Sí, claro, colgado del hombro como siempre, pero no noté nada.	
15 Policía:	¿Llevaba mucho dinero? ¿Qué documentos le robaron?	
Chica:	Bueno, dinero no era mucho, tenía unos sesenta euros, creo, pero me han robado la tarjeta de crédito, el pasaporte, el carné de conducir y el billete de avión. Ah, y la llave de la habitación también la llevaba en el bolso.	
20 Policía:	Pues vaya un lío, señorita, vaya un lío. Mire, rellene este formulario y ya veremos lo que se puede hacer.	
Chica:	Pero ¿y qué hago sin dinero y sin documentos?	
Policía:	Tendrá que ir al consulado de su país y pedirles que le den algo de dinero y un documento de identidad. Nosotros aquí sólo podemos certificar la denuncia del robo.	
Chica:	¿Cree usted que encontrarán al ladrón?	
Policía:	Pues qué quiere que le diga ... Tenga, vaya con este documento al consulado alemán y trate de solucionar el problema. ¡Y, de ahora en adelante, tenga más cuidado!	

15.9 Cosas de todos los días

a)
el avión: despegar / aterrizar / embarcar / puerta de embarque / piloto / vuelo directo / vuelo chárter / hacer escala en ... / copiloto / azafata

15.10 Don Quijote de la Mancha, un turista excepcional

1. don Miguel de Cervantes 2. Rocinante 3. Sancho Panza 4. La Mancha
5. Dulcinea 6. molinos de viento

15.11 Se busca ...

1. <u>Profesiones:</u> vendedor / comisionista / secretaria / actores / actrices / músicos / bailarinas / bailarines / cantantes / agentes telefónicos / especialistas
2. <u>Conocimientos:</u> telecomunicación / inglés hablado y escrito / formación nivel medio / informática / experiencia
3. <u>Verbos que se repiten:</u> solicitar / requerir / buscar / trabajar / ofrecer / enviar
4. <u>Sustantivos que se repiten:</u> experiencia / incoporación / currículo / contrato

15.12 Un trabajo interesante

Unidad 15

15.13 Una entrevista personal

a)

>
> Secretaria: –Señor Fuentes, acaba de llegar la chica que estaba citada para las diez.
> Jefe: –Que pase.
> ...
> 5 Chica: –Buenos días.
> Jefe: –Buenos días, siéntese. ... Por lo que veo en su currículum, ha nacido usted en Montevideo y está haciendo tercero de Económicas en Barcelona, ¿cierto?
> Chica: –Exacto.
> 10 Jefe: –El nombre Companys es catalán, ¿no?
> Chica: –Bueno, casi. Mi abuelo era valenciano y emigró a Uruguay antes de la Guerra Civil. Yo nací y me crié en Montevideo.
> Jefe: –O sea, que nieta de valenciano ... Y ahora ha solicitado hacer unas prácticas en nuestra empresa durante las vacaciones de verano.
> 15 Chica: –Pues sí, me alegraría de poder trabajar aquí para ir adquiriendo un poco de experiencia.
> Jefe: –Sí, claro. ¿Y cómo se le ocurrió solicitar las prácticas en nuestra empresa, se la ha recomendado alguien, conoce usted a alguien que esté empleado aquí?
> 20 Chica: –No, no. Ni lo uno ni lo otro, pero leí un artículo sobre ustedes en Cambio 16, me parecieron muy interesantes los proyectos de su empresa y decidí probar suerte.
> Jefe: –Vaya. ¿Ha trabajado usted alguna vez en una empresa o ha hecho prácticas en algún otro sitio?
> 25 Chica: –Pues no, la verdad es que no.
> Jefe: –Y aparte de sus estudios de Económicas, ¿qué otros conocimientos tiene?
> Chica: –Bueno, pues manejo bien el ordenador, me muevo con bastante seguridad por casi todos los programas y siempre estoy dispuesta
> 30 a aprender algo nuevo. Se me dan muy bien las estadísticas.
> Jefe: –Bien, bien ... Pues veremos a ver lo que se puede hacer. Llame usted el lunes que viene y mi secretaria le dará razón. ¿A partir de cuándo podría usted empezar?
> Chica: –Mi último examen es el 25 de junio, así que a primeros de julio
> 35 ya estoy disponible.

b)

1. La chica es de Montevideo (Uruguay), nieta de valenciano. Estudia Económicas.
2. Solicitó el empleo porque leyó un artículo sobre la empresa en Cambio 16 y le pareció interesante.
3. Ninguna.
4. No se sabe, el jefe dice que llame otro día y que la secretaria le dará razón.

15.14 De turismo por España

El calendario de fiestas es (o puede ser) una buena excusa para conocer algunos atractivos turísticos del país. De este calendario de fiestas, el profesor puede seleccionar aquellas que, a su entender, merezcan especial mención o que él conozca personalmente para hacer una presentación más detallada de lo que ocurre en esas fechas en la ciudad o región indicada. También puede repartir las festividades entre los alumnos con el encargo de que saquen alguna información de Internet o de otras fuentes y que la presenten (tipo *Referat*) en clase.

Auswahl treffen oder arbeitsteilig behandeln

# Unidad 16

México, un país con muchas caras

Situation / Thema

Gegenüberstellung mexikanischer Frauenschicksale am Beispiel von Carmen Balderas und Frida Kahlo.

Ziel

Information über das Alltagsleben in Mexiko am Beispiel einer mexikanischen Familie und über das kulturelle Leben in der ersten Hälfte des vorigen Jahrhunderts am Beispiel von Frida Kahlo.
Darstellung der Grenzproblematik Mexiko / USA

Grammatik

Las frases condicionales (I)	G 16.1
El imperfecto de subjuntivo (I)	G 16.2
El pluscuamperfecto de subjuntivo	G 16.3
Esquema de las frases irreales	G 16.4
Deseos imposibles	G 16.5
Complemento pronominal del antepuesto al verbo	G 16.6

Landeskunde

Informationen über das moderne und historische Mexiko mit Hilfe von Fotos und Informationstexten.
Porträt der Malerin Frida Kahlo.
Bericht über mexikanische Flüchtlinge an der Grenze in die USA.

Sprechintentionen

S festigen ihre Sprachkompetenz, indem sie Texte mit eigenen Worten zusammenfassen, über das Leben anderer Personen in sachlicher Form berichten und mit Hilfe der irrealen Bedingungssätze „alltagsnahe" Dialoge gestalten.

Hörverstehen

Actividades:	A 16.17 *Clandestino*
Cuaderno de actividades:	16.10 *En la vida hay que saber hacer de todo*
	16.13 *Si me comprendieras*
	16.15 *Paso del Norte*
	16.16 *Clandestino*

Unidad 16

Wortschatz und Strukturen

Substantive	Verben	Adjektive / Adverbien	andere Strukturen
Carmen Balderas, una mujer del pueblo			
la mujer	ocupar	ilegalmente	a pesar de
la zona	lavar	permanente	en compañía de
el terreno	cocinar	lamentable	con ayuda de
el lugar de residencia	planchar	agrícola	
la distribución	crecer	exclusivamente	
el producto	salir con	doméstico	
la esposa	continuar	sencillo/a	
el ama de casa	cometer un error		
el hogar	depender de		
la labor			
el matrimonio			
la jornada laboral			
la telenovela			
la escuela primaria			
la boda			
la pausa			
el sueño			
el error			
la azafata			
el marido			
Frida Kahlo, la tragedia de una vida			
la tragedia	respirar	especial	debido a
la atmósfera	enfermar de	ligeramente	jamás
el cuadro	desarrollarse	terrible	
la pierna	sufrir	continuo/a	
el tranvía	operarse	autobiográfico/a	
el amor	caminar	preferentemente	
el accidente	cumplir	entero/a	
el cuerpo	ser madre		
la cadera	advertir de		
la consecuencia	frustrar		
el hospital	pintar		
la columna	divorciarse (de)		
el médico	identificarse con		
el riesgo			
el caso			
la esperanza			
la infidelidad			
el autorretrato			
el fotógrafo			

Unidad 16

Grobstruktur der Unidad 16

Phase 1: Erschließung realer und irrealer Bedingungssätze im Spanischen unter Berücksichtigung des *Imperfecto de subjuntivo* und des *Pluscuamperfecto de subjuntivo* (vgl. G 16.1, G 16.2, G 16.3, G 16.4). Festigung durch entsprechende Übungen. Das vorangestellte Objekt und die pronominale Ergänzung (vgl. G 16.6) sowie seine Umsetzung.

Phase 2: Bildauswahl als Gesprächsimpuls und Hinführung auf das Thema Mexiko. Überleitung vom modernen zum historischen Mexiko (fakultativ).

Phase 3: Texterschließung *Dos mujeres mexicanas* und Bearbeitung unterschiedlicher textgebundener Übungstypen.

Phase 4: Textbearbeitung *¡Si Dios no estuviera tan lejos ni los Estados Unidos tan cerca!* Auseinandersetzung mit dem Thema "Spanglish". Besprechung des Liedes *Depende* von Manu Chao.

Phase 5: Wiederholungsübungen zu Wortschatz und Grammatik aus vorangegangenen *Unidades*.

Vorschläge zur Gestaltung der Phasen bzw. Textarbeit

Phase 1

Unidad 16 behandelt grammatikalisch gesehen recht anspruchsvolle Texte, die mit einem facettenreichen Wortschatz versehen sind. Um die textgebundenen Ergänzungsübungen hinreichend zu bearbeiten, ist es sinnvoll, in dieser Lektion die Grammatik vorweg zu nehmen.
Dabei liegt der Schwerpunkt auf den Ergänzungen des *Subjuntivo*. Die Formen des *Imperfecto de subjuntivo* und des *Pluscuamperfecto de subjuntivo* müssen gezielt herausgestellt werden. Ihre Anwendung in Verbindung mit Bedingungssätzen (vgl. G 16.1 und G 16.4) sollte zunächst an ausgewählten Beispielen erläutert, dann mit Hilfe der Übungen *Actividades* A 16.7, A 16.8 und *Cuaderno de actividades* 16.4, 16.5, 16.6, 16.8 gefestigt werden.
Das vorangestellte Objekt und die pronominale Ergänzung können in der Übung A 16.13 umgesetzt werden.

Phase 2 (fakultativ)

Unidad 16 bietet eine kontrastive Bildauswahl zu Mexiko, die als Impuls für ein Einstiegsgespräch zur Landeskunde genutzt werden kann. Würde man den S die Fotos (S. 50 / 51) der Gesamtaufnahme Mexico Citys, der modernen Hochhäuser, der Metroaufnahme und der Petroleumexportanlage auf einer Farbfolie präsentieren, würden sie mit Sicherheit nicht das Land Mexiko dahinter vermuten. Ein erster Schritt könnte also zunächst die detaillierte Bildbeschreibung dieser vier Fotos sein und eine Vermutung, um welches Land es sich dabei handeln könnte. Üblicherweise assoziieren die S nicht gerade moderne Hochhäuser mit Mexiko, so dass ein „Aha-Effekt" entstehen wird, der sich als Überbrückung zum historischen Mexiko nutzen lässt. Ist das Rätsel gelöst, könnte man über *lluvias de ideas* die Vorkenntnisse der S zu Mexiko (Fernsehreportagen, Reiseprospekte etc.) abrufen und gegebenenfalls mit der Geschichte Mexikos (S. 62 / 63) verknüpfen. L sollte dabei Hilfestellung im Bereich Vokabular geben und gegebenenfalls auf Deutsch formulierte Vorschläge auf Spanisch an der Tafel fixieren. Mit den Seiten 62 und 63 lassen sich die Ideen anhand detaillierter Textbeschreibungen aufarbeiten.
Man könnte diesen Abschnitt auch zum Abschluss der *Unidad* 14 behandeln.

Phase 3

Die Textbearbeitung der Sequenz *Dos mujeres mexicanas* lässt unterschiedliche Herangehensweisen zu:
a) Als Impuls dienen die beiden Fotos auf S. 52 und 53. Sie sollten den S auf einer Folie ohne Text gezeigt werden und mit einer kreativen Aufgabenstellung verbunden werden. Denkbar wäre folgende Aufgabenstellung: *Elige a una de las mujeres mexicanas y describe a la persona. Imagínate su ambiente familiar.* Diese Aufgabe dient als Training der Textgestaltung und gibt L gleichzeitig Einblick in die Wortschatz- und Grammatikkompetenz der S. Im Hinblick auf das Abitur müssen sowohl Textgestaltungsaufgaben als auch mündliche Aufgaben regelmäßig geübt und kontinuierlich gesteigert werden. Von daher scheint dieser Weg für leistungsstarke Klassen sinnvoll. Möglicherweise haben einige S den Film *Frida* über das Leben Frida Kahlos gesehen (ausgezeichnet mit zwei *Oscars* und einem *Golden Globe*, mit Salma Hayek und Alfred Molina in den Hauptrollen), so dass man daran anknüpfen könnte.
b) Der Text *Carmen Balderas, una mujer del pueblo* ist zwar mit neuen Vokabeln gespickt, erscheint aber inhaltlich so gut verständlich, dass er als Hörverstehenstext eingesetzt werden kann.
Man gibt in diesem Fall den S gezielte, globalerschließende Fragen zu dem Text und spielt ihn dann ohne Buch vor. Die S müssen dabei die

Unidad 16

Antworten zu den Fragen heraushören, stichpunktartig notieren und danach in ganzen Sätzen mündlich formulieren.
Man würde anschließend die textgebundenen Übungen A 16.1 - A 16.6 behandeln und sich dann dem Text über Frida Kahlo widmen.

c) Um ein wirklich kontrastives Frauenbild zu entwerfen, erscheint es reizvoll, beide Texte gleichzeitig und arbeitsteilig (d.h. in zwei Gruppen) zu behandeln.
Aufgabenstellung für Gruppe A:
Lee el texto "Carmen Balderas, una mujer del pueblo", y elabora los ejercicios A 16.1 y A 16.2. Después resume el texto con tus propias palabras y preséntalo a los demás.
Aufgabenstellung für Gruppe B:
Lee el texto "Frida Kahlo, la tragedia de una vida", y elabora el ejercicio A 16.10. Después resume el texto con tus propias palabras y preséntalo a los demás.

Oftmals haben die S Schwierigkeiten, eine angemessene Zusammenfassung zu einem neuen Text zu erstellen. Text 1 der Zusatzmaterialien behandelt ausführlich grundlegende Regeln zur Erstellung einer Zusammenfassung und gibt als Hilfestellung entsprechendes Vokabular vor, das die S bei ihrer individuellen Version nutzen können. Um später zufriedenstellende Ergebnisse zu ernten, ist es sinnvoll, mit den S vorher nochmals die Regeln zu besprechen.
Die Präsentation der Schülerergebnisse kann a) mündlich im Plenum erfolgen, oder b) in 2-er Gruppen (jeweils ein/e S aus jeder Gruppe) in Form einer integrierten Sprechübung, bei der alle S gleichzeitig aktiv beteiligt werden und sich untereinander ihre Ergebnisse vorstellen, oder c) auch schriftlich als Hausaufgabe, um Unterrichtszeit zu sparen.
Zur Verdeutlichung der Regeln und Darstellung einer Zusammenfassung kann im Anschluss daran Aufgabe 2 der Zusatzmaterialien eingesetzt werden. Sie stellt den Entwurf einer Zusammenfassung zum Text *Carmen Balderas, una mujer del pueblo* dar, der absichtlich mit Fehlern versehen ist. Eine angemessene Korrektur fordert von den S, nochmals über das Thema zu reflektieren.
Übung 3 der Zusatzmaterialien gibt drei unterschiedlich gestaltete Beispiele einer Zusammenfassung vor. Diese sollen den S verdeutlichen, dass es für diese Aufgabe nicht nur eine gültige Lösung gibt. Über die vergleichende Aufgabenstellung sollen die S die unterschiedliche Struktur bzw. Vorgehensweise der drei Texte erkennen.

Anmerkungen zu den Texten:

Carmen Balderas, una mujer del pueblo
Zeile 5: *Con el tiempo, Buenos Aires se fue convirtiendo en*: neue Periphrase (*ir + gerundio*), die gegebenenfalls genauer erklärt werden kann. Sie dient der Beschreibung eines mehr oder minder langsam voranschreitenden Prozesses. Weitere Beispiele: *ya voy entiendo el castellano algo mejor / nos vamos haciendo viejos / fueron entrando en la sala / se va haciendo tarde.*
Bereits bekannte Periphrasen erscheinen in Zeile 24: *seguir estudiando* und im Text über Frida Kahlo, Zeile 34: *volvieron a casarse*; Zeile 36: *empezó a pintar.*
Zeile 8: *a pesar de ello*: Möglicherweise stellen die S die Frage, weshalb es bei dieser Formulierung *ello* und nicht *esto* heißt. Da es sich hier um eine feste idiomatische Wendung handelt, kann *ello* in diesem Fall nicht durch *esto* ersetzt werden.
Zeile 10: *el ranchito donde viven*: Die S darauf hinweisen, dass man in Mexiko sehr häufig Diminutive in der Umgangssprache verwendet. Häufig werden auch solche Satzelemente diminutiv formuliert, bei denen es eigentlich nicht erlaubt ist, wie beispielsweise *ahorita, andandito, lejitos, aquí cerquita,* etc.
Zeile 13: *Su trabajo consiste en*: Ein häufiger Fehler ist die Verbindung des Verbes *consistir* mit der Präposition **de*; *consistir en* ist mit *ser* gleichzusetzen (= „darin bestehen").
Zeile 29: *No nos casamos por la iglesia.*: In der spanisch sprechenden Welt ist es üblich, kirchlich zu heiraten, unabhängig von der religiösen Überzeugung. Die kirchliche Trauung bietet in der Regel einen festlicheren Rahmen für das gesellschaftliche Ereignis. Möglicherweise hatte Carmen kein Geld dazu oder es wurde ihr nicht gestattet kirchlich zu heiraten, weil sie schwanger war. Seit der Verfassung von 1917 besteht in Mexiko die strikte Trennung zwischen Staat und Kirche. *La boda fue, pues, por lo civil.*
Zeile 46: *Es él quien siempre tiene la última palabra*: In einem Satz, der mit dem Verb *ser* formuliert wird, muss das Relativpronomen *que* mit dem entsprechenden Artikel verwendet werden (vgl. Text 2, Zeile 5: *es una atmosfera ... la que ...*). Handelt es sich darüber hinaus um eine Person, kann stattdessen das Relativpronomen *quien* stehen.

Frida Kahlo, la tragedia de una vida
Zeile 14: *Se salvó de puro milagro*: In manchen lateinamerikanischen Ländern sagt man auch *por puro milagro.*
Zeile 25: *un aborto indeseado*: Die Ergänzung *indeseado* ist notwendig, da es sich hier um eine Fehlgeburt handelt (Abtreibung = *aborto provocado*).
Zeile 38: *preferentemente autorretratos*: Das "r" von *retrato* wird verdoppelt, wenn ein Präfix bzw. ein Wort vorangestellt wird. Weitere Beispiele: *románico – prerrománico; republicano – antirrepublicano; rojo – pelirrojo.*

Im Anschluss an die Textbearbeitung sollten auf jeden Fall die textgebundenen Übungen behandelt werden. Zum Text über Carmen Balderas gehören die *Actividades* A 16.3 – A 16.6; für den Text über Frida Kahlo bieten sich die Übungen A 16.11 – A16.13 an. Aufgabe 16.2 im *Cuaderno de actividades* bezieht sich auf beide Texte. Bei Vorgehensweise c) wäre zu überlegen, ob man auch die Übungen zu den Texten arbeitsteilig behandelt. In diesem Fall müssten jedoch Mitglieder der Gruppe A Übungen zum Text von Frida Kahlo bearbeiten, um zu gewährleisten, dass sie sich auch mit dem Inhalt des zweiten Textes befassen. Umgekehrt müssten Mitglieder der Gruppe B sich mit den Übungen zum Text 1 über Carmen Balderas auseinandersetzen.

Phase 4

Der Vorschlag für Phase 4 kann als selbstständige Sequenz innerhalb der Lektion behandelt und unter Umständen auch an anderer Stelle eingesetzt werden.
Vor der Behandlung des Textes *¡Si Dios no estuviera tan lejos ni los Estado Unidos tan cerca!* (A 16.15) kann das Lied *Depende* von Manu Chao (*Actividades* A 16.17 und *Cuaderno de actividades* 16.16) eingesetzt werden. Manu Chao ist mit seinen Liedern in Deutschland mittlerweile so erfolgreich, dass ihn fast alle S kennen. Das Ergründen seiner Biographie oder auch das Singen und Besprechen weiterer Lieder hat sich bisher immer als Motivationsschub erwiesen. So bietet diese Phase eine gute Basis für die Textarbeit und die Auseinandersetzung mit dem Thema "*Spanglish*" (A 16.16).

Phase 5

Folgende Übungen können zur Festigung von Wortschatz und Grammatik aus vorherigen Lektionen genutzt werden: *Cuaderno de actividades* 16.1, 16.3, 16.7, 16.9, 16.12 und 16.14. Hörverstehensübungen: *Cuaderno de actividades* 16.10, 16.13 und 16.15.

Zusatzmaterialien
(s. Anhang, S. 161-163)

1. Regeln zur Erstellung einer Zusammenfassung mit ergänzendem Wortschatz.
2. Mit Fehlern versehene Zusammenfassung zum Text *Carmen Balderas, una mujer del pueblo*. Die S sollen die Fehler erkennen und verbessern.
3. Drei Beispiele für eine Zusammenfassung. Die S sollen dabei die Unterschiede erkennen und präzise formulieren.

Unidad 16

Soluciones

Libro de texto

A 16.1 Hablando se entiende la gente

1. Es un barrio de pobres. La infraestructura es lamentable. La ocupación de la tierra ha sido ilegal. Los ranchitos los ha construido la gente misma, no arquitectos.
2. Los roles son los típicos o clásicos en países del Tercer Mundo: el marido manda y la esposa obedece; el marido trabaja fuera y la mujer sólo en casa, el marido tiene el dinero y la mujer depende de él. El número de hijos es normalmente alto.
3. ——

A 16.2 Sueño y realidad

a)
Carmen quería estudiar, quería ser azafata o secretaria en una empresa, no quería tener hijos tan joven ni dedicarse sólo a los trabajos de la casa.

b)
En realidad Carmen no terminó el colegio, no tiene profesión, depende totalmente del marido, no trabaja porque su marido no la deja, no tiene dinero propio, le gustaría ser económicamente independiente, pero no sabe cómo. Por eso sueña con otro mundo mejor, con el mundo de los ricos de las telenovelas.

c)
Porque no terminó el colegio, porque no fue a la universidad, porque se quedó embarazada muy joven, porque se casó muy joven con Ambrosio que no la deja trabajar fuera de casa, porque no tienen mucho dinero.

A 16.3 Cada oveja con su pareja

1. sin autorización = ilegalmente
2. se convirtió poco a poco = se fue convirtiendo
3. es muy mala = es lamentable
4. sin embargo = a pesar de ello
5. su trabajo es = su trabajo consiste en
6. únicamente = exclusivamente
7. muchísimos trabajos = muchas labores
8. un día de trabajo = una jornada laboral
9. no conoció a su padre = creció sin padre
10. está esperando un niño = está embarazada
11. sin muchos lujos = muy sencilla
12. es una equivocación = es un error
13. chica que trabaja en un avión = una azafata
14. la situación sería otra = la situación sería muy diferente
15. no lo autoriza = no lo permite
16. él es quien decide = él es quien tiene la última palabra

A 16.4 En resumen
——

Unidad 16

A 16.5 ¡Qué machista! ▶ G 13.7 / 14.2 / 14.6

a)
trabaja en una empresa / distribuye productos agrícolas / se levanta temprano / construyó su ranchito con sus propias manos / está casado / no permite que su mujer trabaje fuera de casa / le gustan las telenovelas / es el que manda en la familia

c)
1. Si Carmen, su esposa pudiera trabajar, ella se sentiría mejor y tendrían más dinero.
2. Si ustedes tuvieran más plata, podrían construirse un ranchito mayor y los chicos podrían vivir mejor.
3. Si los chicos aprendieran una profesión, podrían encontrar luego un trabajo.
4. Si usted cambiara de mentalidad, su esposa se sentiría más feliz.
5. Si Carmen, su esposa, fuera otra vez joven, no tendría hijos tan pronto y no dejaría el colegio para casarse con usted.
6. Si usted ayudara en las labores de la casa, Carmen podría trabajar fuera de casa y ganar un poco de dinero para la familia.
7. Si yo fuera su esposa, no sería como Carmen, no haría siempre lo que usted dice.
8. Si ustedes vivieran en un barrio mejor, sus hijos podrían ir a un colegio mejor y su calidad de vida sería también mejor.

A 16.6 Los roles pueden cambiar

A 16.7 Si yo fuera rico, ... ▶ G 16.1 / 16.2

Al hacer este ejercicio, puede optar por **dos métodos**.
Uno de ellos, el más sencillo, es **hacer de las dos frases una sola** con "porque" o "por eso" y continuar luego con una **frase condicional irreal**. Por ejemplo:

1. Tienen poca plata, porque sólo trabaja el padre. → Si trabajara Carmen también, tendrían más plata. 5. Los chicos van al colegio, por eso saben leer. → Si no fueran al colegio, no sabrían leer.

einfache Variante:
Teilsätze verbinden,
Konditionalsatz bilden

El otro método correspondería a lo que se pide en el ejercicio, es decir, la formulación de una **pregunta** primero, una **justificación** después y, a continuación, una **frase condicional irreal**.
Si elige este segundo método, no olvide recordar a sus alumnos que no todas las frases siguen el mismo sistema y que, por lo tanto, no en todas pueden utilizar el mismo esquema. A veces deben utilizar su sentido común y **formular una pregunta lógica y una respuesta coherente**, es decir, que conviene pensar un poco antes de formular las frases.

oder wie im Beispiel
Frage – Antwort, dabei
auf Kohärenz achten

2.
¿Por qué no puede cambiar de vida? – Porque está casada y tiene tres hijos. Si no estuviera casada ni tuviera tres hijos, podría cambiar de vida.
3.
¿Por qué no trabaja de secretaria? – Porque no tiene estudios. Si tuviera estudios, claro que podría trabajar de secretaria.
4.
¿Por qué tiene que hacerlo todo ella sola? – Porque su marido no la ayuda. Si su marido ayudara un poco, no tendría que hacerlo todo ella sola.
5.
¿No van los chicos al colegio? – Sí, claro que van, por eso saben leer. Si no fueran al colegio, no sabrían leer.
6.
¿Por qué tienen televisión? – Porque les gusta ver todos los días las telenovelas. Si no tuvieran televisión, no podrían verlas.

Unidad 16

7.
¿Por qué depende ella de su marido? – Porque no pudo realizar sus sueños.
Si hubiera podido realizar sus sueños, no dependería de su marido como depende.
8.
¿Por qué tienen un ranchito tan sencillo? – Porque no tienen tanta plata.
Si tuvieran más plata, tendrían un rancho más lujoso / mejor.
9.
¿Por qué se acuesta Ambrosio tan temprano? – Porque tiene que levantarse temprano. Si no tuviera que levantarse tan pronto, no se acostaría tan temprano.
10.
– Su situación no es nada buena, ¿verdad? – No, no lo es. Su situación es como es, porque Ambrosio es bastante machista. Si no fuera tan machista, su situación sería mucho mejor.

A 16.8 Una disculpa como otra cualquiera ▶ G 16.4

———

A 16.9 ¡Qué mandón! ▶ G 15.2 / 15.3

A continuación damos **uno de los posibles modelos** de diálogo en cada caso.

1.
–¿No haces la comida? Anda, hazla ya que tengo hambre.
–No te preocupes, hombre, que en seguida la hago. No seas impaciente.
2.
–¿No sales un rato conmigo? Venga, sal conmigo a dar una vuelta, que siempre te veo aburrido.
–Bueno, sí, salimos / salgamos un rato.
3.
–¿Por qué no venís con nosotras? Venga, venid con nosotras que lo vamos a pasar muy bien.
–Es que tenemos mucho que estudiar.
–Bueno, pues estudiáis mañana. Hala, vamos.
4.
–¿Por qué no me dices cómo se llama tu novio / tu novia? Anda, dímelo.
–No te pongas pesado/a que no pienso decírtelo.
–¿Ah, es que no somos amigos/as? A mí me gustaría saberlo.
–Pues aunque te guste saberlo, no pienso decírtelo.
5.
–¿Por qué no te sientas un momento? Anda, siéntate un momento, que en seguida termino.
–Pero es que tengo mucha prisa.
–No seas impaciente, hombre, siéntate un momento, que ahora mismo te acompaño.
6.
–¿Por qué no vas conmigo al cine esta tarde? Ponen una película súper. Anda, chica, vete conmigo al cine.
–Si es que no tengo dinero.
–Bueno, ¿y si te invito yo?
–Ah, entonces sí.
–Pues venga, estás invitada. Vamos.
7.
–¿No pones la tele? En seguida va a empezar el partido. Hoy juega México contra Argentina. Anda, ponla, haz favor.
–Si quieres, puedes ponerla tú.
–Vale.

8.
−¿Por qué no eres un poco más optimista? Tú siempre lo ves todo negro.
 Sé un poco más optimista, hombre, que la vida es la vida.
−Ya, es muy fácil decir "sé optimista", "sé optimista", pero yo soy como soy.

A 16.10 Una vida trágica

a)
1.
Se pueden ver cuadros, fotos, vestidos de Frida; en la Casa Azul vivió Frida con su marido, el muralista Diego Rivera.
2.
− estuvo casi un año en el hospital,
− tuvo que operarse varias veces de la columna,
− no pudo cumplir su deseo de ser madre,
− al final de su vida sólo podía caminar con la ayuda de un corset.
3.
El padre de Frida era de origen húngaro-alemán, es decir, europeo.
4.
Porque siempre se identificó con la cultura mexicana, el país de la familia materna y donde ella nació.
5.
Fue un matrimonio algo turbulento, porque Diego no era un marido fiel. Se divorciaron una vez y, poco después, se volvieron a casar. Frida siempre quiso mucho a su marido.

b)
− De pequeña, enfermó de poliomielitis y cojeaba un poco.
− No pudo casarse con Alejandro Gómez, su gran amor.
− Tuvo un gravísimo accidente que la dejó medio inválida.
− No pudo tener hijos, aunque era su mayor deseo.

A 16.11 Siempre lleva la contraria

1.
Diego Rivera *todavía* no estaba divorciado.
Diego Rivera *ya* estaba divorciado.
2.
Frida, *de niña*, estuvo en el hospital.
Frida, *de mayor*, estuvo en el hospital.
3.
La pierna *izquierda* no se desarrolló como la derecha.
La pierna *derecha* no se desarrolló como la izquierda.
4.
La Casa Azul está *al final* de esta calle.
La Casa Azul está *al principio* de esta calle.
5.
Frida casi *siempre* llevaba vestidos *largos*.
Frida casi *nunca* llevaba vestidos *cortos*.
6.
Diego Rivera *se divorció* de Frida *una vez*.
Diego Rivera *se casó* con Frida *dos veces*.
7.
Para Frida no fue *fácil* el matrimonio con Diego.
Para Frida fue *difícil* el matrimonio con Diego.
8.
Diego *todavía* era un pintor *desconocido* en Europa.
Diego *ya* era un pintor *conocido* en Europa.

Unidad 16

A 16.12 ¡Qué diferente hubiera sido todo! ▶ G 16.4

a)

1.
En 1925 sufrió un gravísimo accidente y estuvo casi un año en el hospital.
Si no hubiera sufrido un accidente, no habría estado un año en el hospital.
2.
Tuvo un accidente y tuvo que operarse varias veces de la columna.
Si no hubiera tenido un accidente, no habría tenido que operarse.
3.
Frida no pudo tener hijos, por eso se sintió muy infeliz.
Si hubiera podido tener hijos, no se habría sentido tan infeliz.
4.
Frida se divorció de Diego porque él le era infiel.
Si Diego no le hubiera sido infiel, Frida no se habría divorciado de él.
5.
Frida se casó otra vez con Diego porque estaba enamorada de él.
Si Frida no hubiera estado enamorada de Diego, no se habría casado otra vez con él.
6.
Frida era estudiante de la Preparatoria, por eso conoció a Diego.
Si Frida no hubiera sido estudiante de la P., no habría conocido a Diego.

A 16.13 La Casa Azul ya la conozco ▶ G 16.5

1.
–¿Cómo hicieron los Castillo Balderas su ranchito?
–Su ranchito **lo** hicieron con sus propias manos.
2.
–¿Quién no deja a Carmen trabajar fuera de casa?
–A Carmen no **la** deja su marido trabajar fuera de casa.
3.
–¿A quién le gusta la telenovela?
–A toda la familia **le** gusta la telenovela.
4.
–¿Cómo / Dónde celebraron la boda?
–La boda **la** celebraron en familia.
5.
–¿Quién da a Carmen el dinero para la casa?
–A Carmen **le** da el dinero Ambrosio.
6.
–¿Cómo pinta / pintó Frida los autorretratos?
–Los autorretratos **los** pinta / **los** pintó en formato pequeño.

A 16.14 Algunas recetas

A 16.15 ¡Si Dios no estuviera tan lejos …!

b)
1. cierto 2. cierto 3. falso, son recibidos como basura y son explotados 4. falso, ganan cuatro centavos y tienen que trabajar mucho 5. cierto 6. falso, los llaman chicanos 7. falso, es muy difícil conseguir un visado para los EE.UU. 8. cierto 9. cierto, hablan una mezcla de castellano e inglés 10. falso, cada vez más padres envían a sus hijos a colegios de habla inglesa

Unidad 16

A 16.16 El "Spanglish"

A 16.17 Clandestino

Text im *Cuaderno de actividades*, S. 48

Cuaderno de actividades

16.1 La infraestructura del barrio es lamentable

a)
Se usa *ser* para:
- definir o identificar personas o cosas,
- indicar el material o el origen de algo,
- indicar la profesión, la religión, la nacionalidad de alguien,
- indicar nociones de tiempo (hora, mes, año, estación del año, etc.),
- indicar características propias que definen una persona o cosa,
- indicar hora o lugar donde "tiene o ha tenido lugar" un acto o acontecimiento,
- indicar la forma, el color, el tamaño de algo,
- indicar las fases de la vida humana (niño, joven, adulto, mayor, viejo),
- formar la pasiva.

Se usa *estar* para:
- indicar el lugar donde se encuentra algo o alguien (→ no actos ni acontecimientos),
- indicar el estado físico o anímico o la situación en que se encuentra algo o alguien,
- marcar la excepción (**es** muy tacaño, pero hoy **está** generoso),
- en expresiones idiomáticas y en sentido figurado (estar guapa, estar listo, estar rico),
- para formar la pasiva de estado (el banco está abierto / la comida está hecha).

b)
1.
el niño está malo = está enfermo
el niño es malo = no se porta bien, no obedece, hace rabiar a sus padres
2.
la comida es muy buena = es de calidad
la comida está buena = sabe muy bien, está muy rica, nos gusta
3.
es muy guapa = por naturaleza es así, sus rasgos físicos son atractivos
está muy guapa = se ha puesto elegante
4.
es largo = mide mucho, llega casi hasta el suelo
te está largo = a ti te queda largo, para ti debería medir algo menos
5.
es muy morena = es el color natural de su piel
está morena = bronceada de la playa, por ejemplo
6.
son muy alegres = es su carácter
están muy alegres = hoy es así por algo agradable que ha ocurrido
7.
están verdes = no están maduras
son verdes = es su color natural también cuando están maduras
8.
es nerviosa = por naturaleza, simpre es así
está nerviosa = hoy porque tiene un examen o una entrevista de trabajo, p.ej.

Unidad 16

9.
son muy elegantes = su porte natural es así
están elegantes = se han puesto ropa fina y cara como en una boda o en la ópera
10.
es muy orgulloso = arrogante, distanciado
está orgulloso de = siente satisfacción por lo que es o ha hecho su hijo
11.
es muy rica = tiene mucho dinero
está muy rica = sabe muy bien, tiene muy buen sabor, nos gusta mucho
12.
son muy listos = son inteligentes y avispados
están ya listos = han hecho ya todos los preparativos

16.2 Buen ojo

familia / vivienda	biografía	profesión / actividad	verbos y sus contrarios
barrio	casarse	la distribución	comenzar – terminar
rancho	ir la escuela	cocinar	construir – destruir
construir	profesión	planchar	sentarse – levantarse
el padre	de niña	tener relaciones	ir a la escuela – venir de la escuela
terrenos	estar en el hospital	tener hijos	casarse – divorciarse
infraestructura	quedarse embarazada	estudiar	hablar – callar
la esposa	conocer a su marido	ser azafata	seguir estudiando – dejar de estudiar
el marido	divorciarse	cuidar de la familia	gustar – disgustar
mujer casada		pintar	trabajar – no hacer nada
el dinero		jornada laboral	ganar – perder
residencia		muralista	permitir – prohibir
la casa		sufrir un accidente	quedarse – irse / marcharse
la mansión		operarse	enfermar – curarse / recuperarse
hija			salvarse – morir / perecer
			caminar – estar parado
			cumplirse sus deseos – frustrarse
			conocer – desconocer / ignorar

16.3 Puro formalismo ▶ G 16.2

estar	estuvieron	estuviera	hubiera estado
tener	tuvieron	tuviera	hubiera tenido
viajar	viajaron	viajara	hubiera viajado
ser	fueron	fuera	hubiera sido
poder	pudieron	pudiera	hubiera podido
haber	(hubieron)	hubiera	hubiera habido
sentir	sintieron	sintiera	hubiera sentido
dormir	durmieron	durmiera	hubiera dormido
ir	fueron	fuera	hubiera ido
decir	dijeron	dijera	hubiera dicho
escribir	escribieron	escribiera	hubiera escrito
querer	quisieron	quisiera	hubiera querido

16.4 Los consejos nunca están de más ▶ G 15.1 / 15.2 / 15.3

1. Yo que tú, hablaría con ella/le enviaría un mensaje/la invitaría al cine. Sí, invítala.
2. Yo, en tu caso, se la pediría. Claro, hombre, pídesela.
3. Pues yo que tú me iría, aunque ella no estuviera de acuerdo. Habla con ella y dile que la quieres, pero que estás decidido a irte. A ver qué te dice ella.
4. Pues yo, en tu lugar, se lo diría cuanto antes. Es mejor que se lo digas. Anda, díselo.
5. Pues yo que tú saldría y haría los deberes otro día. Anda, hombre, sal un rato.

16.5 ¿Qué harías tú en mi caso? ▶ G 14.2

1. podría trabajar 2. serían analfabetos 3. no me casaría 4. me gustaría 5. no irían a pie 6. me sentiría más libre 7. saldrían todas las noches 8. no tendríamos que vivir 9. les regalarían 10. lo haría

16.6 Si yo fuera rico, …

b)
1. Si ninguno de nosotros fumara, nos ahorraríamos mucho dinero, no enfermaríamos de cáncer, no habría humo en la habitación, no oleríamos mal.
2. Si todos comiéramos más verduras, no estaríamos tan gordos, no tendríamos tanto colesterol, no se matarían tantos animales, sería mejor para nuestra salud.
3. Si todos fuéramos más tolerantes, no habría tanto racismo ni tantas guerras, todos viviríamos en paz, todos nos sentiríamos mejor, todos seríamos más felices.
4. Si no usáramos tanto el coche, haríamos más ejercicio físico, no habría tanta contaminación, no gastaríamos tanto dinero en gasolina, habría menos accidentes, ahorraríamos dinero.
5. Si leyéramos más, sabríamos más cosas, no veríamos tanto la tele, se venderían más libros.
6. Si todos hiciéramos más deporte, no estaríamos tan gordos, tendríamos mejor salud, no estaríamos tanto tiempo delante de la tele o del ordenador, conoceríamos a más chicos y chicas.
7. Si nos levantáramos más temprano, podríamos hacer más cosas, no llegaríamos nunca tarde, el día nos parecería más largo, sería mejor para nuestra salud.
8. Si no fuéramos tanto a la discoteca, nos aburriríamos bastante, no conoceríamos a tantos chicos y chicas, no podríamos bailar tanto, pero podríamos estudiar más.
9. Si estudiáramos más, sacaríamos mejores notas, aprobaríamos los exámenes, los profesores estarían contentos con nosotros, seríamos estudiantes modelo.
10. Si viajáramos más, conoceríamos más países y culturas, necesitaríamos más dinero, aprenderíamos otros idiomas, lo pasaríamos bien, sería interesante.

16.7 Muletillas usuales

1. Ah sí, eso sí (9) 2. bueno, vale (1) 3. no, qué va (7) 4. por fin (11) 5. a ver (12) 6. mira a ver (14) 7. pues, hija, no sé (13) 8. ni siquiera (4) 9. uy, qué caro (8) – Ya, es que (2) 10. pero, hombre (6) 11. anda, venga (10) 12. No, no, qué va (7) 13. ah sí, eso sí (9) 14. no, no, qué va (7) 15. pues entonces (5) – lo malo es que (3) 16. pero, mujer (6)

16.8 ¡Qué diferente hubiera sido todo! ▶ G 16.1 / 16.3

1. Si no me hubiera casado tan joven, habría podido aprender una profesión.
2. Si hubiéramos tenido mucha plata, no habríamos hecho una boda tan sencilla.

Unidad 16

3. Si mi familia hubiera sido rica, habría podido regalarme algo cuando me casé.
4. Si mi papá no nos hubiera abandonado, yo lo habría conocido.
5. Si, de pequeña, no hubiera ido al colegio, ahora no sabría leer ni escribir.
6. Si hubiera hecho el bachillerato, habría podido ser azafata.
7. Si hubiera ido a la universidad, ahora no trabajaría sólo de ama de casa.
8. Si no me hubiera acostado ayer tan tarde, no estaría ahora tan cansada.

16.9 Si no lo sabes, lo describes como puedas

16.10 En la vida hay que saber de todo ▶ G 16.4

Text im *Cuaderno de actividades*, S. 44

d)
1. Si no hubiera habido tantos restos de cultura azteca, no habrían tenido que hacer tantas curvas.
2. Si los historiadores no hubieran protestado, los ingenieros no habrían modificado tantas estaciones.
3. Si el alcalde hubiera querido, no habrían tardado tanto tiempo en hacer el metro.
4. Si no hubiera habido tantas dificultades, el proyecto no habría parecido imposible.
5. Si no hubieran construido T. en suelo pantanoso, no habría sido tan difícil construir el metro.
6. Si no se hubiera ido el viejo alcalde, no habrían podido realizar el proyecto.

16.11 Vida tradicional, vida moderna

trabajos en la casa:	electrodoméstico o utensilio para hacerlos:
planchar	la plancha eléctrica
lavar	la lavadora
cocinar	la cocina eléctrica / de gas – el microondas – el horno
fregar	el lavavajillas – el fregadero
limpiar	el aspirador – el cepillo y la bayeta
barrer	el cepillo y el recogedor
quitar el polvo	el aspirador – el paño – la bayeta – el plumero

16.12 Tuvo que operarse de la columna

Vertical:
1. hombros 2. orejas 3. rodilla 4. corazón 5. manos 6. espalda 7. dientes
8. ojos – uñas 9. labios 10. frente 11. piernas
Horizontal:
A: cabeza B: cara C: nariz D: dedos E: boca – pies F: pelo

16.13 Si me comprendieras

Gedicht im *Cuaderno de actividades*, S. 46

d)
1. b) nunca llorarías 2. b) porque, aunque tú estás lejos 3. a) hacen que mi dolor sea menos 4. b) la noche lo sabe 5. b) que estoy muy enamorado de ti

16.14 Por otro orden ▶ G 16.6

1. Los zapatos los compró en las rebajas.
2. Estos cuadros de Frida los hemos visto en un museo …
3. Las telenovelas la ponen todos los días a las cinco.
4. La lección la estudio por la tarde.

Unidad 16

5. El metro lo construyeron muy tarde, porque el suelo era pantanoso.
6. Los restos arqueológicos los llevaron al museo.
7. Estas fotos nos las enviaron mis padres desde México.
8. Todos los vagones del metro los pintaron de color naranja.

16.15 Paso del Norte

b)
1. Le dice que se va a los Estados Unidos, al país de los gringos.
2. Se va porque tiene problemas para alimentar a la familia y quiere ganar dinero en el país vecino.
3. Ha vuelto porque no lo dejaron entrar en el país, la policía disparó contra ellos y casi lo matan. A algunos los mataron, a él afortundamente no.

Text im *Cuaderno de actividades,* S. 47

16.16 Clandestino

b)
Babylón¹ / Ceuta² / Gibraltar³ / peruano / africano

Observación:
¹ Babilonia = gran ciudad
² = ciudad autónoma, de soberanía española, en el norte de Marruecos
³ El Estrecho de Gibraltar, lugar por donde tratan de entrar los inmigrantes clandestinos en la llamadas "pateras". Muchos pierden la vida en ese intento.

Text im *Cuaderno de actividades,* S. 48

c)
1.
Es alguien que está ilegalmente en un país diferente al suyo y que tiene que vivir escondido para que no lo descubra la policía.
2.
Se siente solo y triste (= solo voy con mi pena);
se siente perdido en la gran ciudad (= perdido en el corazón de la grande Babylón),
se siente insignificante, como inexistente (= soy una raya en el mar, fantasma en la ciudad),
se siente sin derecho a vivir (= mi vida va prohibida, dice la autoridad).
3.
Se ha ido para encontrar trabajo y poder vivir (= me fui a trabajar).
4.
Encuentra un ambiente hostil, poco acogedor (= me dicen el clandestino, correr es mi destino, para burlar la ley).
5.
Tiene problemas porque no tiene papeles, es decir, no tiene permiso de estancia ni de trabajo (= me dicen el clandestino por no llevar papel).
6.
La "grande Babylón" significa aquí la gran ciudad donde las personas son anónimas, no se conocen, donde uno se siente como perdido, sin calor humano.
7.
Ceuta está en el norte de Marruecos y es una ciudad autónoma de soberanía española.
Gibraltar es la separación marítima entre España y África. Por ahí tratan de entrar en España muchos africanos que no tienen visado ni autorización legal.
8.
Soy una raya en el mar = algo efímero, como la estela que deja un barco en el mar y que en seguida desaparece, es decir, no tiene consistencia, carece de importancia.
fantasma en la ciudad = es como algo inexistente, algo que tiene que vivir oculto, que no puede salir a la calle para que no lo vean.

Unidad 17

La lengua de las mariposas

Situation / Thema

Ausbruch des spanischen Bürgerkrieges. Lebensumstände einer galicischen Familie in der politisch unstabilen Zeit um 1936. Rückblickend wird die Kindheit bzw. Schulzeit eines kleinen Jungen erzählt.[1]

Ziel

Information der S über die zweite Republik, den spanischen Bürgerkrieg (1936 - 1939) und die politischen Hintergründe zu dieser Zeit.

Grammatik

Imperfecto de subjuntivo (II)	G 17.1
El uso del imperfecto de subjuntivo	G 17.2
Pluscuamperfecto de subjuntivo (II)	G 17.3
El uso del pluscuamperfecto de subjuntivo	G 17.4
Indicativo / subjuntivo con "mientras"	G 17.5
Las frases condicionales (II)	G 17.6
La correlación de tiempos en subjuntivo	G 17.7
Subjuntivo en frase de relativo	G 17.8

Landeskunde

Spanien zur Zeit des Bürgerkrieges.
Informationstext über Manuel Azaña, den ehemaligen Präsidenten der Republik und die politischen Hintergründe, die zum spanischen Bürgerkrieg führten (A 17.15 *No fue posible la paz*).

Sprechintentionen

S festigen über den Informationsaustausch zu poltischen Ereignissen in Spanien die Imperfektformen des *Subjuntivo* und lernen die Zeitenfolge des *Subjuntivo* im Nebensatz richtig anzuwenden.
S setzen sich mit dem Wortfeld "Film" auseinander und wenden es an konkreten Beispielen an.

Hörverstehen

Actividades:	A 17.3	*¿Y qué pasó al final?*
Cuaderno de actividades:	17.3	*¿Y qué pasó al final?*
	17.10	*Una pesadilla*

---

[1] Der Lektionstext *La lengua de las mariposas* basiert auf dem gleichnamigen Film, der 1999 in Spanien herauskam (Regie: José Luis Cuerda). Vorlage für das Drehbuch von Rafael Azcona bildeten drei Erzählungen aus dem Band *¿Que me queres, amor? / ¿Qué me quieres, amor?* des galicischen Schriftstellers Manuel Rivas (geboren 1957), der damit über Galicien hinaus bekannt wurde. Seine Bücher werden inzwischen auch ins Deutsche übersetzt.
Der Film ist auf Video und DVD erhältlich (*Sogetel, Las produciones del escorpión*).

Unidad 17

Wortschatz und Strukturen

Substantive	Verben	Adjektive / Adverbien	andere Strukturen
<u>La escuela</u>			
la lengua	soñar con	mayor	además
la mariposa	montar (en)		con tal de que
la escuela	marcharse (de)		
la infancia	pegar		
el barco	llevar a		
el maestro	ponerse de pie		
el tono	tratar de usted		
el gorrión	echarse a reír		
	acercarse (a)		
	responder		
	añadir		
	salir corriendo		
	pasar la noche		
	encontrar		
	disculpar(se)		
	pedir perdón		
<u>Don Gregorio y la naturaleza</u>			
la primavera	mejorar	sorprendente	de modo que
el campo	detenerse	en cuanto	
el espectáculo	fijarse en		
el hombre	inventar		
<u>El traje</u>			
la medida	tomar a mal algo a alg.	agradecido/a	como
el oficio	tener una atención con alg.		
mis principios	tener algo contra		
el / la republicano/a	respetar		
la luz	agradecer algo a alg.		
	valer		
	enseñar		
	merecer		
<u>No fue posible la paz</u>			
la paz	notar	posible	
la guerra	suceder	extraño/a	
el carné / el carnet	discutir	loco/a	
el partido	quemar(se)	indignado/a	
el cura	volverse loco/a		
	tener que ver con		
	fíjate bien		
	reponer		
	dejar de		

Unidad 17

Grobstruktur der Unidad 17

Folgende Vorgehensweise wäre denkbar:

Phase 1: Überblick über die politischen Verhältnisse zur Zeit der zweiten Republik und des spanischen Bürgerkrieges.

Phase 2: Erarbeitung des Lektionstextes *La lengua de las mariposas* unter Berücksichtigung der textgebundenen Übungen zur Erschließung des Wortschatzes, des Inhalts und der Zeitenfolge des *Subjuntivo*. Ergänzungstext *No fue posible la paz* (A 17.15).

Phase 3: Vertiefung der Bedingungssätze unter besonderer Berücksichtigung der Differenzierung zwischen *Indicativo* und *Subjuntivo* (vgl. G 17.6).
Der *Subjuntivo* im Relativsatz (vgl. G 17.8) als neue Grammatiksequenz mit gezielten Übungen zur Anwendung.

Phase 4: Erarbeitung und Umsetzung des Wortfeldes *cine / película* in realen Sprechsituationen.

Vorschläge zur Gestaltung der Phasen bzw. Textarbeit

Phase 1

Unidad 17 greift mit den Texten *La lengua de las mariposas* und *No fue posible la paz* wichtige historische Ereignisse auf, die als Fakten mit den S vorab besprochen werden sollten, da ohne das notwendige Hintergrundwissen die Texte möglicherweise nur unzureichend verstanden werden. Die S haben in der Regel den Begriff „Spanischer Bürgerkrieg" schon gehört, wissen jedoch nicht genau, was sich dahinter verbirgt. Da die S noch nicht über das notwendige Vokabular zu diesem Thema verfügen, scheint es sinnvoll, erste Informationen auf Deutsch zu besprechen und Inhalte später auf Spanisch zu sichern. Die Informationsvermittlung kann je nach Klassenzusammensetzung folgendermaßen aussehen:

a) Die S sammeln als vorbereitende Hausaufgabe Informationen zu den Themen „Zweite Republik" und „Spanischer Bürgerkrieg". In der Stunde tragen die S in Kleingruppen (je 4 – 5 S) ihre Informationen zusammen und filtern die wichtigsten Aspekte aus ihrem Fundus. Jede Gruppe erstellt ein Plakat und präsentiert dieses im Plenum. So sieht L, ob der Inhalt richtig erfasst wurde, und kann Missverständnisse richtig stellen. Von allen drei Vorschlägen ist dieser insofern besonders effektiv, als alle S gleichermaßen an der Erarbeitung der Inhalte aktiv beteiligt sind. Im Vergleich zu den anderen Vorschlägen ist diese Vorgehensweise allerdings recht zeitaufwändig.

b) Ein/e S bereitet in Eigenarbeit ein Referat vor und präsentiert es als Einstieg in die Lektion.

c) Bei leistungsschwachen S ist an dieser Stelle auch ein Lehrervortrag denkbar. Von allen drei Vorschlägen kann der Lehrervortrag am kürzesten gestaltet werden und unter Umständen Unterrichtszeit sparen.

Phase 2

Im Anschluss an die deutschsprachige Phase sollte nun eine intensive spanischsprachige Phase erfolgen. Für L, die den Lektionstext *La lengua de las mariposas* mit der Filmversion kombinieren möchten, wird folgender Weg vorgeschlagen:
Der Einsatz des Filmes im Unterricht mit einer detaillierten Untersuchung und einem Informationsaustausch der S über den Film ist zwar denkbar, müsste jedoch dem Niveau der Klasse angepasst und unter Umständen auf einige wenige Sequenzen begrenzt werden. Insgesamt betrachtet ist der Film inhaltlich und sprachlich recht anspruchsvoll, so dass damit gerechnet werden muss, dass die S Verständnisschwierigkeiten haben. Der Ablauf des gesamten Films beansprucht mindestens zwei Unterrichtsstunden ohne Besprechung. Es bietet sich an, zunächst einzelne Sequenzen des Filmes zu besprechen und bei Bedarf den ganzen Film als Ergänzung und Abschluss des Themas zu betrachten.

Denkbar ist eine Annäherung an das Thema beziehungsweise an den Film über die erste Filmsequenz (ca. 7 Minuten). Die S werden dabei mit dem Vorspann in Form von schwarz-weiß Bildern konfrontiert und lernen anschließend die handelnden Personen (Bruder, Mutter, Vater und Don Gregorio) kennen. Die ersten sieben Minuten reichen bis zum Eintritt Monchos in die Schule. Um die Aufmerksamkeit der S auf bestimmte Aspekte zu fokussieren, können die erschließenden Aufgaben 1 – 5 (Zusatzmaterialien Nr. 1) im Anhang verwendet werden. Aufgabe Nummer 6 fordert sowohl selbstständige Wortschatzarbeit von den S als auch eine schriftliche Personenbeschreibung. Nach dem visuellen Einstieg scheint eine Detailarbeit am Lektionstext sinnvoll.

L, die den Lektionstext ohne visuelle Unterstützung behandeln möchten, können direkt über A 17.1 in die Textarbeit einsteigen. Die differenzierte Aufgabenstellung von A 17.1 lenkt gezielt auf ein zusammenfassendes Erschließen des Textes und kann unmittelbar an das erste Lesen angeschlossen werden. Die Übung zum Hörverstehen A 17.3 in Verbindung mit Übung 17.3 im *Cuaderno de actividades* schildert den Fortgang des Lektionstextes und kann als Abschluss eingesetzt werden. An dieser Stelle sei nochmals auf die Möglichkeit des Filmeinsatzes

Unidad 17

hingewiesen. Die S erfassen möglicherweise das Geschehen durch die visuelle Unterstützung und Einprägsamkeit schneller als den Hörtext (vgl. A 17.3). So ist eine Kombination von Film und Hörtext denkbar, bei der zuerst das Filmende gesehen und thematisiert wird und in einer Folgestunde das Ende als Hörtext behandelt wird. (Erschließende Fragen zur Filmversion s. Zusatzübungen Nr. 1.)

Als Ergänzungsübungen nach der Bearbeitung des gesamten Textes können folgende Übungen genutzt werden: Wortschatz: *Actividades* A 17.2, A 17.4, A 17.14, *Cuaderno de actividades* 17.2, 17.4, 17.14, 17.15, 17.11. Hörverstehen: 17.10. Als Zusatzmaterial bietet der Anhang zwei Kopiervorlagen, die jeweils als Folie eingesetzt werden können und den S mit Stichpunkten helfen sollen, eine Zusammenfassung zum Text zu formulieren. Version A (Zusatzmaterial, Nr. 2) ist für leistungsschwächere Klassen gedacht. Insgesamt sind wesentlich mehr Vokabeln und Strukturwörter vorgegeben. Version B (Zusatzmaterial, Nr. 3) ist eher für leistungsstarke und sprachgewandte Klassen gedacht. Es wurde weitestgehend auf die Verben verzichtet, so dass die S angehalten sind, die Lücken mit eigenem Wortschatz sinnvoll zu schließen. Bei Klassen, die Schwierigkeiten mit mündlichen Zusammenfassungen haben, kann man die Stichwortvorgabe auch als Hausaufgabe schriftlich lösen lassen. Einige Grammatiksequenzen werden in *Unidad* 17 direkt an den Lektionstext angebunden. Es empfiehlt sich, den Gebrauch des *Imperfecto de subjuntivo* (vgl. G 17.2) und die Zeitenfolge des *Subjuntivo* (vgl. G 17.7) mit den S zu besprechen und dann folgende Übungen zur Festigung anzuschließen: *Actividades* A 17.5, A 17.7, A 17.8, *Cuaderno de actividades* 17.12 Der Text *No fue posible la paz* (A 17.15) dürfte inhaltlich den Vorbereitungen der S auf Deutsch zum Thema „Spanischer Bürgerkrieg"entsprechen. Insofern werden sich die S unter Umständen den Text in dieser Phase ohne Wörterbuch und L erschließen können. Um etwas Unterrichtszeit zu sparen, kann er als Hausaufgabe eingesetzt werden oder auch als Textverständnisaufgabe in einer Klassenarbeit. Als Ergänzung oder Wiedereinstieg in die Folgestunde kann die Kopiervorlage mit Schlüsselwörtern zum Text (Zusatzmaterial, Nr. 4) eingesetzt werden. Denkbar ist eine mündliche Zusammenfassung oder als Alternative eine Frage-Antwort-Phase, bei der jeweils ein/e S eine Frage zu einer Zeile formuliert und der / die nächste S darauf antwortet.

Anmerkungen zu den Texten:

La lengua de las mariposas
La escuela
Zeile 5: *con marcharme a América y no ir a la escuela:* Galicien ist die Region mit der größten Emigrationsrate, hauptsächlich nach Amerika. Dort gibt es in fast allen großen Städten ein *centro gallego*, ein galizisches Zentrum. Der Protagonist des Films hat von diesen „Reisen" gehört und möchte sich nach Amerika begeben, um der Schule zu entgehen.
Zeile 7: *que los maestros pegaban:* In der Bedeutung „schlagen" wird das Verb mit dem indirekten Objekt verwendet. Beispiel: *El maestro le pegó (al niño o a la niña)*. Wird das Verb jedoch im Sinne von „anheften, ankleben" eingesetzt, so wird es mit dem direkten Objekt gebraucht. Beispiel: *Llegaron dos chicos con un cartel y lo pegaron en la pared* (s. auch A 17.4, Satz 4).
Zeile 10: *A ver, usted, póngase de pie.:* Eigentlich müsste es *ponerse en pie* heißen im Gegensatz zu *estar de pie*. Dennoch verwendet man im Spanischen hauptsächlich die Form *ponerse de pie*.
Zeile 18: *¿o quiere que le llamemos todos Gorrión?:* Die normative Grammatik schreibt den Gebrauch des Verbes *llamar* mit direktem Objekt vor. Beispiel: *César siempre la llamaba Princesa*. Dessen ungeachtet wird *llamar* häufig mit dem indirekten Objekt verwendet (*César siempre le llamaba Princesa*). Im Text kann man die Verwendung des *le* als *leísmo* interpretieren (Gebrauch von *le* statt *lo* bei männlichen Personen).
Zeile 21: *y yo me meé:* Die umgangssprachliche, etwas vulgäre Formulierung aus dem Originaltext wurde belassen. S darauf hinweisen, dass sie diese nicht verwenden sollten.
Zeile 23: *me escondí en un bosque:* Im Gegensatz zu den meisten anderen Gegenden Spaniens ist Galicien eine Region mit üppiger Vegetation und großem Waldbestand.
Zeile 28: *quiero pedirle perdón:* Darauf hinweisen, dass bei *pedir, preguntar, interesar* und *costar* das indirekte Objekt bzw. Pronomen folgt, wenn es sich um Personen handelt.

Don Gregorio y la naturaleza
Zeile 8: *¡Ya! No se han detenido a mirarla.:* Der Ausruf *¡ya!* hat in diesem Fall nichts mit dem deutschen „schon" zu tun. Es handelt sich vielmehr um eine Schlussfolgerung mit einer gewissen Resignation.
Zeile 17: *enrollada como el muelle de un reloj:* Auf korrekte Aussprache achten: Obwohl *enrollada* nur mit einem "r" geschrieben wird, muss es als [rr] ausgesprochen werden, da „r" auf "n" folgt. Dies gilt ebenfalls bei einem vorangestellten "l" (z.B. *alrededor*).
Bei *reloj* muss das "j" weich und nicht-guttural ausgesprochen werden, in der gesprochenen Sprache ist es meist kaum hörbar [reló].

El traje
Zeile 7: *es mi oficio:* Handwerkliche Tätigkeiten wurden traditionsgemäß nicht als Beruf (*profesión*)

Unidad 17

sondern als Handwerk (*oficio*) bezeichnet. Die Tätigkeit eines Schreiners, Bauarbeiters, Mechanikers etc. galt als Handwerk, besonders in der Zeit der Zweiten Republik, in der sich der Staat als *República popular de trabajadores de todas clases* verstand.
Zeile 16: *De don Manuel Azaña:* Die Redewendung *soy de + ...* wird im Spanischen verwendet, um politische bzw. sportliche Sympathien des Sprechers / der Sprecherin zu zeigen. Beispiel: *¿Tú de qué equipo eres? Yo del Betis.* Monchos Vater sagt, dass er ein Anhänger Manuel Azañas ist (zu M. Azaña s. auch *Nombres y lugares* S. 131 / 132).
Zeile 19: *¡Qué buena persona!:* ser una buena persona drückt ein positives Urteil über eine Person aus, die Sympathie und Dankbarkeit erweckt („welch ein guter Mensch"). Würde man statt *persona* das Wort *hombre* oder *señor* verwenden, würde eine andere Nuance – z.B. Ironie – zum Ausdruck kommen.
Zeile 24: *Los maestros son las luces de la República y no ganan lo que se merecen.:* Eines der Anliegen der Republik war es, den Analphabetismus zu beenden und den unteren Schichten den Zugang zur Bildung zu ermöglichen. Daher wurden viele Schulen und Bibliotheken gegründet und die Lehrer waren die Hauptvermittler der neuen Ideen. Leider entsprach das Gehalt nicht ihren Leistungen: Sie verdienten so wenig, dass die Redewendung *pasar más hambre que un maestro de escuela* zum Sprichwort wurde.
Zeile 27: *no sé yo dónde va a ir a parar:* Im aktuellen Sprachgebrauch Spaniens verwischen sich die Unterschiede zwischen *donde* und *a donde / adonde* (bei Frage-, Orts- sowie Relativpronomen). *A donde / adonde* sollten bei Verben der Bewegung gebraucht werden, z.B.: *¿A dónde vas? Yo voy adonde me da la gana.* Daher müsste die korrekte Form *no sé yo adónde va a ir a parar* lauten.

No fue posible la paz
Zeile 8: *Hay guerra en África:* Der Militärputsch gegen die Zweite Republik begann in Marokko – damals spanisches Protektorat – und gelangte von dort unter Francos Führung nach Spanien. Da die Marine sich regierungstreu verhielt, war die Stationierung von Soldaten in der Meerenge von Gibraltar nur mit Hilfe deutscher Militärflugzeuge möglich.
Zeile 11: *no sé qué de España y de Dios:* Die Rechtfertigung für den Putsch war, Spanien vor der Anarchie und dem Atheismus zu retten (*salvar a España*) und für Gott und das Vaterland zu kämpfen (*luchar por Dios y por la patria*).
Zeile 13 / 14: *con una bandera y gritaron: "¡Arriba España!":* Die Männer tragen im Film die Nationalflagge (rot und goldgelb). Die republikanische Flagge war dagegen dreifarbig. Sie bestand aus drei horizontalen Streifen in den Farben: rot, gelb und dunkelviolett (vgl. Zeile 21): Der faschistische Ausruf lautete: *¡Arriba España!*, der republikanische dagegen: *¡Viva España!*.
Zeile 18: *el carné:* Hier geht es um das Parteibuch (*carné de partido*). Die Schreibweise *carné* statt *carnet* wird immer häufiger verwendet. Der Plural muss *carnés* lauten, niemals **carnets*.
Zeile 22: *todo lo que tenía que ver con la República:* Der Gebrauch des *Subjuntivo* wäre im Relativsatz zwar angebracht (*y todo lo que tuviera que ver con*), da die Mutter aber genau weiß, was sie verbrennen will, ist hier der Indikativ zulässig.
Zeile 25: *nunca habló mal de los curas:* In der Zweiten Republik gab es eine strikte Trennung zwischen Staat und Kirche. Die kirchenfeindliche Haltung vieler Republikaner schlug mit dem Ausbrechen des Bürgerkrieges zum Teil in offene Aggression um, wobei es auch zu Ausschreitungen kam. Die Amtskirche stand von Anfang an auf der Seite der Putschisten, es war daher lebensgefährlich, sich gegen sie aufzulehnen.
Zeile 28: *no le regaló un traje al maestro:* Monchos Mutter will ihren Mann davor schützen, dass ihm das großzügige Geschenk an einen Republikaner zum Verhängnis wird und er dafür mit seinem Leben bezahlen muss.

Phase 3

In *Unidad* 17 werden schwierige Grammatikthemen aus *Unidad* 16 nochmals aufgegriffen und vertieft: So werden die Formen auf *-ra* des *Imperfecto de subjuntivo* aus *Unidad* 16 jetzt mit den Formen auf *-se* ergänzt (vgl. G 17.1). Der Gebrauch des *Imperfecto de subjuntivo* (vgl. G 17.2) wird vor allem im Zusammenhang mit den irrealen Bedingungssätzen dargestellt. Für beide Grammatikthemen eignen sich folgende Übungen: *Actividades* A 17.5, A 17.7, A 17.8 und *Cuaderno de actividades* 17.5.
In *Unidad* 16 wurden die Bedingungssätze bereits thematisiert, in *Unidad* 17 gilt es, das Thema zu festigen und zu erweitern (G 17.6). Die *Actividades* A 17.6, A 17.10 und *Cuaderno de actividades* 17.9 sind zur Umsetzung der Grammatikregeln gedacht. Der *Subjuntivo* im Relativsatz (vgl. G 17.8) ergänzt die bisherigen *Subjuntivo*-Themen. Er sollte als neues Thema hervorgehoben und besprochen werden. Mit den *Actividades* A 17.11, A 17.12 und A 17.13 wird er systematisch eingeübt.
Die vielen Facetten des *Subjuntivo* bereiten den S meist erhebliche Schwierigkeiten. Aus diesem Grund wird in den Zusatzmaterialien, Übung 6, nochmals eine Formentabelle zur Verfügung gestellt, mit deren Hilfe die S einerseits üben können, andererseits gleichzeitig eine Übersichtstabelle erstellen, auf die sie bei Bedarf zurückgreifen können. Mit der Aufgabe 5 der Zusatzmaterialien werden alle bisher behandelten *Subjuntivo*-Themen von *Unidad* 13 bis

Unidad 17 punktuell aufgegriffen. Die S sollen dabei erkennen, welche Sätze nicht korrekt sind, und diese berichtigen. Die Sätze der Übung lehnen sich eng an die Beispielsätze der Grammatikseiten im Schülerbuch an. Die Aufgabe verfolgt das Ziel, die S einerseits zur Reflexion anzuregen, andererseits zu bewirken, dass die Grammatikseiten nochmals zu Rate gezogen und genutzt werden. Die Grammatiksequenzen der *Unidades* 13 – 17 sind sehr kompakt, so dass davon auszugehen ist, dass die S trotz zahlreicher Übungen die Anwendung des *Subjuntivo* in Unidad 17 noch nicht richtig beherrschen. Somit erscheint ein wiederholtes Durcharbeiten der Regeln zur Festigung sinnvoll.

Phase 4

Übung A 17.16 *De película* ist als kleines, eigenständiges und handlungsorientiertes Thema innerhalb der Lektion zu verstehen. Mit dem Wortfeld *cine* werden die S an ein Thema herangeführt, das im Schüleralltag eine wesentliche Rolle spielt. Es wird den S Spaß machen und sollte unbedingt zur Motivation eingesetzt werden. Die Aufgabe sieht Internetrecherche, Wortschatzerarbeitung und Präsentation vor. So gesehen handelt es sich bei dieser Aufgabe um eine Anleitung zum selbstständigen Lernen, in der die S die Möglichkeit haben, einen selbst gewählten Film zu erarbeiten.

Bei leistungsschwächeren Klassen empfiehlt sich Partner- bzw. Gruppenarbeit.

Auch in *Unidad* 17 finden sich im *Cuaderno de actividades* Übungen, die auf alte Grammatikthemen bzw. bereits behandelten Wortschatz zurückgreifen. Sie können zur Auffrischung bei Bedarf genutzt werden (vgl. *Cuaderno de actividades* 17.1, 17.6, 17.7).

Zusatzmaterialien
(s. Anhang, S. 168-172)

1. Aufgabenblatt zur Filmversion *La lengua de las mariposas*.
2. Folienvorlage mit Stichpunkten für die Zusammenfassung des Lektionstextes *La lengua de las mariposas*
Version A für leistungsschwache S.
3. Folienvorlage mit Stichpunkten für die Zusammenfassung des Lektionstextes *La lengua de las mariposas*
Version B für leistungsstarke S.
4. Stichpunkte für die Zusammenfassung des Textes *No fue posible la paz*.
5. Übung zur Reflexion der Anwendung des *Subjuntivo* (*Unidades* 13 –17).
6. Übung zur Festigung der Konjugationsformen des *Subjuntivo*.

Unidad 17

Soluciones

Libro de texto

A 17.1 En resumen

La escuela

a)
Antes los maestros pegaban y los niños tenían miedo de ir a la escuela.

b)
Don Gregorio los trataba de usted y nunca les pegaba y les explicaba todo.

c)
Don Gregorio es mayor, es una buena persona, es un buen maestro, enseña mucho, es republicano, es amante de la naturaleza, sabe mucho, es liberal.

d)
<u>La escuela:</u>
Moncho lebt in einem kleinen Dorf in Galicien. Er hat große Angst vor der Schule, da er glaubt, dass die Lehrer die Schüler schlagen. An seinem ersten Schultag soll er sich der Klasse vorstellen. Er nennt seinen Spitznamen *Gorrión* (= Spatz). Als daraufhin alle Schüler über ihn lachen, macht er sich in die Hosen und läuft davon. Er versteckt sich im Wald, wo ihn sein Bruder am nächsten Morgen findet. Don Gregorio kommt zu ihm nach Hause, um sich zu entschuldigen und ihn zum Schulbesuch einzuladen.

<u>Don Gregorio y la naturaleza:</u>
Don Gregorio fragt die Schüler, ob sie die Natur mögen. Da sich der Frühling nähert, möchte er bei gutem Wetter den Unterricht im Freien halten. Er will die Kinder für die Natur begeistern und erklärt ihnen die Wunder der Natur, z.B. dass Schmetterlinge eine Zunge haben.

<u>El traje:</u>
Die Eltern von Moncho sind sehr dankbar, ihren Sohn in guten Händen zu wissen. Daher möchte Monchos Vater dem Lehrer einen Anzug anfertigen und schenken. Zunächst wehrt sich Don Gregorio dagegen. Doch als Monchos Vater ihm offenbart, dass auch er Republikaner ist, nimmt Don Gregorio das Geschenk an.

<u>No fue posible la paz:</u>
Monchos Bruder ruft diesen eilig nach Hause. In Afrika sei Krieg ausgebrochen. Zu Hause verbrennt die Mutter unterdessen alles, was darauf hinweisen könnte, dass ihr Mann Republikaner ist. Ihrem Sohn Moncho schärft sie ein, das Freundschaftsgeschenk seines Vaters an Don Gregorio zu verleugnen.

Resümee auf Deutsch

Don Gregorio y la naturaleza

a)
la primavera, mejorar el tiempo, en el campo, la naturaleza es un espectáculo maravilloso, las arañas, las mariposas, los elefantes

c)
Da la clase en el campo para que los niños vean las plantas y los insectos en su entorno natural y aprendan a respetarlos.

Unidad 17

El traje

a)
El padre de Moncho está muy agradecido por lo que don Gregorio hace por su hijo.

b)
Me gustaría hacer algo por usted / hacerle un favor / mostrarle mi agradecimiento.

c)
Entre amigos no se tienen en cuenta los formalismos, hay más confianza.

A 17.2 Con otras palabras

A 17.3 ¿Y qué pasó al final?

Texto auditivo ver página 82.   Hörtext, s. S. 82

A 17.4 Vista de lince

1. la niñez = la infancia
2. el día anterior = el día antes
3. mi ilusión era = soñaba con
4. golpeaban a los chicos = les[1] pegaban
5. levántese = póngase de pie
6. muy amablemente = en tono amable
7. nos decía usted = nos trataba de usted
8. se rieron muy alto = se rieron a carcajadas
9. me marché de la escuela = salí corriendo de la escuela
10. estuve toda la noche = pasé toda la noche
11. pedir perdón = disculparse
12. que regrese a la escuela = que vuelva a la escuela
13. haré todo para que venga = haré lo que sea para ...
14. se aproxima la primavera = se acerca la primavera
15. así que = de modo que
16. tan pronto como = en cuanto
17. no la han mirado con atención = no se han detenido a mirarla
18. hace muchísimos años = hace millones de años
19. la nariz de un elefante = la trompa
20. si usted no tiene nada en contra = si usted no tiene inconveniente
21. no se enfade = no me lo tome a mal
22. mi profesión = mi oficio
23. ya no se resistió más = ya no opuso resistencia
24. es un buen hombre = es una buena persona
25. yo estoy de acuerdo = me parece muy bien
26. no ganan lo que deberían = no ganan lo que merecen
27. si no cambian las cosas = como no cambien las cosas
28. no sé yo qué fin va a tener = no sé yo dónde va a parar
29. estaba echando al fuego = estaba quemando
30. todas las cosas que sean peligrosas = todo lo que puede ser peligroso

Observación:
[1] *les* = objeto indirecto

Unidad 17

A 17.5 Todo es cuestión de tiempo ▶ G 17.2 / 17.7

1. les gustaba que saliera 2. les pidió que se callaran 3. fue a disculparse – para que volviera 4. no le gustaba que le llamaran 5. me escondí para que no me encontraran 6. me parecía / me pareció muy bien que le hicieras 7. no quería que le hiciera 8. les encantaba que les hablara

A 17.6 Si usted quiere ▶ G 17.6

a)
1. si volviera – yo no volvería a llamarle
Wenn der Junge zurück zur Schule käme, würde ich ihn nie wieder Gorrión nennen.
2. si se fijaran ustedes mejor, comprenderían ...
Würdet ihr die Natur aufmerksamer betrachten, würdet ihr erkennen, dass sie ein Wunder ist.
3. si usted no tuviera inconveniente – le tomaría las medidas
Wenn Sie nichts einzuwenden hätten, würde ich gern für einen Anzug Maß nehmen.

A 17.7 Algún día todo es pasado ▶ G 17.2 / 17.7

1.
Mi tarea era – para que mandaran – para que no fueran. Pero era difícil –. Desconfiaban de todos – no fueran de –. No creían que – estuviera dispuesto a –. A mí me daba mucha rabia – hiciera tan poco –. A veces creía – les daba igual – que la gente viviera

2.
Queríamos que comprendieran – lo importante que era – que se protegieran – no se contagiaran – no se quedaran embarazadas –. No siempre nos entendían – creían que – que queríamos – era prohibirles – que hicieran el amor –. Algunos días yo llegaba a casa – esperaba que – se hicieran realidad – persigue[1] –. Quizás fuera – no perdía las esperanzas ...

Observación:
[1] Dado que los objetivos de la ONG son los mismos, es decir, no se refieren exclusivamente a la época de la que se habla, debe dejarse aquí el **presente**.

A 17.8 Cada oveja con su pareja ▶ G 17.2 / 17.7

1. h) 2. f) 3. e) 4. b) 5. d) 6. a) 7. j) 8. i) 9. g) 10. c)

A 17.9 Tú tienes la palabra ▶ G 17.5 / 17.7

a)
1. para que no le pegara el maestro 2. Como ustedes no respeten 3. a no ser que pase 4. a no ser que d. G. se oponga 5. mientras no se fijen 6. a no ser que llueva 7. a no ser que no quemes / Como no quemes ... no dejaré de gritar. 8. para que el chico volviera 9. con tal de que no le digas 10. a no ser que quieras esperar

A 17.10 Como si no ▶ G 17.6

a)
1. tocaba el saxofón como si fuera músico 2. tenía miedo de la escuela como si pegara 3. conocía bien – como si hubiera estudiado 4. iba con su familia a la iglesia, como si fuera católico 5. hablaba mal de la R., como si no supiera 6. tardaron mucho – como si él se hubiera escondido

A 17.11 Que sea guapo y que tenga dinero ▶ G 17.8

b)

Florian:
1. *una chica a la que también le guste:* esa hipotética chica que desearía conocer no puede ser una cualquiera, sino que debe cumplir ciertos requisitos
2. *que sepa alemán:* por la misma razón que arriba
3. *que quiera mantener correspondencia:* la misma razón que arriba

Katharina:
1. *un chico que sepa algo de Literatura:* el hipotético chico con el que quiero mantener correspondencia debe cumplir esa condición, saber de Literatura
2. *que me ayude a corregir:* la misma razón que arriba

A 17.12 Buscando pareja ▶ G 17.8

a)

Carta 1:
que está buscando pareja – que sea como mi mamá – que me quiera – que me admire – que sepa cocinar – el tipo de mujer que yo busco / estoy buscando – una chica que esté siempre en casa – que no salga nunca – que tenga sentido del humor – que sea guapa – la idea que yo tengo – a la chica que se case conmigo – con nadie que quiera hacer carrera – que cuide de mí y de los hijos – que tengamos ella y yo – una foto que te hayas hecho

Carta 2:
… El novio que tenía – un chico que sea alto – que no tenga más de 22 años – un joven que gane tanto dinero – que no haga nada – que a mí no me guste – que sea del agrado de mamá – que también sea de clase alta – que esté dispuesto a vivir conmigo

A 17.13 ¿Conoces a alguien? ▶ G 17.8

Posibles preguntas:
1.
–¿Hay alguien aquí que pueda dejarme el móvil?
–Sí, yo tengo uno, puedes usarlo.
2.
–¿Conoces a alguien que entienda el italiano?
–No, no conozco a nadie. / Sí, aquí hay varios que hablan italiano.
3.
–¿Sabéis de alguien que pase el fin de semana estudiando?
–No, ninguno de nuestros amigos (se) pasa el fin de semana estudiando.
4.
–¿Hay aquí alguien que sea una actriz conocida?
–No, aquí no hay ninguna actriz, ni conocida ni sin conocer.
5.
–¿Conocéis a alguien que vaya mucho a la ópera?
–Sí, en mi familia hay varios que van alguna vez a la ópera.
6.
–¿Hay aquí alguien que haya probado alguna vez la paella?
–Sí, claro, varios de nosotros hemos comido ya paella.
7.
–¿Sabéis de alguien que escriba e-mails todos los días?
–Por supuesto, todos nosotros escribimos e-mails todos los días.
8.
–¿Conocéis a alguien que saque siempre buenas notas?
–No, en mi curso no hay nadie que saque siempre buenas notas.

Unidad 17

A 17.14 Dilo en castellano

1. Yo no voy a la escuela / al colegio, a no ser que me acompañes tú, le dijo Moncho a su mamá.
2. Algunas personas no saben bien leer ni escribir, como si nunca hubieran estado en la escuela / como si nunca hubieran ido al colegio.
3. Mientras no protejamos mejor la naturaleza, habrá problemas medioambientales / seguirá existiendo el problema con el medio ambiente.
4. Como no os calléis en seguida, no volveremos a dar la clase en el campo / al aire libre.
5. El chico / el muchacho se escondió en el bosque para que sus padres no lo encontraran.
6. Si hoy (día) / actualmente el colegio fuera como antes, ¿qué dirían nuestros hijos?
7. Yo te puedo contar sobre las mariposas todo lo que tú quieras.
8. No conocían a ningún otro maestro que enseñara tanto a los niños como don Gregorio.

A 17.15 No fue posible la paz

En las respuestas damos **más información** de la que los alumnos pueden extraer del texto, por si los profesores desean ampliarla.

a)
1. Don Manuel Azaña fue un político y un intelectual durante la II República española. Dirigió el llamado Partido Republicano, fue Ministro de la Guerra durante el gobierno provisional (1931), luego Primer Ministro o Presidente del Gobierno durante el Bienio Reformador (1932/33) y por último Presidente de la República después del triunfo del Frente Popular en febrero de 1936.
Murió exiliado en Francia.
2. Significa que el país etaba dividido en dos bandos enemigos e irreconciliables que lucharon cruelmente durante casi tres años unos contra otros.
3. Los enemigos de la República eran los falangistas, los monárquicos, el capital, la Banca, los latifundistas y la Iglesia, así como gran parte del Ejército. Eran los autodenominados "nacionales" dirigidos por Franco.
4. En la II República se intentó reformar a fondo las estructuras anticuadas e injustas reinantes en el país: mejorar el nivel de enseñanza y acabar con el analfabetismo, repartir mejor la propiedad con una reforma agraria, dar mayor autonomía a las regiones, acabando con el histórico centralismo, y conseguir la igualdad de derechos entre el hombre y la mujer, concediéndole a ésta el derecho de voto y otros muchos.
5. Los italianos y los alemanes jugaron un papel decisivo para el triunfo de los rebeldes, porque enviaron mucha ayuda en material y en hombres. Gracias a los aviones enviados por Hitler le fue posible a Franco trasladar sus tropas de Marruecos a la península (Andalucía).
6. Se inició una dictadura que duró casi cuarenta años, donde los ciudadanos españoles no gazaron de los derechos habituales en una democracia, la mujer perdió casi todos sus derechos, se impuso una censura radical en la prensa, la literatura y el cine, no había libertad de opinión, y tampoco partidos ni sindicatos libres. Las regiones perdieron toda su autonomía y se prohibió el uso de las lenguas regionales (el vasco y el catalán). La Iglesia recuperó todos sus derechos e impuso una moral y una religiosidad ultraconservadoras en el país. Se inció el llamado "nacionalcatolicismo".

Zusätzliche Informationen, die über die Schülerantworten hinausgehen

b)

Guernica / Gernika es una ciudad en el País Vasco, en la provincia de Vizcaya, considerada centro del vasquismo. En Guernica está la llamada *Casa de Juntas* (donde se reunían los representantes políticos de las diferentes regiones vascas) y el roble, árbol emblemático que simboliza los derechos y libertades vascos.
5 Bajo este árbol solía jurar el Rey de España el respeto a los *"Fueros"* vascos. Esta ciudad fue bombardeada en un día de mercado en abril de 1937 por aviones de la legión alemana Cóndor. Las razones de este bombardeo fueron de doble naturaleza: a) castigar a los vascos (partidarios de la República) en su centro más representativo para desmoralizarlos b) experimentar el efecto
10 sobre el terreno de las nuevas armas desarrolladas en Alemania con vistas a la guerra que Hitler tenía prevista.
La propaganda oficial del franquismo divulgó la mentira histórica de que el bombardeo de Guernica había sido realizado *por los comunistas vascos* para desprestigiar internacionalmente a las tropas nacionales. Esta versión oficial
15 no fue rectificada hasta después de la muerte del dictador.
Guernica es también el nombre del cuadro o mural pintado por Pablo Picasso para el pabellón de la España republicana durante la exposición internacional de Paris, cuadro considerado como un grito de protesta contra la barbarie de la guerra.

20 *Las Brigadas Internacionales* fue un batallón de voluntarios de todo el mundo, defensores idealistas de los valores democráticos frente al fascismo que estaba arrasando Europa. Esos voluntarios fueron a España a luchar en el bando republicano por esos ideales que ellos veían encarnados en la II República, y en peligro por la amenaza de los rebeldes "fascistas". Lucharon
25 hasta 1938, luego fueron disueltas y sus integrantes aún vivos repatriados a sus países de origen.

A 17.16 De película

Cuaderno de actividades

17.1 Una fuera

1. sol 2. escaparate 3. periódico 4. submarino 5. viajar 6. regalo 7. deportista
8. primo 9. chuletas 10. volver a hacerlo

17.2 La naturaleza es un espectáculo

naturaleza:	cosas que no son buenas para la naturaleza:
bosques	viajar mucho en avión
ríos	esquiar
animales	contaminar el aire o el agua
pájaros	hacer ruido
árboles	construir carreteras
lagos	cortar árboles
mares	consumir mucha agua
campos	hacer guerras
plantas	matar a los animales
insectos	las autopistas
selva	las fábricas

Unidad 17

17.3 ¿Y qué pasó al final?

b)

> Por la noche oímos ruido en la calle. Mi hermano y yo nos levantamos y miramos por la ventana. Vimos cómo unos hombres con fusiles sacaban a otros hombres de sus casas y se los llevaban en un camión. Mi padre se escondió para que no se lo llevaran también a él.
> 5 Al día siguiente salimos todos a la plaza. Había mucha gente. En el centro de la plaza había un camión rodeado por la Guardia Civil y hombres vestidos con camisa azul. "Son falangistas", me dijo mi hermano.
> Del Ayuntamiento empezaron a salir muchos hombres con las manos atadas. Entre ellos reconocí al alcalde, al bibliotecario y al cantante de la orquesta
> 10 donde tocaba mi hermano. Tuvieron que subir al camión. A su paso, la gente les gritaba: "¡traidores!, ¡rojos!, ¡ateos!". Yo los conocía a casi todos.
> Y mi madre nos decía: "Gritar, gritar. Que vean que gritáis para que no crean que somos republicanos".
> Mi padre no quería gritar, porque eran sus amigos, eran republicanos como él.
> 15 "Ramón, por lo que más quieras, que te vean gritar", le pedía una y otra vez mi madre.
> Entonces también él empezó poco a poco a gritar y a insultarlos: "¡traidores!" "¡criminales!" "¡rojos!". Primero muy bajito, muy bajito, y luego cada vez más fuerte.
> 20 En ese momento salió don Gregorio por la puerta. Muy serio y muy triste. Llevaba puesto el traje que le había hecho mi padre. Él miró hacia mí y yo le miré a él.
> Él me miraba como si lo que más le doliera fuera que precisamente yo estuviera allí, en la plaza y en aquel momento. Mi padre gritaba ya como un loco:
> 25 "¡ateo!, ¡rojo!". Luego me dijo: "¡grita tú también!, hijo, ¡grita!". Y yo grité: "¡ateo!, ¡rojo!". Y ya no dejé de gritar. Cuando los camiones se pusieron en marcha llevándose a don Gregorio y a los otros republicanos, yo fui uno de los niños que corrieron detrás tirando piedras y gritando: "¡rojos!, ¡traidores!, ¡ateos!"

Manuel Rivas: ¿Qué me quieres, amor? Madrid: Suma de letras S.L.

b)
1. cierto 2. falso 3. falso 4. cierto 5. falso 6. cierto 7. cierto 8. falso 9. falso 10. cierto

17.4 Hay diferentes maneras de decir las cosas

1 = d) 2 = f) 3 = h) 4 = a) 5 = j) 6 = c) 7 = i) 8 = g) 9 = b) 10 = e)

17.5 Es cuestión de gustos ▶ G 17.1

1. le molestaba que le llamasen 2. me gustaría que fuesen 3. quería que me enseñase 4. quería que respetásemos 5. la posibilidad de que hubiese 6. aunque te hubieses escondido

17.6 Cuando no se sabe, se supone ▶ G 14.7

1. ¿Por qué se rieron de Moncho? – No sé, diría algo raro.
2. ¿Por qué prefirió la madre quemar el carné? – No sé, tendría miedo.
3. ¿Por qué eligió don G. el campo para sus clases? – No sé, haría buen tiempo.
4. ¿Por qué pidió perdón don G. a Moncho? – No sé, querría que volviera al colegio.
5. ¿Por qué repitió la mamá su ruego gritando? – No sé, no entendería sus palabras.

Unidad 17

17.7 Las relaciones tienen que ser siempre buenas

1. para que aprendieran 2. temía que hubiera guerra 3. a no ser que hiciera mal tiempo 4. todo lo que nos comprometiera 5. no le gustaba que se rieran de él 6. a no ser que él tuviera 7. era normal que estuvieran agradecidos 8. que no ganaran

17.8 A veces es todo lo contrario

1. después de ir 2. salir de la escuela 3. por última vez 4. sentarse 5. echarse a llorar 6. la guerra 7. terminan / se acaban las vacaciones 8. hablar bien de alg.

17.9 Siempre poniendo condiciones ▶ G 17.6

1. a no ser que quemes 2. como no encuentren 3. con tal de que los otros no se rían 4. si tuiviéramos 5. como se rían otra vez 6. como si se hubiera vuelto loca 7. a no ser que haya guerra 8. como no haga mejor tiempo

17.10 Una pesadilla

a)

A Moncho le gustaba que su hermano le enseñara a tocar el saxo. Aunque no tenía mucha idea de música, se pasaba horas y horas soplando el instrumento. En cuanto terminaba de tocar, limpiaba el saxo y lo dejaba muy bien colocado en su estuche. A Moncho le gustaba que sus cosas, las pocas cosas que tenía,
5 estuvieran siempre bien ordenadas. Por eso aquella mañana, cuando volvió de la escuela y entró en su habitación, se quedó de piedra al ver que todo estaba en desorden. Los libros volaban por la habitación como si fueran mariposas, la ropa de la cama salía volando por la ventana como en las películas de fantasmas y el saxo tocaba él solo una música horrible que dolía en los oídos.
10 Moncho sintió como un mareo al ver aquel espectáculo y creyó que estaba en otro mundo. Cerró los ojos deseando que cesara aquel ruido de puertas y ventanas y que el saxo dejara de tocar aquella música tan horrible.
¡Ojalá sea un sueño!, pensó, porque no había nada que estuviera en su sitio. Jamás se había imaginado que algo así pudiera ocurrir en su habitación, con
15 sus libros, con su saxo.
Desesperado, dio un grito esperando que su mamá viniera a poner fin a esa horrible situación, y se despertó. Miró hacia la otra cama y vio que su hermano seguía durmiendo tranquilamente.
"Menos mal que no ha sido más que un sueño", pensó.
20 "¡Qué susto! ¡Qué miedo he pasado!"
Se dió media vuelta en la cama, y volvió a quedarse dormido.
Aunque sabía que no había sido más que una pesadilla, lo primero que hizo por la mañana después de levantarse, fue ir a ver si el saxo estaba intacto y si estaba en su sitio. Cuando vio que todo estaba donde tenía que estar, respiró
25 tranquilo, se lavó y se vistió para ir al colegio.

b)
que su hermano le enseñara – no tenía mucha idea – tocando el instrumento – limpiaba el saxo – muy bien colocado – que estuvieran siempre – cuando volvió – se quedó de piedra – volaban – como si fueran – salía volando – el saxo tocaba – sintió como un mareo – creyó – deseando que terminara – dejara de tocar – ojalá sea – nada que estuviera – pudiera ocurrir – dio un grito – viniera – se despertó – seguía durmiendo – no ha sido más que – se dio media vuelta – quedarse dormido – y si seguía en su sitio – respiró tranquilo – y se preparó

83

Unidad 17

17.11 Buena memoria

1. el bosque / la selva 2. un barco 3. nos reímos 4. la trompa 5. el reloj 6. las guerras 7. la bandera 8. la infancia

17.12 Tú eliges

1. c) 2. c) 3. b) 4. b) 5. a) 6. c) 7. b) 8. b) 9. b) 10. c) 11. b) 12. a) 13. c) 14. c) 15. b) 16. a) 17. c) 18. a) 19. b) 20. c)

17.13 El arca de Noé

b)

el corzo – el búho – la cabra – el perro – la gallina el jabalí – el gato – la vaca – el cerdo / el chancho – el ganso / la oca – el zorro – el caballo – la ardilla

d)

Schwarzwald: Selva Negra
Thüringer Wald: Selva de Turingia
Erzgebirge: Montes Metálicos
Böhmerwald: Selva de Bohemia

17.14 Empecé a tocar en la orquesta por casualidad

b)

Die Orchesterprobe fand in den Räumen der Schokoladenfabrik *Chocolate Exprés* statt, mit der das *Orquesta Azul* einen Werbevertrag hatte. Der Werbeslogan *Chocolate Exprés, !Ay qué rico es!* („Schokolade Express, so was Leckeres!") musste bei jedem Auftritt drei- bis viermal gesungen werden. Dafür bekam dann jeder eine Tafel Schokolade. Das war 1949, während der schlimmsten Hungerjahre. Wenn man mit Schokolade nach Hause kam, begannen die Augen der Geschwister zu glänzen.

Resümee auf Deutsch

17.15 Cada oveja con su pareja

1. soñaba **con** irse **en** un barco **a** América 2. se rieron **de** él – empezó **a** llorar 3. se echaron **a** reír 4. salió **de** la escuela – se escondió **en** el bosque 5. fue **a** su casa – lo invitó **a** que volviera **a** la escuela 6. volvía **de** la escuela 7. aprendió muy pronto **a** leer y **a** escribir. 8. se dio cuenta **de** que 9. lo animaba **a** que se detuviera **a** observar 10. agradecidos **por** todo – hacía **por** su hijo 11. no lo toma **a** mal – algo **en** contra 12. enseñaba **a** los niños **a** que admiraran 13. dónde vamos **a** ir **a** parar – pocas simpatías **por** 14. discutían **sobre** lo que decían **por** la radio 15. salir **de** clase – jugar **al** fútbol[1] 16. dejaron **de** serlo.

Observación:

[1] En Latinoamérica se usa el verbo *jugar* sin preposición *a*: *jugamos fútbol*, etc.

***jugar* ohne Präposition in LA**

Unidad 18

Mundos contrapuestos

Situation / Thema

Die ekuadorianische Schriftstellerin María del Carmen Garcés schildert in ihrer Erzählung *Premio de lotería*[1] die Geschichte der Analphabetin Rosa, einer einfachen Frau vom Land, die eine riesige Summe im Lotto gewonnen hat und sich allein in die Stadt begibt, um ihren Gewinn entgegen zu nehmen.

Ziel

Reflektion über die Kluft zwischen Armut und Reichtum in Lateinamerika und ihre Auswirkung auf die persönliche Lebenssituation.

Grammatik

Usos del gerundio	G 18.1
El estilo indirecto	G 18.2
Los pronombres relativos	G 18.3

Landeskunde

Reichtum und Armut in Lateinamerika
Analphabethismus in Lateinamerika
Situation der Straßenkinder A 18.15
Gegensatz Stadt – Land A 18.10

Sprechintentionen

S lernen mit Hilfe der indirekten Rede, die wörtliche Rede anderer Personen wiederzugeben.
S drücken in Anlehnung an den Lektionstext Vorliebe, Gefallen und Ablehnung aus. Sie formulieren darüber hinaus mit Hife des Gerundiums die Gleichzeitigkeit mehrerer Handlungen.

Hörverstehen

Actividades:	A 18.13	*Clack. Piií*
	A 18.14	*Oda al hombre sencillo*
	A 18.15	*El niño indio*
Cuaderno de actividades:	18.5	*Así opinan sobre el pueblo*
	18.10	*Lo que usted quiera*
	18.14	*La Lotería de Navidad*
	18.15	*El mundo de los famosos*

---

[1] Der Text *Premio de lotería* ist eine Erzählung aus dem Band *Mírame a los ojos* (Quito, 2001) von María del Carmen Garcés. Die Autorin wurde 1958 in Latacunga (Ecuador) geboren. Sie ist Journalistin und hat als Übersetzerin für Englisch und Französisch gearbeitet. Sie beschäftigte sich intensiv mit Ernesto Che Guevara und seinem Aufenthalt in Bolivien und publizierte mehrere Bücher über ihn. Ihre Erzählungen wurden inzwischen in mehrere Sprachen – auch ins Deutsche – übersetzt und in Anthologien veröffentlicht.

Unidad 18

Wortschatz und Strukturen

Substantive	Verben	Adjektive / Adverbien	andere Strukturen
Mundos contrapuestos			
el premio	tratar de	cortés	junto a
la lotería	alejarse de	confuso/a	desde niño/a
la lectura	indicar	rico/a	al servicio de
la hoja	entregar	simple	dentro de
la nota	mandar	indeciso/a	debajo de
la parte	cobrar	pálido/a	apenas
la mitad	guardar		adentro
la plata / la platita	quedarse con		la lógica más simple
la hacienda	exclamar		posible
el patrón / la patrona	mover la cabeza		
la ilusión	de un lado a otro		
la boca	rogar		
el oído	morir		
el instante	confesar		
la confianza	averiguar		
el cuarto	encerrarse		
la vaca	hacer señas		
el animal	abrazar		
el abogado / la abogada	devolver		
despedirse	dar miedo		
el aspecto	engañar		
el segundo	aprovechar		
la oficina	detenerse		
el primo	manifestar		
el auto	confiar en		
el remedio	robar		
el trayecto	utilizar		
el banco	estar a punto de		
la propiedad	replicar		
el doctor / la doctora			
la prueba			
la molestia			
A 18.10 Pueblo lleno,			
pueblo vacío			
la entrada		vacío/a	
el vehículo		lleno/a	
el destino			
A 18.13			
el contestador			

Unidad 18

Grobstruktur der Unidad 18

Phase 1: Einstieg über die Fotoseiten (S. 80 und S. 81). Bildinterpretation und Gegenüberstellung: Armut / Reichtum in Lateinamerika.

Phase 2: Texterschließung *Premio de lotería* mit Hilfe der Übungen A 18.1 und A 18.2.
Erläuterung des Gerundiums (G 18.1) und Festigung mit der textgebundenen Übung A 18.5.
Erläuterung der Relativpronomen (G 18.3) und Einübung mit A 18.9.

Phase 3: Die indirekte Rede (G 18.2) im Spanischen und ihre Anwendung unter besonderer Berücksichtigung der Übungen A 18.6 und A 18.8.

Phase 4: Auseinandersetzung mit dem Analphabetismus in Lateinamerika anhand der Übungen A 18.3 und A 18.4.

Phase 5: Arbeitsteilige Texterschließung:
Gruppe 1: Bearbeitung des Zeitungsausschnittes *Pueblo vacío, pueblo lleno* (A 18.10) und Ergänzung mit den *Actividades* A 18.11, A 18.12 und A 18.13.
Gruppe 2: Bearbeitung der *Oda al hombre sencillo* (A 18.14) von Pablo Neruda.
Gruppe 3: Bearbeitung des Zeitungsausschnittes *Yo soy un niño de la calle* (A 18.15).
Gruppe 4: Bearbeitung des Gedichtes *El niño indio* von Gastón Figueira (A 18.15).

Vorschläge zur Gestaltung der Phasen bzw. Textarbeit

Phase 1

Um in das Lektionsthema einzuführen, bietet sich eine Interpretation der Fotoseiten (S. 80 und S. 81) an. Folgende Fragen können für das Einstiegsgespräch im Plenum genutzt werden:
– ¿Cuál de las fotos te llama la atención? Explica por qué.
– ¿Qué se puede ver en las fotos?
– ¿Cómo te imaginas la vida diaria de la gente en las fotos?
– ¿Dónde ves diferencias en las imágenes?
– ¿Cómo se puede interpretar el título?

Phase 2

Der Text *Premio de Lotería* wird voraussichtlich von den S relativ gut verstanden, so dass man die Erläuterungen zum Gerundium und dem Relativpronomen nachschieben kann. Es bietet sich an, mit der Aufgabe A 18.2 zu beginnen und den Wortschatz zu klären. Um zu gewährleisten, dass möglichst viele neue Vokabeln von den S erarbeitet werden, kann man die Klasse in vier Gruppen einteilen, die sich je einen Abschnitt des Textes vornehmen. Aufgabe A 18.1 bietet einen interpretatorischen Ansatz für die inhaltliche Texterschließung. Die Zusammenfassung des Textes kann in Abschnitten erfolgen, entsprechend den Abschnitten, die die S zuvor nach neuen Vokabeln untersucht haben. Diese Teilzusammenfassung kann entweder im Plenum dargestellt oder in Form eines Gruppenpuzzles umgesetzt werden. Erst im Anschluss daran ist eine Steigerung in Form einer umfassenden Zusammenfassung des Textes sinnvoll. Als Ergänzung können die Textgestaltungsaufgaben 1 und 2 der Zusatzmaterialien herangezogen werden. Die S werden in Aufgabe 1 aufgefordert, sich mit der Erzählerin des Textes zu identifizieren und aus deren Perspektive einen Tagebucheintrag zu formulieren. Aufgabe 2 erfordert etwas mehr Kreativität für die Fortsetzung der Geschichte und bietet sich eher für leistungsstarke Klassen an. Die Erläuterung des Gerundiums (G 18.1) kann anhand ausgewählter Textbeispiele erfolgen und in Verbindung mit der textgebundenen Aufgabe A 18.5 behandelt werden. Ergänzungsübungen zu Text und Gerundium finden sich im *Cuaderno de actividades* 18.1, 18.2, 18.12 und 18.14.

Ebenso kann mit den Relativpronomen (G 18.3) in Verbindung mit der Übung A 18.9 verfahren werden. Eine Ergänzung zu diesem Thema bietet das *Cuaderno de actividades* mit den Übungen 18.7 und 18.10.

Anmerkungen zum Text:

Zeile 13: *te mando a la Rosa para que le ayudes a:* Der Gebrauch des Artikels vor dem Eigennamen (*la Rosa*) ist nicht korrekt und lässt auf ein geringes Bildungsniveau des Sprechers schließen. Umgangssprachlich und bei einem Großteil der Spanischsprechenden üblich ist der Gebrauch des indirekten Objekts nach dem transitiven Verb *ayudar* (*para que le ayudes*). Nach der normativen Grammatik müsste es heißen: *para que la ayudes*.

Zeilen 29-31: *que no conoció a su padre … cuando se murió … se quedó al servicio:* Der Gebrauch des *Indefinido* in der indirekten Rede ist in Spanien weniger üblich, auch wenn die Erzählung mit einem *Indefinido* eingeleitet wird. Man würde dort eher das Plusquamperfekt wählen.

Zeile 33: *el Pedro:* Siehe Kommentar zu Zeile 13.

Zeile 35: *ya son años que compro:* entspricht der Formulierung: *ya hace años que compro / ya vengo comprando desde hace muchos años*.

Zeile 45: *¿Y cuánto se ha ganado?:* Diese Formulierung wird vor allem in Ecuador verwendet, in Spanien benutzt man in diesem Zusammenhang nicht das Verb *ganar* sondern *tocar* (*¿Y cuánto le ha tocado?*).

Unidad 18

Zeile 53: *una chacrita con vaquitas y borreguitos:* Die S auf den häufigen Gebrauch von Diminutiven in Lateinamerika aufmerksam machen.

Zeile 63: *Ahí nomás: nomás* ist ein häufig gebrauchter Ausdruck in LA mit unterschiedlicher Bedeutung je nach Kontext. Hier bedeutet es: „in diesem Moment". In Zeile 135 *(disculpará nomás tantas molestias)* steht es für *por favor (disculpe por favor las molestias).*

Zeile 64: *salió brava y le pegó: brava* entspricht dem spanischen Wort *furiosa.* Das Verb *pegar* entspricht sinngemäß dem Verb *golpear* und wird mit dem indirekten Objekt gebraucht (s. auch *Unidad* 17).

Zeile 74: *cuánto he sacado:* In Spanien würde man sagen *cuánto me ha tocado.*

Zeile 79: *Rosa me iba contando:* Beim Imperfekt liegt die Betonung auf dem Weg zum Wettbüro. Würde die Situation aber vom Ziel aus gesehen, so stünde Indefinido *(me fue contando).*

Zeile 94: *tratamos de explicar a Rosa:* Die Verwendung des redundanten Pronomens *le (tratamos de explicarle a Rosa)* ist nicht unbedingt notwendig, wenn das indirekte Objekt auf das Verb folgt.

Zeile 99: *Ella no comentaba nada:* Das Imperfekt anstelle des *Indefinido* verdeutlicht das lang anhaltende Schweigen von Rosa. Die Formulierung im *Indefinido (ella no comentó nada)* hätte bedeutet, dass Rosa kurz verstummt.

Zeile 113: *una vez adentro:* Da das Adverb *adentro* normalerweise mit Bewegung assoziiert wird *(pase usted adentro),* hätte man in diesem Fall das Adverb ohne „a" *(dentro)* erwartet.

Zeile 138: *que trataría de ubicar:* Das Verb *ubicar* ist vor allem in Lateinamerika gebräuchlich, in Spanien steht dafür das Verb *localizar.*

Phase 3

Die indirekte Rede stellt ein recht komplexes Grammatikthema dar. Erfahrungsgemäß benötigen die S eine intensive Auseinandersetzung mit den Regeln, um die unterschiedlichen Facetten der indirekten Rede zu erfassen. Daher wird hier eine eigene Phase vorgeschlagen, in der sich die S mit den Aufgaben A 18.6 und A 18.8 ausgiebig beschäftigen können. Besonders reizvoll ist die Aufgabe 18.4 im *Cuaderno de actividades,* die Hörverstehen und indirekte Rede sinnvoll miteinander verknüpft.

Phase 4

Das Thema Analphabetismus kann anhand der Übungen A 18.3 und A 18.4 eingeführt und besprochen werden. Da den S häufig gar nicht bewusst ist, dass dieses Phänomen auch in Deutschland existiert, scheint es sinnvoll, das Thema über die vorgeschlagenen Übungen hinaus zu erweitern und einen Vergleich anzustellen zwischen dem Analphabetismus in Lateinamerika und in Deutschland bzw. Europa.

Phase 5

Unidad 18 bietet mehrere kleinere, unterschiedliche Texttypen an, die sich variabel im Unterricht einsetzen lassen. Abgesehen von einer Hausaufgabe, bei der sich die S für einen Text entscheiden sollten oder die Ergänzung der Klassenarbeit durch einen zusätzlichen Text der Lektion, der zuvor nicht behandelt wurde und als Textverständnisaufgabe genutzt werden kann, ist eine Freiarbeitsphase mit den vier Texten folgendermaßen denkbar:

Gruppe 1: Bearbeitung des Zeitungsausschnittes *Pueblo vacío, pueblo lleno* (A 18.10). Die *Actividades* A 18.11, A 18.12 und A 18.13 passen zum Text und könnten bei Bedarf ergänzend behandelt werden.

Gruppe 2: Bearbeitung der *Oda al hombre sencillo* (A 18.14) von Pablo Neruda.

Gruppe 3: Bearbeitung des Zeitungsausschnittes *Yo soy un niño de la calle* (A 18.15).

Gruppe 4: Bearbeitung des Gedichtes *El niño indio* von Gastón Figueira (A 18.15).

Für die Gruppen 1, 2 und 3 halten die entsprechenden Aufgaben Teilfragestellungen bereit, die die S bei der Texterschließung unterstützen. Das Ziel sollte eine gelenkte Zusammenfassung der jeweiligen Texte mit interpretatorischem Ansatz sein und eine Präsentation der Ergebnisse für die anderen Gruppen. Gruppe 4 kann das Gedicht entsprechend präsentieren, zusammenfassen und interpretieren. Als unterstützendes Material können die Übersichten 3 und 4 der Zusatzmaterialien mit dem jeweiligen Vokabular den S ausgehändigt und kurz erläutert werden.

Gruppe 2 könnte auch eine biographische Ergänzung zu Pablo Neruda vorbereiten.

Anmerkungen zu den Texten:

A 18.10 Pueblo vacío, pueblo lleno

Zeile 3: *puente de la Virgen:* Der 15. August ist in Spanien ein wichtiger Feiertag (*la fiesta de la Asunción de María* = Mariä Himmelfahrt), der auch für die Feriensaison eine große Rolle spielt. Fällt er auf einen Donnerstag oder Dienstag, nimmt man sich den Freitag oder Montag als Brückentag frei *(hacer puente).*

Zeile 11: *una vecina de toda la vida:* Damit ist gemeint, dass die Nachbarin schon immer im Dorf gewohnt hat. Der Ausdruck *de toda la vida* wird auch verwendet, um zu verdeutlichen, dass ein bestimmtes Merkmal eine Person schon immer charakterisiert hat *(yo soy demócrata de toda la vida).*

A 18.15 Yo soy un niño de la calle

Zeile 3: *reparte estampitas:* Es handelt sich um Heiligenbilder auf dünnem Karton in Fotogröße, die z.B. Maria oder Jesus abbilden (s. auch Foto auf S. 92).

Zeile 4: *vendo oraciones del Ángel de la Guarda:* In den Ländern Lateinamerikas – vor allem in der Karibik – ist die Heiligenverehrung und der Handel mit vorgefertigten Gebeten *(oraciones prefabricadas)* üblich. *Ángel de la Guarda* = Schutzengel.

Zeile 7: *un viejo que me pegó una patada ... también él vende oraciones:* Hinweis auf die Diskrepanz zwischen Glaube und Verhalten.

Im *Cuaderno de actividades* finden sich zahlreiche Übungen (vgl. 18.3, 18.6, 18.8, 18.9, 18.11, 18.13, 18.15, 18.16), die neben den oben genannten Aufgaben wiederholenden und festigenden Charakter haben. Es handelt sich um textunabhängige Übungen, die je nach Bedarf fakultativ eingesetzt bzw. ergänzt werden können.

Zusatzmaterialien

(s. Anhang, S. 178-179)

1. Textgestaltungsaufgabe – Tagebucheintrag.
2. Textgestaltungsaufgabe – Fortführung der Erzählung.
3. Vokabular zur Kommentierung eines Zeitungsberichtes.
4. Vokabular zur Kommentierung und Interpretation eines Gedichtes.

Unidad 18

Soluciones

Libro de texto

Observación:
El número de ejercicios de esta unidad es tan amplio y tan variado, tanto en el manual como en el *Cuaderno de Actividades*, que el profesor / la profesora debe **seleccionar** los que, a su entender, sean indispensables y apropiados para el nivel y los intereses de su curso y excluir el resto, que es, en muchos casos, **material** puramente **optativo**. De lo contrario, se entretendrá demasiado tiempo en esta unidad, lo cual puede resultar contraproducente para la motivación de los alumnos.

Übungen der Unidad 18 gezielt auswählen

A 18.1 Resumiendo se entiende la gente

a)

Las dos protagonistas del texto son mujeres, pero sólo sabemos el nombre de la campesina, que se llama Rosa. La narradora no nos dice cómo se llama. Pues bien, la narradora está leyendo tranquilamente en un banco, lejos del ruido de la plaza, cuando se le acerca una desconocida y le pregunta por una
5 dirección. Su respuesta es poco amable, pero Rosa, que no sabe leer, no se desanima por eso y le pide ayuda para saber lo que dice en un papel que le ha dado su patrona. Así se entera de que los patrones quieren quedarse con parte del dinero que le ha tocado o que se ha sacado en la lotería. Rosa, entonces, le cuenta a la narradora que por influencia de Pedro, un chico que también
10 trabaja en la hacienda, empezó a jugar a la lotería y que su número ha salido premiado. Le cuenta también que sus patrones han querido cambiarle el número premiado por dinero y otras cosas como una casa y una finca, pero ella, aconsejada por Pedro, no lo ha hecho. Rosa quiere que la narradora la acompañe a la oficina de la Junta Benéfica para cobrar el premio. Así lo hacen.
15 Cuando ya están a punto de cobrar la plata, a Rosa le entran dudas de si puede confiar en la narradora o no. Como la narradora no tiene carro ni casa ni mucha plata, Rosa cree que no puede confiar en ella, porque sus patrones le han enseñado que sólo se puede confiar en los ricos y en los doctores. Por ello, cambia de opinión y decide buscar a un primo, al que apenas conoce, para que
20 la ayude a cobrar el premio y se disculpa de haber molestado a la narradora, la cual se va sin comprender del todo la reacción de Rosa.

c)

Narradora	Rosa
no le gusta el bullicio	es analfabeta
sabe y le gusta leer	es del campo
parece culta	no sabe defenderse sola en la vida
es de ciudad	es desconfiada
es servicial	está desorientada
no es rica	no tiene familia
es muy segura	está buscando ayuda

d)
Rosa antes hacía todo lo que su patrón decía, ahora no; no le entrega el número premiado a cambio de la chacrita, las vaquitas y el baúl lleno de dinero. Sin embargo, sigue creyendo lo que el amo le enseñó, de que sólo se puede confiar en los ricos y en los doctores.

e)
Rosa no puede cobrar el premio porque no sabe leer y tampoco tiene cédula de identidad. Por eso depende de la ayuda de terceras personas.

Unidad 18

A 18.2 Cuestión de palabras

c)
– la dirección:
lugar de destino al que debe llegar una carta o paquete; lugar al que me dirijo; nombre de la calle y ciudad donde vive una persona
– la cabeza:
parte superior del cuerpo humano donde está el cerebro; parte superior de un clavo o alfiler
– la cama:
mueble compuesto de armazón, colchón, almohada y mantas donde dormimos
– la oficina:
lugar o sala donde trabajan personas de la administración o de la dirección de una empresa, p.ej.; organismo público, p.ej. Oficina de Turismo, Oficina de Inmigración
– el carro:
vehículo de cuatro ruedas movido por la fuerza de un motor, sinónimo de coche o auto; vehículo de dos ruedas tirado por bueyes o caballos
– la plata:
metal precioso de color blanquecino utilizado para la fabricación de monedas o de otro tipo de artículos como cucharas, tenedores y cuchillos; en Latinoamérica sinónimo de dinero
– el doctor:
académico que ha hecho una tesis doctoral y lleva este título; en general sinónimo de médico
– el primo:
un grado de parentesco, el hijo de un tío o una tía

e)
el dinero = la plata
la granja = la hacienda
el DNI = la cédula de identidad
el coche = el carro

f)
la manita / la cabecita / el dedito / los ojitos / la boquita / el hermanito / el animalito / la cartita / el primito / la naricita / el papelito / la casita

A 18.3 Estas estadísticas sólo son verdaderas si ...

Por ejemplo:
En la Argentina la tasa de analfabetismo es baja y es igual para hombres que para mujeres. La tasa de analfabetismo en la Argentina es mucho más baja que en el Salvador y casi igual que en Cuba. Pero en Cuba hay más mujeres analfabetas que hombres.

A 18.4 Di tu opinión

A 18.5 Buscando gerundios ▶ G 18.1

1. Había ido allí <u>tratando</u> de alejarme del bullicio ... (l. 1)
Está empleado en sentido causal:
Había ido allí <u>porque trataba</u> de alejarse del bullicio ...
2. Se acercó aquella señora <u>pidiéndome</u> que le indicara una dirección. (l. 4)
Está empleado en sentido copulativo:
Se acercó aquella señora <u>y me pidió</u> que le indicara una dirección.
3. La señora se me quedó <u>mirando</u>. (l. 8)
Está empleado en sentido adverbial:
La señora me <u>miró fijamente un rato</u>.

Unidad 18

4. Y repetía la frase <u>moviendo</u> la cabeza de un lado para otro. (l. 23)
Está empleado en sentido adverbial:
Y repetía la frase <u>a la vez que movía</u> la cabeza de un lado a otro.
5. Y <u>acercando</u> su boca a mi oído me confesó ... (l. 38)
Está empleado en sentido temporal:
Y, <u>después de acercar</u> su boca a mi oído, me confesó que ...
6. El Pedro estaba detrás de la ventana <u>haciéndome</u> señas de que no. (l. 55)
Está empleado en sentido copulativo:
El Pedro estaba detrás de la ventana <u>y me hacía</u> señas de que no.
7. Mientras caminábamos ... Rosa me <u>iba contando</u> ... (l. 79)
Está empleado en sentido adverbial:
Mientras caminábamos, Rosa me <u>contó paso a paso / poco a poco</u> ...
8. ... y que <u>invirtiendo</u> la otra parte ... (l. 98)
Está empleado en sentido condicional:
... y que <u>si invertía</u> la otra parte ...
9. Le daba miedo que la gente la engañara <u>aprovechando que era sola</u> ... (l. 107)
Está empleado en sentido causal:
Le daba miedo que la gente la engañara <u>porque ella era sola</u>.

A 18.6 Decimos lo que dicen ▶ G 18.2

1.
Rosa dijo que cuando le daban platita venía al pueblo a comprar algunas cosas. Que el Pedro era el que la había metido en eso de la lotería. Que ya eran dos años que compraba con la ilusión de sacarse alguito. Que su número había salido premiado. Que no sabía cuánto había ganado. Pero que creía que era bastante, porque después de que el patrón había venido al pueblo a averiguar, había regresado a la hacienda esa / aquella misma noche y que la habían encerrado con la patrona en el cuarto de ellos. Que estaban nerviosos. Que le habían dicho que querían regalarle una chacrita con vaquitas y borreguitos si ella les entragaba el billete. Que como el Pedro estaba detrás de la ventana haciéndole señas de que no, que ella no se lo había dado.

2.
Rosa preguntó a la señorita si le podía manifestar que ella tenía plata. Que quería decir, (que)[1] si tenía propiedades, (que) si tenía casa, (que) si tenía carro, (que) si tenía plata en el banco; que su patrón le había enseñado que solamente los ricos tenían tanto que no necesitaban robar. Que en los ricos o en los doctores, les habían dicho. (Que) si podía dar pruebas de que podía confiar en ella.

Observación:
[1] En las **interrogativas indirectas** suele usarse solamente "*si* + verbo": *¿Tiene usted plata? Me preguntó si tenía plata.*
En **lenguaje coloquial** es usual anteponer *que*, como es el caso en este texto. Siendo además Rosa la que habla, una mujer de pueblo, el uso de *que* es prácticamente normal.

Indirekte Frage mit *si*, zusätzlich *que* in der Umgangssprache

A 18.7 A sus órdenes ▶ G 18.2

A 18.8 Para conocerse ▶ G 18.2

Unidad 18

A 18.9 Todo es relativo ▶ G 18.3

1. un banco que estaba lejos 2. un abogado del cual / del que / de quien sólo sabía 3. lo cual / (lo que) sorprendió 4. una mujer cuyos padres 5. un primo con quien / con el que ella 6. el empleado ..., el cual / quien les comunicó 7. la hoja que me había entregado 8. un primo de cuyo nombre 9. Pedro, que estaba ... 10. era el hermano quien / el que la iba a ayudar 11. iba diciendo lo que quería hacer 12. con el dinero que había ganado 13. Rosa, que no pronunció 14. en personas que habían estado 15. por lo cual / (por lo que) no pudo cobrar

A 18.10 Pueblo vacío, pueblo lleno

Comentario ver página 88.

Anmerkungen zum Text s. S. 88

b)
Orbaneja en invierno está casi vacío, vive poca gente allí.
En verano viene mucha gente, hay muchos coches y mucho ruido, los bares están abarrotados de gente.

c)
1. Los vecinos que viven siempre en el pueblo se quejan del ruido y del gran número de coches, no se sienten a gusto por el bullicio que hay en el pueblo y no quisieran que fuera así todo el año.
2. Van tantos turistas, porque este pueblo es un conjunto histórico artístico, es decir, es digno de ver y está cerca de Burgos. La gente va allí a pasar las fiestas o el fin de semana. Los que viven normalmente en la ciudad buscan la tranquilidad de un pueblo del campo. También vienen en verano muchos que han nacido en el pueblo y que han emigrado a la ciudad.

A 18.11 A la entrada del pueblo había ...

A la entrada del pueblo *había* medio centenar de coches. La plaza también *estaba* llena de vehículos. Era lunes, 14 de agosto, puente de la Virgen, los días en que más desplazamientos se *producían* en España. Los pueblos aislados y los lugares tranquilos *estaban* a tope de visitantes. No *había* peor momento
5 del año para pasar unos días en un pueblo. Desde las once de la mañana, las dos terrazas de la plaza *estaban* llenas de gente tomando el cortado, la caña y el vermú. El pequeño pueblo de Orbaneja ... *estaba* abarrotado de turistas. "Jesús, si esto parece la capital...", *decía* una vecina de toda la vida. "Mire ... yo me iría", *contaba* Tere que vivía de una tienda de artesanía en la plaza.
10 En agosto ... *había* un centenar de casas abiertas. Orbaneja, cuando se *pasaba* el verano, se *quedaba* vacío. En diciembre y enero apenas 15 personas *seguían* viviendo allí. Pueblo vacío, pueblo lleno, cuyo destino *compartían* tantos en Castilla. Se *había quedado* muerto, primero, y luego *había ido recobrando* la vida en verano, puentes y fines de semana.

A 18.12 Me gustaría vivir en ...

93

Unidad 18

A 18.13 Clack, Piií.

a)

madre:
Clack. Piií, ... –Ana Luisa, hija, soy mamá. Acabo de saber que estás en una cena de trabajo y no me lo puedo creer, no te digo más ... Es que, desde luego, las reuniones esas que te ponen en el trabajo, parece que lo hacen a mala idea, no sé ... ¿Y con quién voy yo ahora a la ópera? Por favor, llámame, estoy perdida, vamos, que no sé qué hacer. Un beso.

padre:
Clack. Piií, ... –Ana Luisa, hija, soy tu padre. ¿Quién te crees que me acaba de llamar? ...
¡Tu madre! ¿No es increíble? Y se me ha puesto a llorar porque no quiero ir a la ópera con ella. Rigoletto, ¡no te digo! ¿Y para qué nos hemos separado, a ver, puede saberse ...?
En fin, me imagino que no estás por ahí. Llámame esta noche y hablamos, muchos besos, cariño.

madre:
Clack. Piií, ... –Ana Luisa, cielo, ya sé que no estás, pero en la oficina me han dicho que acabas de irte a no sé dónde. Soy mamá. Papá me acaba de dar un disgusto horroroso, fíjate que lo he llamado para que fuera conmigo a la ópera, porque no se me ocurría llamar a nadie más. Es que mis amigas no podían, total que le he dicho por favor, Pablo, ¿querrías acompañarme a la ópera ...? Si a él siempre le ha gustado mucho salir, bueno, pues se ha enfadado muchísimo conmi ...

Angustias:
Clack. Piií, ... –Hola ... Hola Ana, soy Angustias ... Bueno ... Pues que me he tenido que ir de tu casa media hora antes porque tenía que irme al médico ... Que no han venido los de la lavadora ... Vale ... Adiós, que no sé hablar con este aparato ...

hermana:
Clack. Piií, ... –¿Ana? Soy Paula. Ya sé que no estás ahí, pero te llamo por si llego a tiempo. Me acaba de llamar mamá, ¿sabes?, que estaba llorando porque ha reñido con papá. Lo típico de siempre. Bueno, a lo que iba. ¿Tú podrías quedarte con mi hijo esta noche? Así acompañaría yo a mamá a la ópera.

Servicio Técnico:
Clack. Piií, ... –Buenas tardes, llamamos del Servicio Técnico: Hemos estado en su casa esta mañana y no hemos podido arreglar la lavadora porque nadie nos ha abierto la puerta ... Adiós ... Gracias ...

Almudena Grandes: *Atlas de geografía humana.* Barcelona: Tusquets

b)

- La primera llamada es de la madre. Llama porque necesita a alguien para ir a la ópera. Se enfada de que su hija siempre esté en reuniones de trabajo. Cree que lo hacen intencionadamente para que su hija no esté en casa.
- La segunda llamada es del padre. Llama para decirle a la hija que lo ha llamado su ex mujer por teléfono para pedirle que vaya con ella a la ópera, a ver Rigoletto. Él se asombra de la llamada, porque está separado de su mujer y se pregunta para qué se han separado si ella siempre lo llama para que la acompañe.
- La tercera llamada es de la madre otra vez. Dice que en la oficina le han dicho que su hija ha salido. Le dice también que ha llamado a su padre para que vaya

Unidad 18

con ella a la ópera, porque no sabía a quien llamar, sus amigas no pueden, y que el padre, Pablo, le ha dicho que no y encima le ha echado la bronca por haberlo llamado.
- La cuarta llamada es de Angustias, la asistenta. Le dice que han venido los mecánicos a arreglar la lavadora. Dice también que no le gusta hablar con el contestador.
- La quinta llamada es de su hermana. Le dice que la mamá la ha llamado llorando. Le pregunta si puede quedarse por la noche de niñera con su hijo para acompañar ella a la madre a la ópera.
- La sexta llamada es del servicio técnico. Dicen que han ido a su casa con la intención de arreglar la lavadora, pero que no han podido hacerlo porque nadie les ha abierto la puerta.

d)
1. Las relaciones entre la madre y el padre son malas, están separados. Las relaciones de los padres con las hijas y las hermanas entre sí son buenas, parecen cariñosas y normales.
2. Si vivieran en un pueblo, se verían más a menudo, podrían estar más tiempo juntos y no tendrían que comunicarse por el contestador automático.
3. ——
4. ——

18.14 Oda al hombre sencillo

b)
1. Siente cariño.
2. Lo compara con el agua transparente, con la vida, con él mismo.
3. Ve un futuro mejor, dice que los hombres sencillos ganarán, aunque resulte difícil creerlo.

A 18.5 Yo soy un niño de la calle

Comentario ver página 89.

Anmerkungen zum Text s. S. 89

Cuaderno de actividades

18.1 ¿Qué me estás diciendo? ▶ G 18.1 / 11.2

a)

contactando	pudiendo
volviendo	pidiendo
dando	diciendo
haciendo	siendo
sintiendo	durmiendo
riéndose	invirtiendo

18.2 Acortando distancias ▶ G 18.1

1.
Wenn wir erkennen würden, wie wundervoll die Natur ist, würden wir mehr auf sie achten.
Si comprendiéramos lo maravillosa que es, la respetaríamos más.
2.
Als sie zu Hause ankamen, sahen sie, wie die Mutter dabei war, alles zu verbrennen.
Cuando llegaron a casa, encontraron a / vieron que la madre estaba quemando ...

Unidad 18

3.
Da Sie / Wenn Sie Republikaner sind, sollten Sie solche Pamphlete nicht lesen.
Si es usted / Puesto que es usted republicano, no debería ...
4.
Auf dem Weg von der Schule nach Hause erzählte mir mein Bruder, dass er sich verliebt habe.
Cuando volvíamos de la escuela a casa, mi hermano me contó que se había enamorado.
5.
Wenn wir alle gleichzeitig reden, werden wir uns nicht verstehen.
Si hablamos todos a la vez, no vamos a entendernos.
6.
Wenn man die Dinge so erklärt, wie Don Gregorio es tut, sind sie leicht verständlich.
Se se explican las cosas como don Gregorio, se entienden bien.

18.3 Entraron gritando ▶ G 18.1

a)
1. lo detuvieron – llevaba puesto – le había hecho – y puso una cara muy triste
2. que vimos – eran muy bonitas – nos explicó – cómo era – y para qué servía
3. estaba en – y miraba por – a ver si veía
4. empezó en julio – terminó en abril
5. dijo que – se llamaba – se rieron de él
6. cuando volvía a casa – vio pasar – que gritaban
7. cuando llegaron – estaba – y echaba al fuego
8. sé hacer – son trajes – y sonrió
9. hablaban – y hacían muchos gestos
10. cuando yo era – había – que querían embarcarse

b) Sätze, in denen *Gerundio* möglich ist

1. Me miró <u>poniendo</u> una cara muy triste.
3. Estaba en su habitación <u>mirando</u> por la ventana.
4. Empezó en julio, <u>terminando</u> en abril de ...
6. Cuando volvía a casa, vio pasar a dos hombres <u>gritando</u> ...
7. Cuando llegaron a casa, vieron a su madre <u>echando</u> al fuego ...
8. Lo que sé hacer son trajes, le dijo mi padre <u>sonriendo</u>.
9. Hablaban en voz muy alta <u>haciendo</u> muchos gestos.
10. <u>Siendo</u> yo niño, había muchos jóvenes que querían ...

18.4 Cartas de amor ▶ G 18.2

b)
A
Mercedes pregunta a su amor cómo lleva el día. Le cuenta que hoy hace un frío de nieve, pero que eso nunca se dice de París. Que ella está intentando trabajar mientras J. duerme. Que el chico se está portando fenomenal. Que ya saben la fecha de retorno a E. Que ella tiene un poco de miedo. Que cómo será su vida allí. Le pregunta si le gustará su trabajo, si ella encontrará uno que le guste, que quién cuidará al pequeño y la casa. Que son muchas preguntas sin respuesta. Que estos años en F. han cambiado su manera de ver la vida, de ver a la gente, a la familia, a España. Que ahora es madre, que ha vuelto a ser estudiante y que su lugar de trabajo es la casa. Que ha aprendido tanto y que su amor ha crecido tanto que se siente feliz. Que quiere que sepa que lo quiere cada día más, que está super-orgullosa de él, que le parece el hombre más guapo del mundo, que su hijo es lo mejor que han hecho en el mundo y que menos mal que fue a esa fiesta y acabó casándose con él.

Unidad 18

Termina diciendo que siempre estarán juntos ... donde sea, que le da igual, mientras cada día se acueste y se levante a su lado.

B
Daniel dice que esta mañana cuando ella se fue[1], el todavía estaba dormido, que cómo ha acabado su primer día de trabajo, que si está cansada. Que ha dejado la verdura ya limpia en la nevera, que de segundo se haga[2] ella misma algo, quizás una tortilla. Que cene antes, porque él llegará tarde. Que ha comprado flores, porque las blancas del comedor estaban marchitas. Que la quiere.
P.D. Que llamaron del A. que necesitan no sabe qué papel, que les diga algo antes del viernes. Que faltan limones. Que la quiere otra vez.

Observación:
[1] Como en la introducción figura la indicación *esta mañana*, sería de esperar el uso del perfecto *(cuando te has ido)*. No obstante, **el uso del indefinido** en un contexto así, cuando se trata de una **acción puntual** *(salir de casa)* es perfectamente aceptable y usual en la mayor parte de los países hispanohablantes. El tachar aquí de incorrecto el uso del indefinido habría que considerarlo como fruto de una visión parcial y muy "peninsular" del uso de los tiempos.

punktuelle Handlung, daher Indefinido

[2] *De segundo te haces tú misma algo:* Aunque *haces* es formalmente un presente, tiene **función de imperativo**, y en el **estilo indirecto** hay que transformarlo forzosamente en un **presente de subjuntivo**.

Subjuntivo in der indirekten Rede wegen imperativer Bedeutung

18.5 Así opinan sobre el pueblo ▶ G 18.2

a)

> Estibaliz y su novio David, de 20 y 23 años:
> –Somos de Bilbao. Hemos venido a pasar dos días. El pueblo nos parece precioso. Pero no sé si nos gustaría quedarnos aquí más días. A nosotros nos gusta vivir en la ciudad.
>
> Amós Arroyo, de 95 años. Vive en Bilbao y pasa el verano en el pueblo:
> –Aquí ha habido un cambio muy grande; da alegría ver el pueblo así. Antes vivíamos de la agricultura. Ahora el pueblo está mucho más bonito.
>
> Fermín López, sobrino de Amós Arroyo:
> –A mí me gustaba más el pueblo antes. Yo me marché a Bilbao con seis años, y el pueblo me gustaba como cuando yo era niño; era más tranquilo esto.
>
> Tere, dueña de la tienda de artesanía:
> –Lo bueno del pueblo es el clima. Hace tanto frío a partir de otoño que la gente no viene. A mí como me gusta el pueblo es en invierno. Pero a las cuatro de la tarde ya tengo que encender la luz. En invierno me levanto muy tarde, doy un paseo, leo, veo a la gente. Pero es verdad que hay días enteros que se me pasan sin haber hablado con nadie. A veces me voy a Burgos a ver a los amigos y al cine.
>
> Chechu Rasero, de 32 años, propietario de la casa rural "El Abuelo":
> –Nací en Barakaldo y viví en Bilbao, pero siempre he tenido la ilusión de arreglar aquí en el pueblo la casa de mi abuelo. Hemos abierto la casa rural en mayo y hasta ahora hemos tenido mucho éxito. Lo único que echo de menos es salir los sábados por la noche.

Unidad 18

b)
Estíbaliz y su novio David:
Son de Bilbao. Han venido a pasar unos días. El pueblo les parece precioso, pero en realidad no les gustaría vivir mucho tiempo en el pueblo, a ellos les gusta más vivir en la ciudad.
Amós Arroyo:
En su opinión ha habido un cambio muy grande. Da alegría ver el pueblo así. Antes se vivía de la agricultura. Para él, ahora el pueblo está mucho más bonito.
Fermín López:
A él le gustaba más el pueblo antes. Se marchó del pueblo cuando tenía 6 años. Dice que el pueblo, cuando él era niño, era más tranquilo.
Tere:
Cuenta que lo bueno de este pueblo es el clima, que hace mucho frío a partir del otoño y la gente de fuera no viene. El pueblo le gusta más en invierno, pero a las cuatro de la tarde ya tiene que encender la luz. Que en invierno se levanta más tarde, da un paseo, habla con la gente, pero que a veces se pasa todo el día sin hablar con nadie. A veces se va a Burgos a ver a los amigos y al cine.
Chechu Rasero:
Dice que nació en Barakaldo y que vive en Bilbao. Pero que siempre había sido su ilusión arreglar la casa del abuelo del pueblo. Ha abierto la casa rural en mayo y hasta el momento ha tenido mucho éxito. Echa de menos la vida de bares los sábados por la noche.

18.6 A tu gusto ▶ G 17.6

18.7 Relativamente relativo ▶ G 18.3

En cuanto al **uso de los pronombres relativos** varía considerablemente la percepción de los hablantes, según las regiones, y mucho más entre hablantes españoles y hablantes latinoamericanos. La solución que damos aquí es la que nosotros consideramos más conveniente. En cuanto a **lo que / lo cual**, la elección del hablante está determinada en muchos casos por la musicalidad de la frase y no por la gramática.

regionale Varianten beim Gebrauch der Relativpronomen

fue Pedro quien / el que – se le notan los años que – por lo que / por lo cual desde muy pequeño – trabajos que eran – a sus hermanos cuyo destino – amigos con los que él fue a la escuela – por lo que / por lo cual se ha apuntado – un curso que dan – esta ONG en la que trabajan – es también la que le ha ofrecido – un curso de los que – mal pagado que tiene ahora – una vida mejor con la que – Pedro, que entretanto – con el trabajo que – otro mejor con el que

18.8 Cuestión de interpretación

a)
1. número 2: posible, pero poco probable / 2. número 1: posible / 3. número 3: absolutamente imposible

b)
1. sólo guardó algunos números, a saber, los premiados
2. guardó todos los números, porque todos estaban premiados
– Frases de relativo determinativa, es decir, que se refieren sólo a una parte del antecedente, se escriben sin comas.
– Frases de relativo explicativas, es decir, que añaden sólo una información adicional, pero que se refieren al antecedente en su totalidad, van separadas por comas.

Unidad 18

c)
1. simultaneidad, es decir, las acciones ocurren al mismo tiempo de forma paralela
2. suposición, conjetura, se supone que pueden surgir problemas, si no cambia de amigos
3. realidad, efectivamente el tiempo es desagradable; es un hecho de experiencia
4. suposición, no sé si va a hacer bueno o malo, pero incluso en el segundo caso tengo la intención firme de ir a la playa

18.9 La combinación justa ▶ G 17.6

b)
1. como usted no me ayude / a no ser que
2. como si fuéramos mayores
3. pero con tal de que sea más de
4. como no presente usted la cédula
5. como si no pudiera creer
6. con tal de que no se lo diga
7. si consigues cobrar
8. a no ser que me demuestre
9. a no ser que la patrona me lo prohíba
10. porque, como se entere, no me dejará
11. a no ser que estuviera lloviendo
12. como no encuentre a su primo
13. con tal de que le des a él

18.10 Lo que usted quiera ▶ G 17.8 / 18.3

a)
En una agencia de viajes
a un sitio que sea tranquilo – no haya tantos turistas – donde haya vida – donde se pueda salir –
un lugar que sea –
a países que estén lejos – donde se hable español
algo que sea de su gusto
a la hora que usted quiera
Buscando trabajo
depende de qué trabajo desee – jóvenes que hablen – que tengan
en los programas que se usan
Entre amigas
el chico con el que salgo – de alguien que sea de aquí – y que trabaje – un novio que viva – que realmente valga la pena – los que constestan – chicos que tienen problemas – con alguien que tenga problemas.
El que tenga problemas, que …

b)

> **En una agencia de viajes**
> empl.: –Bien, pues díganme, ¿qué les puedo ofrecer?
> mujer: –Bueno, verá, el problema es que a mi marido le gustaría ir a un sitio que sea tranquilo, donde no haya tantos turistas, sabe usted, pero a mí no. A mí me gustan los sitios donde haya vida y donde se pueda salir por la noche a divertirse.
> empl.: –Pues va a ser difícil encontrar un lugar que sea del gusto de los dos, ¿no?

Unidad 18

> mujer: –Ya, claro. Mire, lo que no queremos es ir a países que estén muy
> 10   lejos, y tampoco a países donde no se hable español, porque
>   nosotros no hablamos inglés, sabe usted.
> empl.: –Bueno, lo veo un poco difícil, pero vamos a ver si encuentro algo
>   que sea de su gusto. Claro que para eso necesito tiempo. ¿Pueden
>   volver dentro de unos días por aquí?
> 15 mujer: –Por supuesto, el día y a la hora que usted quiera no faltaría más.
>
> **Buscando trabajo**
> chica: –Mire, yo estoy buscando trabajo y me han dicho que ustedes
>   ofrecen ...
> secr.: –¿Trabajo? Sí, pero depende un poco de qué trabajo desee usted.
> 20   De momento estamos buscando jóvenes que hablen bien inglés y
>   que tengan buenos conocimientos de informática, ¿es su caso?
> chica: –Bueno, inglés lo hablo bien, pero en los programas que se usan en
>   la industria todavía no me siento muy segura.
>
> **Entre amigas**
> 25 chica 1: –Sí, de momento estoy sola. Es que el chico con el que salía se fue
>   a los Estados Unidos y, con el tiempo, nos hemos ido separando.
>   Desde hace medio año no sé nada de él. Ahora prefiero enamorarme
>   de alguien que sea de aquí o que trabaje aquí. ¿De qué me sirve
>   tener un novio que viva a miles de kilómetros? He puesto un anuncio
> 30   en Internet, sabes, y a lo mejor me contesta alguien que realmente
>   valga la pena. Aunque no estoy muy segura, porque los que contes-
>   tan a estos anuncios son casi siempre chicos con pasado o chicos
>   que tienen problemas, y yo no quiero liarme con alguien que tenga
>   problemas. Bastantes problemas tengo yo ya.
> 35 chica 2: –En eso haces bien. El que tenga problemas, que se quede con ellos.
>   Bueno, pues nada, que tengas suerte y que encuentres al chico de
>   tus sueños.
> chica 1: –¡Ojalá!

18.11   Tú eliges

1. b) 2. c) 3. c) 4. b) 5. c) 6. c) 7. b) 8. a) 9. b) 10. c) 11. c) 12. b) 13. b)

18.12   Pero eso fue hace tiempo

b)

    Yo me senté en un banco a leer. Me senté lejos de la gente porque no quería que me molestara el ruido. Apenas había comenzado a leer, cuando se me acercó una señora que parecía una campesina de pueblo. Primero se me quedó mirando y no dijo nada. Luego me preguntó si la podía ayudar y sacó un papel
5 que llevaba escondido. "Dígame ... de letras", me dijo. Yo tomé el papel y le leí el texto. Al parecer le había tocado la lotería y quería cobrar su premio, pero ella sola no sabía cómo hacerlo. Cuando oyó lo que decía en el papel, se enfadó mucho porque comprendió que su patrona le quería quitar el dinero. Me pidió que la acompañara a la oficina de la J. de B. a cobrar. De momento
10 no supe muy bien qué hacer, pero como la señora insistió en que la ayudara, pues lo hice. Fuimos a la J. de B. Cuando el funcionario vio la cantidad de dinero que le había tocado, la abrazó y le dijo que era millonaria. Cuando ya estábamos a punto de cobrar el dinero, Rosa se volvió hacia mí y me preguntó si yo tenía plata y si era rica, porque le habían enseñado que sólo se podía confiar en
15 los ricos. Yo le dije que no, y ella me miró asustada. Que como yo no tenía

plata ni carro ni casa, ella no podía confiar en mí, que iba a buscar a su primo para que la ayudara a cobrar. Un poco confusa, me despedí de ella y volví a mi banco a continuar leyendo.

18.13 Clasificados

18.14 La Lotería de Navidad

a)

Los españoles sienten pasión por la lotería, por todas las loterías. Entre los hombres son muy populares las quinielas, esa lotería que se basa en los resultados de los partidos de fútbol de la liga. Todos los domingos los verá usted pegados a la radio esperando oír la combinación que ellos han marcado:
5 1 / X / 2 (uno, equis, dos). Con catorce resultados correctos, te puede tocar un montoncito de euros. Pero no sólo las quinielas gozan de gran popularidad, sino también la primitiva, esa lotería donde tienes que marcar 6 números de 49, más uno complementario. Si marcas los seis correctos, puedes convertirte en millonario de la noche a la mañana.
10 Pero la lotería con mayúscula, la lotería que realmente es nacional y popular es la Lotería de Navidad. No hay prácticamente nadie que no lleve un décimo o varias participaciones de esta lotería.

b)

La Quiniela: uno, equis, dos (1 x 2) / los domingos / catorce resultados
La Primitiva: marcar 6 números de 49 / número complementario
La Lotería de Navidad: el gordo / un décimo / lotería nacional

c)

En la mañana del día 22 de diciembre todos los españoles están delante de la televisión o al lado de la radio escuchando la monótona letanía de números y pre-
15 mios hasta que sale el primer premio, el *gordo* como coloquialmente se le llama. Tanto por el dinero que se juega como por los premios que se reparten es la mayor lotería del mundo y los españoles están orgullosos de ocupar, por lo menos en este caso, el número uno en el *Libro Guiness* de los récords.

d)
Am Vormittag des 22. Dezember sitzen alle Spanier vor dem Fernseher oder am Radio und hören sich die monotone Litanei der Losnummern und Gewinnsummen an, bis der Hauptpreis, der so genannte *Gordo*, genannt wird. Der Einsatz und die Gewinne sind so hoch, dass die spanische Lotterie als weltgrößte im Guinness-Buch der Rekorde steht, worauf die Spanier sehr stolz sind.

Resümee

18.15 El mundo de los famosos

a)

P: –Sr. Panteras, muchas gracias por estar aquí hoy con nosotros.
Sr. P: –Estoy muy contento de estar hoy aquí en este maravilloso lugar, con todos vosotros. Ya sabéis que aunque trabajo y vivo en Hollywood, mi corazón siempre está aquí en mi patria, en España, y no os olvido ni os

Unidad 18

5	olvidaré jamás. Y por favor, no me llames Sr. Panteras, que si no me siento muy viejo. Para todos vosotros soy Landonio, el Landonio de siempre.
P:	–Muchas gracias. Y dinos, Landonio, tu última película "All About My Grandfather" ("Todo sobre mi abuelo") ha tenido mucho éxito en los Estados Unidos, ¿no? Se habla incluso de la posibilidad de que gane un Óscar.
Sr. P:	–Bueno sí, realmente el éxito nos ha sorprendido a todos. La verdad es que es una película maravillosa. Yo diría que es una de las mejores películas de los últimos años.
P:	–¿Es verdad que vas a hacer ahora una película con el famoso director Stanley Korpick y con Emma Piercing como protagonista?
Sr. P:	–No sé nada concreto sobre este tema, preferiría hablar de otra cosa …
P:	–Se dice que tú y Emma sois muy buenos amigos, ¿es verdad lo que escribe la prensa del corazón?
Sr. P:	–¿Y qué escribe?
P:	–Bueno, que tú y Emma …
Sr. P:	–No, no, no, qué va. Entre Emma y yo sólo hay una buena amistad, somos amigos desde hace muchos años. Ya sabéis que yo adoro a mi mujer Stefanie. Es una mujer maravillosa, tenemos dos hijos preciosos y somos muy felices.
P:	–Entonces, ¿no es verdad que os queréis separar?
Sr. P:	–No, no, para nada.
P:	–Pues antes Stefanie siempre venía contigo a España y esta vez has venido solo.
Sr. P:	–Bueno, es que no ha podido venir. Se ha tenido que quedar con los niños en Malibu. El pequeño está un poco malito y no queríamos dejarlo solo.
P:	–Ya. Leí el otro día que te acabas de comprar una casa nueva en Hollywood y que te ha costado 60 millones de dólares …
Sr. P:	–No, no, ¡qué barbaridad! La casa que me he comprado no cuesta ni la mitad.
P:	–¿Y por qué no te compras una casa en España? ¿Es que no quieres volver?
Sr. P:	–Claro que me gustaría volver. Pero ya sabes que trabajo en los Estados Unidos y sólo puedo estar aquí poco tiempo. Y además ya me compré hace años una finca en Mallorca.
P:	–¿Una finca en Mallorca? Ah, pues no lo sabía. Cuéntanos, ¿cómo es?
Sr. P:	–Bueno es una finca relativamente pequeña, de unos 20.000 metros cuadrados. La casa sólo tiene 10 habitaciones y la piscina es también pequeña, nada de olímpica y esas cosas, no no, es pequeña pero muy bonita.
P:	–¿O sea que, a partir de ahora, estarás con frecuencia en Mallorca?
Sr. P:	–Sí, puede que sí. Este año he estado sólo dos veces, pero en el futuro me gustaría venir con más frecuencia. Mallorca es muy agradable para pasar unos días de descanso …
P:	–Bueno, una última pregunta. ¿Si tuvieras la oportunidad de tener ahora otra vez 20 años, harías lo mismo que has hecho con tu vida, o cambiarías algo?
Sr. P:	–No, no cambiaría nada. Estoy muy orgulloso de lo que he conseguido hasta ahora …
P:	–Pues nada, muchas gracias por la entrevista y que haya suerte con lo del Óscar.

18.16 Muy personal

Unidad 19

La Argentina, sueño y realidad

Situation / Thema

Text: *Maitena, una argentina de hoy*
Biographie Maitenas, der bekannten argentinischen Karikaturistin, die sich selbst als unkonventionell und rebellisch bezeichnet. Ihre Jugend ist geprägt von zahlreichen familiären Konflikten mit ihrem Vater, der während der Militärdiktatur Minister war.

Text: *La Argentina, país de emigrantes, ida y vuelta*
Am Beispiel Don Guiseppes und Álvaro Zárates wird das Thema Emigration in Argentinien beschrieben. Während früher viele Menschen aus Europa nach Argentinien auswanderten, verlassen heute aufgrund der aktuellen Wirtschaftskrise zahlreiche Menschen das Land.

Ziel

Darstellung ausgewählter landeskundlicher Aspekte zu Argentinien.
Information über die politische Wirklichkeit in Argentinien mit Rückblick in die Zeit der Diktatur bis hin zur aktuellen Wirtschaftskrise des Landes.
Vermittlung des landestypischen Sprachgebrauchs an ausgewählten Textbeispielen.

Grammatik

La voz pasiva	G 19.1
La pasiva refleja	G 19.2
Podría haber dicho que no	G 19.3
"hätte können / sollen / müssen"	G 19.4

Landeskunde

Argentinien wird aus unterschiedlichen Blickwinkeln dargestellt.
Eindrücke aus Buenos Aires: Das Künstlercafé Tortoni, Carlos Gardel / Tango / Die Protestaktionen der argentinischen Frauen.
Eindrücke aus den ländlichen Regionen: Gauchos, Sport, Patagonien, der *Tren a las nubes*.
Sprachliche Besonderheiten.

Sprechintentionen

Die S lernen politische Ereignisse und deren Einfluss auf die Lebenssituation der Gesellschaft zu kommentieren.
Die S verbalisieren am Beispiel Maitenas die Vater-Tochter-Beziehung und reflektieren dabei ihre eigene Beziehung zu den Eltern in der Fremdsprache.
Gesprächssituationen werden unter besonderer Berücksichtigung der unterschiedlichen Passivkonstruktionen realisiert.

Hörverstehen

Actividades:	A 19.17	*A las Madres de Mayo*
Cuaderno de actividades:	19.2	*El gaucho de ahora*
	19.8	*Un texto en castellano argentino*
	19.11	*Entrevista a un escritor*
	19.14	*Canción: Vuelvo al sur*

Unidad 19

Wortschatz und Strukturen

Substantive	Verben	Adjektive / Adverbien	andere Strukturen
Mi Buenos Aires querido Buenos Aires la mitad la fascinación la crisis la dictadura la belleza		intacto/a pasado/a ciertamente fascinante	
El Café Tortoni el refugio la amistad el tango el escritor / la escritora el poeta el / la periodista el / la intelectual	describir fundar	fiel	junto a
Una figura mítica: Carlos Gardel el / la inmigrante	llorar	soltero/a inesperado/a trágico/a eterno/a	ni siquiera ¡qué más da!
Las madres de la Plaza de Mayo el pañuelo el político el nieto / la nieta la pobreza	exigir secuestrar asesinar	responsable militar desaparecido/a	
Tierra adentro Los últimos gauchos el gaucho la expresión la libertad el caballo el lenguaje la generación la ironía	pedir un favor dar su palabra amar	generosamente	de pocas palabras
El fútbol y los caballos			es sabido
La Patagonia la característica el petróleo la lana			

Unidad 19

Substantive	Verben	Adjektive / Adverbien	andere Strukturen
<u>Tren a las nubes</u>			
el valle	pasar por	humano/a	tal vez
el viajero			en contacto con
el orgullo			en silencio
el silencio			
la nube			
<u>Maitena, una argentina de hoy</u>			
el diario	convertirse en	hispanohablante	por decirlo así
la biografía	publicar	reciente	sin dejar rastro
la serie	significar	familiar	con frecuencia
la oveja negra	irse de casa	curioso/a	
el conflicto	cumplir años	interesado/a por	
el lector / la lectora	casar con algo	agresivo/a	
la regla	morirse por	grave	
el argumento	atacar	convencido/a de	
lo contrario	demostrar	realmente	
la tolerancia	convencer		
la carrera	reconocer		
la conciencia	equivocarse		
el dibujo	tranquilizar(se)		
la sociedad	criticar		
el debate	resaltar		
	caracterizar		
	opinar		
	existir		
	valer la pena		
<u>La Argentina, país de emigrantes</u>			
el / la emigrante			
ida y vuelta			
<u>Don Guiseppe</u>			
el panadero	tardar en		gratis
el alma	producir		seguro que
el susto	transportar		a cambio de que
el destino	evitar		sin parar
la fábrica			apenas
el camionero			rara vez
el camión			
el conductor			
<u>Álvaro Zárate</u>			
la alegría	facilitar	parecido/a	al revés
el pasaporte	envidiar	terrible	tan pronto (como)
la Unión Europea	hacer que		de un día para otro
el dolor			

Unidad 19

Grobstruktur der Unidad 19

Phase 1: Erste Annäherung an das Land Argentinien über die Fotoseiten der Lektion (vgl. S. 96, 97, 98, 99) und kurze Informationstexte. Auseinandersetzung mit dem neuen Thema unter besonderer Berücksichtigung ausgewählter Übungen zur Erschließung der landeskundlichen Aspekte und sprachlicher Redewendungen Argentiniens.

Phase 2: Text: *Maitena, una argentina de hoy*. Erarbeitung mit Hilfe textgebundener Übungen zum Inhalt, zur Grammatik und zum Wortschatz. Erlernen der Passiv-Konstruktionen und Anwendung mit Hilfe textbezogener Übungen.

Phase 3: Der *Voseo* als argentinische Sprachbesonderheit. Analyse einzelner Texte in Verbindung mit Wortschatzarbeit.

Phase 4: Text: *La Argentina, país de emigrantes, ida y vuelta*. Erarbeitung des Themas „Emigration" am Beispiel von Don Guiseppe und Álvaro Zárate. Texterschließung mit Hilfe von textgebunden Aufgaben zum Inhalt und zur Wiederholung bereits bekannter Grammatikthemen.

Phase 5: Von den Texten unabhängige Ergänzungsübungen zur Festigung von Wortschatz, Textverständnis, Hörverstehen und Grammatik.

Vorschläge zur Gestaltung der Phasen bzw. Textarbeit

Phase 1

Unidad 19 befasst sich intensiv mit dem Land Argentinien und beleuchtet es von unterschiedlichen Seiten. Die Fotoseiten (S. 96, 97, 98 und 99) zu Beginn der Lektion bieten sich für ein erstes Kennenlernen des Landes an. Es empfiehlt sich, schrittweise vorzugehen und zunächst die Sequenz *Mi Buenos Aires querido* auf den Seiten 96 und 97 zu bearbeiten. Zur ersten Bildbeschreibung kann das Vokabular der Übung 19.1 im *Cuaderno de actividades* genutzt werden. Zur Text- und Bilderschließung können die Aufgaben A 19.1 im Buch und 19.3 im *Cuaderno de actividades* behandelt werden. Als Ergänzung zum Kapitel *Las madres de la Plaza de Mayo* (S. 97) bietet sich das Lied *A las Madres de Mayo* (A 19.17) an.

Für die Erarbeitung der Informationstexte und Bilder auf Seite 98 ist die Aufgabe A 19.2 geeignet. Sie schließt eine Gesamtzusammenfassung der Fotoseiten mit ein. Ergänzend kann das Lied *El gaucho de ahora* (*Cuaderno de actividades* 19.2) behandelt werden.

Ein Vergleich der beiden Länder Argentinien und Deutschland in Aufgabe A 19.13 ist ein Beitrag zum interkulturellen Lernen. Konkret bietet er eine sinnvolle Erweiterung der neuen Landeskundekenntnisse, da er den Blick von den Details der Fotoseiten zu einem allgemeinen Überblick führt.

Anmerkungen zum Text:

Una figura mítica: Carlos Gardel:
Zeilen 1 – 3: *Ni siquiera era argentino … fuera hijo de soltera:* Carlos Gardel war der Sohn einer jungen, ledigen Französin, die aus diesem Grund aus Frankreich auswandern musste.
Zeile 8: *lloraron desconsoladas:* Hier kann sowohl das Adjektiv als auch das Adverb eingesetzt werden, beide Formen sind korrekt. Möchte man eine Gemütsverfassung ausdrücken, verwendet man eher das Adjektiv.

Las madres de la Plaza de Mayo:
Zeile 1: *Es una imagen:* Die S darauf hinweisen, dass *imagen* weiblich ist (häufiger Fehler!).

Los últimos gauchos:
Zeilen 10 – 11: *Amaba su libertad más que su vida … y al caballo más que a la familia:* Nicht nur bei Personen sondern auch bei Haustieren als direktem Objekt folgt auf *amar* üblicherweise die Präposition „a". Auch bei abstrakten Begriffen kann *amar* mit „a" gebraucht werden *(amaba su libertad más que a su vida).*

Tren a las nubes:
Zeile 10: *La Polvorilla:* Trennung beachten: *Polvori-lla.*

Phase 2

Die zweite größere Unterrichtsphase sollte dem Lektionstext *Maitena, una argentina de hoy* vorbehalten sein. Als Einstieg kann er zunächst vorgespielt werden und von den S als Lückentext (vgl. Zusatzmaterialien, Nr. 1) ergänzt werden. Auf dem Arbeitsblatt wurden absichtlich Schlüsselwörter bzw. neues Vokabular ausgelassen. Für fortgeschrittene Lerngruppen ist dies eine Herausforderung, die oftmals überraschend gut gemeistert wird. Es ergibt sich daraus eine sinnvolle Übung für den Ernstfall im spanischsprachigen Ausland. Für eher schwächere Lerngruppen eignet sich der Lückentext zur Festigung des Vokabulars nach dessen Einführung.
Als textgebundene Wortschatzübungen eignen sich *Actividades* A 19.3 und A 19.4. Für die Untersuchung gezielter Inhalte kann A 19.8 genutzt werden.
In dieser Phase sollte auch eine kleine Grammatiksequenz eingeschoben werden. Im Anschluss an die Erläuterung von G 19.1 und G 19.2 können die Passivkonstruktionen mit den Übungen A 19.6 und A 19.7 eingeübt werden. Mit der Aufgabe A 19.8 ler-

nen die S – ausgehend von Formulierungen, die sich auf das Verhältnis zwischen Maitena und ihren Eltern beziehen – , allgemeine und besondere Familienkonflikte zu formulieren.

In der Sequenz G 19.3 werden neue Formulierungen behandelt, die der Konstruktion „hätte können / sollen / müssen" entsprechen. Aufgabe A 19.14 verbindet passend zu diesem Thema Grammatik mit aktivem Einsatz des Vokabulars in einer Übersetzungsübung. Um den Wortschatz darüber hinaus zu erweitern, wird in A 19.16 die Bildung der Antonyme mit bestimmten Präfixen behandelt. Ergänzend können im *Cuaderno de actividades* die Aufgaben 19.4 und 19.6 angeschlossen werden.

Anmerkung zum Text:

Zeilen 40 – 41 und 77 – 80: Vor der Textlektüre die S auf die Besonderheit des argentinischen Sprachgebrauchs aufmerksam machen (*voseo* und umgangssprachliche Ausdrücke).

Phase 3

Diese Phase soll den Blick auf die sprachlichen Abweichungen bzw. Besonderheiten des *castellano* in Argentinien lenken (*voseo*, s. Schülerbuch, S. 107 und 108, A 19.15 und im *Cuaderno de actividades* 19.8).

Phase 4

Als Textgrundlage für diese Unterrichtseinheit dienen die Berichte über Don Guiseppe und Álvaro Zárate unter dem gemeinsamen Titel *La Argentina, país de emigrantes, ida y vuelta*.
Zur Unterstützung der Texterschließung kann die Aufgabe A 19.10 herangezogen werden. Mit der textgebundenen Aufgabe A 19.11 wird die indirekte Rede gefestigt. A 19.12 behandelt nochmals die Unterscheidung von *Indicativo* und *Subjuntivo*. In Anlehnung an das Thema der beiden Texte behandelt Aufgabe A 19.5 den Stammbaum einer Familie, den die S möglichst genau beschreiben und kommentieren sollen. Auch Hörübung A 19.18 passt zum Thema und eignet sich als Ergänzung.
Als Abschlussübung zu den drei personenbezogenen Lektionstexten führt die Aufgabe 19.5 im *Cuaderno de actividades* die wichtigsten Inhalte nochmals über ein Assoziationsnetz zusammen.
Die Übung eignet sich dazu, Inhalte zu festigen, das Erinnerungsvermögen zu trainieren und eine möglichst umfassende Zusammenfassung zu den unterschiedlichen Schicksalen zu formulieren.

Phase 5

Diese Phase versteht sich als „Springerphase", die immer dann herangezogen werden kann, wenn es nötig scheint. Sie umfasst eine Reihe von abwechslungsreichen Wiederholungsaufgaben, die zur Vorbereitung auf Klassenarbeiten genutzt werden können, zur Wiederauffrischung oder aber einfach auch nur als Hausaufgaben-Fundus: *Cuaderno de actividades* 19.9, 19.10, 19.11, 19.12, 19.13, 19.14.

Zusatzmaterialien
(s. Anhang, S. 184-186)

1. Lückentext *Maitena, una argentina de hoy* – als Hörverstehensübung einsetzbar.
2. *¿Quién sabe más de Argentina y sus países vecinos?*
Wettspiel zu Argentinien, das als Folie eingesetzt und mit der gesamten Klasse gespielt werden kann. Zwei Gruppen spielen gegeneinander. Ein/e S der Gruppe A ruft eine/n S der Gruppe B auf und stellt ihm / ihr eine Frage. Wird sie richtig beantwortet, erhält Gruppe B einen Punkt. Die Gruppen stellen sich gegenseitig immer abwechselnd eine Frage, dabei dürfen falsch beantwortete Fragen insgesamt höchstens dreimal gestellt werden. Es dürfen nur S aufgerufen werden, die noch keine Frage beantwortet haben. Es gewinnt die Gruppe, die durch korrekte Antworten die meisten Punkte ergattert.
Lernziele des Spieles:
– Die S sollen allgemeine landeskundliche Inhalte wiederholen und sich merken.
– Die S sollen die Antworten auf Spanisch richtig formulieren und aussprechen.
Alternativ kann das Spiel kopiert und in Kleingruppen zu viert bzw. zu sechst gespielt werden. Die Bestätigung der richtigen Antworten müsste dann anschließend im Plenum mit L geklärt werden.
3. *Un viaje por Latinoamérica.*
Ein Spiel, das die gesamten landeskundlichen Themen Lateinamerikas aus *Puente Nuevo*, Band 1 und 2, nochmals aufgreift. In der Hoffnung, dass die S nach zwei bis drei Jahren Spanischunterricht einige grundlegende landeskundliche Kenntnisse mitnehmen, ist das Spiel sozusagen als Generalwiederholung zu verstehen. Auch bei diesem Spiel sollten zwei bzw. vier Parteien gegeneinander spielen. Es bietet sich an, mit Frage 1 zu beginnen und sich bis zur letzten Frage vorzuarbeiten.
Bei schwächeren Lerngruppen kann das Spiel als Kopie verteilt und zunächst in Kleingruppen schriftlich gelöst werden. Möglicherweise müssen sich die S nochmals im Buch oder in ihren Unterlagen orientieren, um die Lösungen zu finden, da die Inhalte zum Teil schon länger zurückliegen und nicht unbedingt spontan abrufbar sind.

Unidad 19

Soluciones

Libro de texto

A 19.1 Mi Buenos Aires querido

a)
1. Se cree que es la Argentina.
2. Es una cidad más europea que latinoamericana.
3. Es una ciudad fascinante, pero el ambiente ha cambiado bastante.
4. Es una ciudad cosmopolita y de gran belleza que cautiva al visitante.

b)
La situación de Buenos Aires es crítica por la crisis económica y también sus habitantes tienen problemas para ganar dinero.

c)
En este bar se encontraban siempre los literatos, músicos, pintores y artistas. Era como un refugio de la amistad.

d)
Sabía interpretar los tangos como nadie. Murió joven. Era guapo y admirado por las mujeres.

e)
Las Madres de la Plaza de Mayo van allí a protestar contra las injusticias de los dictadores y a reclamar que vuelvan a casa sus hijos y sus nietos desaparecidos. También protestan contra la probreza existente en el país.

A 19.2 Hazme una gauchada

A 19.3 Tú tienes la palabra

1. = no hace mucho
2. = era prácticamente una desconocida
3. = va camino de convertirse en una figura universal
4. = son publicados en una decena de diarios y revistas
5. = el mundo hispanohablante
6. = de ahí que ella lleve un nombre vasco
7. = está llena de altibajos
8. = es la penúltima de siete hermanos
9. = ella era la rebelde, la inconformista de la familia
10. = me negué a estudiar
11. = eso fue el origen de muchos conflictos familiares
12. = durante algunos años llevé una vida bohemia
13. = antes de cumplir los 25 / todavía no había cumplido los 25
14. = lo que él creía no casaba con lo que hacía
15. = se moría por ser ministro
16. = la gente desaparece sin dejar rastro
17. = le costaba mucho reconocer que se había equivocado
18. = yo fui, en cierto modo, inconsecuente
19. = me gustaba poner el dedo en la llaga
20. = me parece que vale la pena hacer las cosas que realmente valen la pena

A 19.4 Manía de llevar la contraria

1. hace poco 2. llegará a ser una figura / llegará a ser muy conocida 3. nadie habla de nada 4. está vacía 5. muchos aciertos 6. ha sido un fracaso 7. la historia antigua 8. pocos / escasos conflictos 9. era de izquierdas 10. la invitaban rara vez 11. me junté con / me casé con mi marido 12. el actual gobierno 13. era una democracia 14. comenzó a ser ministro 15. antes era muy intolerante 16. me quedé en casa

A 19.5 Cosas de familia

La solución de este ejercicio es muy variada y de un enfoque muy personal. Las soluciones que damos a continuación son una de las muchas posibilidades de hacer este ejercicio.

1. Emilio Azcárate es el abuelo. Está casado con Sofía Bellini y tienen cuatro hijos, dos hijos y dos hijas. Tres de esos hijos están casados, Imanol está soltero. También tienen cuatro nietos, tres nietos y una nieta.
2. Patxi, Ainoa, Imanol y Tamara son hermanos, hijos de Emilio Azcárate y de Sofía Bellini. Se apellidan Azcárate Bellini.
3. Patxi está casado con una chica de padre alemán y madre española. Se llama Helga Schwarz Conde. No tienen hijos.
4. Ainoa está casada con Julio Simón, hijo de padre judío-alemán y de madre gallega. Tienen tres hijos, dos chicos y una chica.
5. Imanol es el tercer hijo de Emilio Azcárate y Sofía Bellini y está soltero. Es el tío de José Armando, de Alicia, de Jorge y de Luis Alberto.
6. Tamara es la hija más joven. Está casada con un descendiente de polacos y tiene un hijo.
7. Helga es la nuera de don Emilio y doña Sofía. Julio y Carlos son los yernos.
8. Helga es la cuñada de Ainoa, de Imanol y de Tamara.
9. Julio es el cuñado de Patxi, de Imanol y de Tamara.
10. Patxi e Imanol son los tíos de José Armando, de Alicia, de Jorge y de Luis Alberto.
11. Ainoa es la tía de Luis Alberto.
12. José Armando y Luis Alberto son primos.

A 19.6 A veces somos pasivos ▶ G 19.1

1. Las ilustraciones y los dibujos de Maitena son publicados en / por muchos periódicos.
2. Los dibujos de Maitena fueron comprados por el periódico *La Nación*.
3. Su padre había sido nombrado ministro de cultura por el Presidente.
4. Maitena será conocida dentro de poco en / por todo el mundo hispánico.
5. Los problemas de la clase media eran criticados por Maitena en sus dibujos.
6. Maitena es invitada muchas veces / mucho por la tele a participar en tertulias culturales.
7. Los dictadores han sido acusados de asesinos por las Madres de la Plaza de Mayo.
8. Muchos argentinos fueron asesinados por la policía militar durante la dictadura.

A 19.7 Así se suele hablar ▶ G 19.2

1. Los dibujos de M. se publican en muchos periódicos.
2. En muchos países del mundo se habla castellano.
3. En la tertulia de ayer se dijeron muchas pavadas.
4. En mi país se leen muchos libros en inglés.
5. En los dibujos de M. se critican los defectos de la gente.

Unidad 19

A 19.8 Hablando de típicos y tópicos

A 19.9 Me peleaba con el mundo

a)
Posibles formulaciones:

1. les hubiera gustado que estudiara
2. hubieran deseado que no fuera tan rebelde
3. se habrían alegrado de que ella no se hubiera casado tan joven
4. les disgustaba que ella llevara una vida tan bohemia
5. no estaban de acuerdo con que ella criticara a su papá
6. estaban tristes porque ella se había casado muy joven / porque se había separado de su marido

A 19.10 Argentina ida y vuelta

a)
1. = hacia, con destino a / con dirección a
2. = con mucho afecto / como amigo / cordialmente
3. = después de cinco días de viaje por el mar
4. = le dio un buen susto cuando le dijo / lo asustó al informarle
5. = saber algo del país al que se dirigía / al que iba
6. = muy pronto se hizo amigo
7. = era un hombre / una persona de su país
8. = prácticamente no cuesta nada / casi te lo regalan
9. = no entendió casi nada / entendió muy poco
10. = de Buenos Aires a las otras zonas o regiones del país
11. = lo que tienes que hacer es hablarme / tu tarea es hablarme
12. = pocas veces / con poca frecuencia se cruzaban con
13. = seguro que ellos sintieron una cosa similar / seguro que ellos tuvieron sentimientos muy parecidos
14. = me arruiné de la noche a la mañana / mi negocio se hundió en muy poco tiempo

A 19.11 Siempre con indirectas ▶ G 18.2

1. Le dijo que estaba equivocado, que el barco no iba a los EE.UU., sino a ...
2. Le preguntó (que) por qué no se había informado antes de subir al barco y si es que le habían dado mala información.
3. Le dijo que no se preocupara, que él podía ayudarle porque conocía a una familia que le daría trabajo.
4. Le dijo que un camionero amigo suyo lo llevaría hasta M. y que esperaba que encontrara allí trabajo.
5. Le contó que la Argentina es (era) un país enorme con ... más grande de lo que él se imaginaba. Que la gente era muy amable y que había muchos italianos. Que no se pusiera triste, que estaba seguro de que no tendría problemas.

A 19.12 En cuanto puedan

1. le dijo 2. cuando llegara a su nuevo destino 3. cuando vio que 4. en cuanto V. tenga el pasaporte 5. en cuanto A. y V. lleguen a España 6. hasta que el país no supere / haya superado 7. cuando don G. oyó lo que 8. en cuanto llegaran

Unidad 19

A 19.13 Espíritu de investigador

b)
la Casa Blanca: residencia oficial del Presidente de los Estados Unidos
la Casa de la Moneda: sede del Gobierno chileno en Santiago de Chile
la Casa Azul: residencia de Frida Kahlo y Diego Rivera en Coyoacán, México D.F., hoy museo

A 19.14 Dilo en castellano ▶ G 19.4

1. Mi padre fue nombrado ministro, pero él podía haber dicho que no.
   A mi padre lo nombraron ministro, pero también podía haber rechazado el nombramiento.
2. Maitena hubiera podido estudiar, pero no quiso / pero se negó a estudiar, lo cual fue causa de numerosos conflictos / lo que provocó numerosas discusiones.
3. Deberíamos haber protestado contra la dictadura, pero no lo hicimos.
4. No debería haber discutido tanto con mi padre, pero yo antes era muy rebelde.
5. Los europeos deberían haber ayudado a los argentinos, pero ellos tenían sus propios problemas.

A 19.15 Una carta de amor

1. che¹, piba — c) hola, chica
2. vos sos — b) tú eres
3. la más mina entre las minas — e) la más guapa de las mujeres / de las novias
4. no pienso más que en vos — i) no pienso más que en ti
5. como aquel chiquilín del tango — a) como aquel muchacho del tango
6. Vos no sabés las locuras — p) tú no sabes las locuras
7. por causa de una mina — n) por una mujer
8. y la vieja en casa — h) y mi mamá en casa
9. Pibita — k) muchachita
10. aquí me tenés — l) aquí me tienes / aquí estoy
11. pensando hasta en casorio — j) pensando incluso en boda
12. Che, pibita — m) oye, preciosa
13. estoy hasta las manos — f) estoy enamoradísimo
14. Vení conmigo — d) ven conmigo
15. fijate vos — g) piensa que
16. si no lo agarramos a tiempo — o) si no lo aprovechamos

Observación:
¹ se escribe tambien con acento: **ché**

A 19.16 Era una desconocida y una inconformista

1. correcto – incorrecto
2. exacto – inexacto
3. justicia – injusticia
4. formal – informal
5. cortés – descortés
6. completo – incompleto
7. feliz – infeliz
8. tranquilo – intranquilo
9. contento – descontento
10. interés – desinterés
11. puntual – impuntual
12. control – descontrol
13. personal – impersonal
14. cierto – incierto
15. cumplir – incumplir
16. tolerante – intolerante
17. igual – desigual
18. aparecer – desaparecer

Unidad 19

A 19.17 A las Madres de Mayo

b)
1. falso: Sí piensan en ellas, sueñan con ser abrazados por ellas para poder dormir.
2. cierto: El mar se inquieta, es tempestad, lamento.
3. cierto: Manda una ola para que se lleve a los traidores que sembraron tanta muerte.
4. falso: Diles a las madres que en algún lado seguimos luchando.
5. cierto: Tu hijo no ha desaparecido, yo lo encontraré andando contigo.
6. cierto: Guían mis manos sus manos fuertes hasta la victoria.

A 19.18 Las cosas han cambiado

> 1
> "Yo me llamo Julio Bocca, tengo 34 años y soy bailarín de profesión. Viajo mucho por el mundo. Como argentino, creo que uno de nuestros rasgos es considerar que lo de fuera es lo mejor, no valorar que lo nuestro es importante. Creo que esto está cambiando ahora un poco con la juventud. Yo creo que eso de que siempre nos quejamos lo heredamos del tango".
> *Julio Bocca, bailarín, 34 años*
>
> 2
> Lo que me llama la atención es que un país con tanta riqueza, con una cultura europea, no salga adelante. La Argentina perdió la oportunidad tras la Segunda Guerra Mundial. La Pampa estaba llena de trigo y el país exportaba toneladas de carne a Europa, pero tuvimos a Perón ... Si en su lugar, hubiéramos tenido un Gobierno digno y responsable, Argentina sería hoy uno de los cuatro o cinco países más ricos del mundo, porque Europa tenía los ojos puestos en Argentina".
> *José Juri, cirujano plástico, 59 años*
>
> 3
> "Hay dos o tres cosas de Argentina que me molestan profundamente. Por ejemplo, la hipocresía, el hambre y la inseguridad. Buenos Aires siempre fue una ciudad segura, pero hoy antes de tomar un taxi tienes que rezar. Mi empresa es muy chiquita, pero algo estoy construyendo. La forma de salir de esta crisis es luchando por algún lado que yo no sé por dónde. Mi generación también está muy descreída. No tenemos fe en que los políticos vayan a cambiar la situación".
> *Jazmín Chebar, diseñadora, 27 años*
>
> 4
> "Yo dirigí en mi vida 15 tesis doctorales de alumnos míos, y sólo uno está en Argentina haciendo ciencia. El resto o se dedicaron a otras cosas mejor pagadas o se fueron al extranjero, a Estados Unidos, Francia, Israel. Es un poco frustrante. En general nos criaron pensando que éramos el primer país del mundo, y ahora, en los últimos 15 años, nos dimos cuenta de que no. Creo que es una crisis muy seria".
> *Armando Parodi, químico, 59 años*

El Pais Semanal. Textos resumidos.

Hinweis: Durch ein Versehen erscheint dieser Text leider nicht auf der CD. Um die Übung trotzdem durchführen zu können, wurde er als Audio-Übung in den Multimedia-Sprachtrainer übernommen (CD-ROM 8687 zu *Puente Nuevo 2*, Unidad 19, Test 1 Escucha).

Unidad 19

Cuaderno de actividades

19.1 Descubriendo lo que vemos

b)

Es una foto en blanco y negro. Parece la entrada a algún local, estadio, una discoteca, un cine o algo parecido. En la pared se ve parte de un afiche o cartel donde dice PIKA PIK un evento. Debajo del afiche, apoyada en la pared, se ve una bicicleta moderna, es como una bicicleta de montaña. A la derecha se ve
5 un grupo de personas, una chica de pelo largo que lleva un paraguas y un chico más joven y más bajo a su izquierda. También se aprecian otras dos personas, posiblemente dos hombres jóvenes. La chica y el chico van descalzos, no llevan zapatos. El fondo de la sala o del local está totalmente oscuro y no se puede apreciar de qué tipo de evento puede tratarse. El suelo no parece mojado, por
10 eso no se sabe muy bien la razón de por qué la chica lleva un paraguas. Desde luego no hace frío, porque van en manga corta y ropa de verano.

19.2 El gaucho de ahora

b)
1 = C   2 = E   3 = A   4 = F   5 = G   6 = B   7 = D

19.3 Me parece muy bien

1. Es muy normal que no sepa si debe ir o no a las tertulias, porque no dicen más que pavadas.
2. No me extraña que de joven discutiera mucho con su papá, porque tenían ideas políticas muy diferentes.
3. Es comprensible que sus papás estuvieran disgustados con ella, si se negó a estudiar.
4. Me alegro mucho de que M. sea mucho más tolerante y de que no se pelee con nadie.
5. No me extraña que los periódicos publiquen sus dibujos, pues es muy conocida.
6. … es muy normal que nadie hablara de ese tema, yo en su caso tampoco habría hablado de ese tema en casa.
7. Como no haya reformas, es muy posible que la Argentina se convierta en …
8. Yo en su caso tampoco habría creído en los argumentos del papá, por mucho que lo quisiera.
9. No me extraña que llevara algunos años de vida bohemia, pensando como pensaba.
10. Está claro que ella no fue consecuente consigo misma, ya que publicó sus dibujos en un periódico conservador, aunque ella era liberal.
11. No me extraña que le gustara criticar la arrogancia …
12. Yo en su caso tampoco habría estado de acuerdo con que mi papá fuera …

19.4 Buenas relaciones

1. relaciones sociales:
    soltero/a
    casado/a
    viudo/a
    separado/a
    divorciado/a

2. aspecto físico:
    guapo/a
    delgado/a
    gordo/a
    bajo/a
    rubio/a
    moreno/a
    calvo/a
    alto/a

3. profesión:
    músico/a
    abogado/a
    médico/a
    profesor/a
    deportista
    dentista
    ama de casa
    pintor/a
    cocinero/a
    camarero/a
    mecánico/a

4. carácter:
   antipático/a
   amable
   simpático/a
   majo/a
   malhumorado/a
   colérico/a
   cortés
   bien educado/a
   servicial
   descortés
   egoísta

5. formación:
   bachillerato
   formación profesional
   académico/a
   licenciado/a
   trabajador/a
   sin oficio
   universidad

6. comportamiento:
   puntual
   impuntual
   lento/a
   atento/a
   mal educado
   cumplidor
   trabajador

19.5 Una historia diaria

Se trata de una campaña electoral. El candidato, vestido de negro, hace campaña con los diferentes grupos sociales y laborales del país y procura que estén siempre presentes las cámaras de televisión y la prensa en general. Sonríe siempre, mientras que los que le rodean o están a su lado están más bien
5 serios o preocupados. En la primera escena está con las personas de la tercera edad, los jubilados, y les promete ocuparse de sus problemas si lo votan en las próximas elecciones. En la segunda escena está con los trabajadores de la industria y hace las mismas promesas. En la tercera escena se fotografía con una familia y también aquí promete solucionar los problemas de la familia,
10 sobre todo, los económicos y los de educación. En la cuarta escena está en la universidad entre universitarios prometiéndoles ocuparse de los temas que les preocupan cuando él sea presidente o ministro. En la última escena se ve su lujosa casa, más bien parece un pequeño palacio. El candidato está en bata en la escalinata fumando un purazo, mientras que su mayordomo, después de haberla
15 rociado con gasolina, quema la chaqueta que el candidato ha utilizado durante la campaña electoral. Posiblemente es una alusión a que el candidato, en cuanto salga elegido, cambiará de chaqueta[1] según sus propinas conveniencias y jamás recordará haber prometido nada a nadie.

Bildgeschichte

Observación:
[1] *cambiar de chaqueta* es un **giro idiomático** en el sentido de *cambiar de opinión* o *parecer según las circunstancias y en propio beneficio*. Es muy frecuente referir este dicho a **personajes políticos**.

19.6 Volvemos a recordar

En la lista de perífrasis convendría añadir ***acabar* + gerundio** que encaja muy bien en algunas de las respuestas. Aquí hemos señalado ya esa opción.

1. comenzó a dibujar 2. siguió comunicándose con / dejó de comunicarse con
3. comienza a reconocer / está reconociendo / acabó reconociendo 4. llevan años protestando 5. siguieron viéndose – volvieron a casarse 6. acababa de salir 7. se puso a / comenzó a trabajar 8. acabó publicándolas / comenzó a publicarlas
9. siguió durmiendo / continuó durmiendo

19.7 Todo es relativo

En los casos en que aparece el pronombre ***lo que / lo cual***, ambos, en sí, intercambiables, damos la solución que, a nuestro parecer, encaja mejor en la **musicalidad de la frase** sin querer con ello decir que el uso del otro sea incorrecto.

Unidad 19

1. liberal que quisiera publicar – el único que le abrió 2. durante los cuales – apenas tuvo contacto – años muy difíciles en los que / en los cuales 3. carrera con la que – por lo que / por lo cual – no eran tan profesionales como los que hace ahora, lo cual es normal – ningún artista que sea / haya sido perfecto 4. no siempre estaba de acuerdo – fue ella quien / la que la animó – un camino por el que luchó / ha luchado 5. los que a ella le parecen 6. cuando tenía – para lo cual tuvo que 7. debates en los que M. – ninguna tertulia que realmente valga la pena

19.8 Un texto en castellano argentino

b)

Argentina:	España:
si querés leémela vos	si quieres, léemela tú
recibiste … y te quedaste	has recibido y te has quedado
tan caído	tan triste
podés … si querés	puedes, … si quieres
es de una piba	es de una chica
que no tuvo demasiada educación	sin mucha formación escolar
no tenía coraje	no tenía el valor, no me atrevía
todo eso que pasó	todo lo que ha pasado
y vos … lo comprenderás	y tú …
porque sos	porque eres
También no[1] te escribí	tampoco te escribí / he escrito
Yo sé que vos no querés	Yo sé que tú no quieres
mucha valentía	mucho valor, mucho ánimo
lo que más me ha embromado	lo que más me ha impresionado
desque soy vieja *(dialecto)*	desde que estoy en la lucha
te diste cuenta	te has dado cuenta / lo has notado
está muy arrevesado	es muy complicado, muy confuso

Observación:
[1] error gramatical: *tampoco*

19.9 Tú tienes la palabra

1. los vicios = los defectos
2. muchos altibajos = fases de éxito y fases de fracaso
3. una lectora insaciable = siempre leyó muchísimo
4. se había equivocado = había cometido un error
5. no es un ensayo general = la vida ya es la representación definitiva, no hay más vidas
6. todo el mundo está convencido = todos creen que / todos están seguros de que
7. la manía de creerse más que los demás = la manía de pensar que los argentinos son mejores y más cultos que los otros
8. Maitena es famosa / es invitada con frecuencia = M. es muy conocida y la invitan muchas veces / a menudo
9. con los brazos abiertos = que lo recibieran cordialmente, con cariño
10. apenas salieron = nada más salir / en cuanto salieron / poco después de salir

Unidad 19

19.10 ¡Qué pasividad! ▶ G 19.2

b)
En los casos en que hay repeticiones, señalamos sólo una entrada.

sustantivos	participios	verbos	adjetivos
inmigrantes	detenidos	fueron detenidos	andaluza
la costa	avisada	estaban	marroquíes
pescador	interceptada	alcanza	judicial
la embarcación	entregado	vio	extranjeros
la patera	puesto	acercarse	africana
una patrullera	acusado	viajaban	
el grupo	arrestado	poner a disposición	
el patrón	juzgado	cometer	
un delito	devueltos	sumarse a	
el derecho		regresaba	
los ciudadanos			
el segundo			
sábado			
país de origen			

19.11 Entrevista a un escritor

a)

> P.: ¿Cuáles son los recuerdos más presentes de su vida?
> E.S.: Los más presentes son los recuerdos de las grandes decisiones que tomé en mi vida en medio de crisis existenciales muy fuertes. Una de ellas fue la de abandonar mi trabajo de científico en el laboratorio Curie de París para dedicarme a la literatura. También recuerdo los duros años de lucha política, el peligro durante la dictadura, los ideales compartidos con tantos otros argentinos.
> P.: ¿Con qué compañeros de ruta le gustaría conversar en esta tarde de domingo?
> E.S.: Casi todos mis amigos han muerto, yo soy una especie de sobreviviente, de fenómeno arqueológico. A veces veo viejas fotos y pienso cuántas cosas pasaron, qué difícil es vivir en medio de tanta ausencia. Pero de algún modo siento que todos ellos me acompañan. Y, claro, vuelve siempre el recuerdo de mi hijo muerto, la nostalgia del abrazo que nos faltó dar.
> P.: Sé que usted lee los periódicos, que escucha la radio y se mantiene informado. ¿Cómo ve este momento tan difícil de la Argentina?
> E.S.: Siento una enorme tristeza ante la tremenda situación que atraviesa el país. Hace muchos años que vengo advirtiendo de las consecuencias de esta política marcada por la corrupción y el saqueo del país.
> P.: ¿En qué funda todavía su esperanza, la que transmite a los jóvenes?
> E.S.: Ojalá pudiera decirles a los jóvenes: "No se preocupen, tomen este o aquel camino", pero no puedo, porque eso sería mentirles, y mentirles es un deshonor y un egoísmo.
> P.: ¿Qué elige para leer cuando tiene ganas? ¿O prefiere pintar?
> E.S.: El problema de la vista me dificulta bastante la lectura. A veces les pido a las personas que me acompañan que vuelvan a leerme algún fragmento de una gran novela o algunos versos que están marcados en algunos de los miles de libros de mi biblioteca.
> P.: ¿Pasa las mañanas en el taller?
> E.S.: Sí, pintar es algo que hago a diario. Eso me salva.

El País

Unidad 19

c)
Es Ernesto Sábato.

19.12 Tú eliges

1. b) 2. b) 3. c) 4. c) 5. b) 6. c) 7. c) 8. b) 9. b) 10. c)

19.13 Algo en clave

ONG:	Organización No Gubernamental	*(NGO)*
CC.AA:	Comunidades Autónomas	
OTAN:	Organización del Tratado del Atlántico Norte	*(NATO)*
UE:	Unión Europea	*(EU)*
RENFE:	Red Nacional de Ferrocarriles Españoles	
OMS:	Organización Mundial de la Salud	*(WHO)*
FMI:	Fondo Monetario Internacional	*(IWF / IMF)*
EE.UU.:	(Los) Estados Unidos	*(USA)*
ONU:	Organización de las Naciones Unidas	*(UNO / UN)*
OPEP:	Organización de los Países Exportadores de Petróleo	*(OPEC)*
UCI:	Unidad de Cuidados Intensivos	
TVE:	TeleVisión Española	
RNE:	Radio Nacional de España	
OEA:	Organización de Estados Americanos	
COI:	Comité Olímpico Internacional	*(IOC)*

19.14 Canción: Vuelvo al sur

b)
1. Se compara con el amor, con tu cuerpo en la intimidad.
2. Los del sur son buena gente, gente con dignidad.
3. El autor tiene sentimientos encontrados, por una parte se alegra, por otra parte tiene miedo; por una parte siente ganas de volver, por otra parte, cree que puede ser un error o un peligro.
4. "cielo al revés" quiere decir que en el hemisferio sur lo que nosotros asociamos con el norte, ellos lo asocian con el sur, p.ej. el norte es cálido y el sur frío, al revés de lo que ocurre en nuestro hemisferio norte.

19.15 Tango, salsa, merengue

Unidad 20

Vuelta a la Historia en 15 etapas

Situation / Thema

Historische Ereignisse in Spanien und Lateinamerika, dargestellt in 15 Etappen.

Ziel

Die S sollen über wichtige historische Ereignisse Spaniens im Zeitraum von 711 bis 1492 informiert sein.
Sie sollen außerdem wesentliche gesellschaftliche Strukturen und Merkmale der alten lateinamerikanischen Kulturen (Mayas, Azteken und Inkas) kennen lernen.

Grammatik

In *Unidad* 20 werden keine neuen grammatischen Strukturen eingeführt.

Landeskunde

Information über historische, politische und gesellschaftliche Entwicklungen Spaniens in der Zeit zwischen 711 – 1492.
Information über historische, politische und gesellschaftliche Entwicklungen Lateinamerikas zur Zeit der alten Hochkulturen der Mayas, Azteken und Inkas.

Sprechintentionen

S lernen sich zu historischen Ereignissen zu äußern.

Hörverstehen

Actividades: A 20.8   *Romance del Rey Don Rodrigo de cómo perdió España*
                            A 20.20 *Marina la Malinche, la madre del primer mestizo mexicano*
Cuaderno de actividades: 20.5   *Buscando el glamour*
                            20.11 *Cuestión de poner los acentos sobre las íes*
                            20.14 *Un amor imposible*

Unidad 20

Wortschatz und Strukturen

Substantive	Verben	Adjektive / Adverbien	andere Strukturen
La Reconquista 1 ¡Que vienen los moros! la fuerza el intento	dar la orden de … frenar calcular	a toda prisa	
2 Al Ándalus la medicina el nivel			cualquiera / cualquier
3 Un puente cultural la presencia la fase el proyecto la traducción	llevar a cabo	brillante	
4 "Divide et impera" el rey / la reina el exilio la lágrima	romperse unir poner punto final a rendirse llorar defender reprochar	innumerable	es cuestión de hacia atrás
5 Religión no hay más que una: la nuestra la opinión el lema la fe	garantizar cumplir finalizar	oficialmente	
6 Si no fue un loco, fue un genio el título	partir		
7 Los mayas, sabios y guerreros el esclavo el / la delincuente la escritura		superior	a base de
8 Al César lo que es del César la producción la necesidad la rueda el medio de transporte	dominar repartir		en contra de

Unidad 20

Substantive	Verben	Adjektive / Adverbien	andere Strukturen
9 El tiempo no pasa, vuela el calendario el período / el periodo el sistema Los aztecas 10 Yo os diré el lugar la promesa 11 Escuela de la vida la separación el sexo la pena de muerte El imperio inca 12 Los creyó dioses, fue su error el misterio el peligro el engaño 13 Las cuentas claras la cuerda el nudo el artículo la cifra el castigo 14 Ni tuyo, ni mío: de todos la alimentación 15 Un correo rápido A 20.15 la piel la barba	poseer constar de basarse en no cabía la menor duda jugar un gran papel castigar lograr considerar tener derecho a disponer de	dividido/a obligatorio/a amplio/a	

Unidad 20

Grobstruktur der Unidad 20

Folgende Vorgehensweise wäre denkbar:

Phase 1: Erarbeitung der Texte *1 ¡Que vienen los moros!*, *2 Al-Ándalus* und *3 Un puente cultural*. Wortschatz- und Texterschließung mit den *Actividades* A 20.1 – A 20.6 und A 20.8.

Phase 2: Erarbeitung der Texte *4 "Divide et impera"*, *5 Religión no hay más que una: la nuestra* und *6 Si no fue un loco, fue un genio*. Festigung des Inhaltes und gezielte Wiederholungsübungen zur Grammatik mit Hilfe der textgebundenen *Actividades* A 20.7, A 20.9, A 20.10 und A 20.11.

Phase 3: Erarbeitung der Texte *7 Los mayas, sabios y guerreros*, *8 Al César lo que es del César*, *9 El tiempo no pasa, vuela*, *10 Yo os diré el lugar* und *11 Escuela de la vida*. Aufarbeitung des Wortschatzes und des Inhaltes unter besonderer Berücksichtigung der textgebundenen Aufgaben *Actividades* A 20.12 – A 20.14.

Phase 4: Erarbeitung der Texte *12 Los creyó dioses, fue su error*, *13 Las cuentas claras*, *14 Ni tuyo, ni mío: de todos* und *15 Un correo rápido*. Umsetzung des Inhaltes in den textgebundenen Übungen *Actividades* A 20.15, A 20.16, A 20.17, A 20.18 und A 20.19.

Phase 5: Erarbeitung des Textes *Marina la Malinche, la madre del primer mestizo mexicano* (A 20.20).

Phase 6: Textunabhängige Ergänzungsübungen im *Cuaderno de actividades* zur Wiederholung und Festigung bereits behandelter Grammatikthemen.

Vorschläge zur Gestaltung der Phasen bzw. Textarbeit

Phase 1

Die erste Phase zur spanischen Geschichte beschäftigt sich mit den drei Texten *1 ¡Que vienen los moros!*, *2 Al-Ándalus* und *3 Un puente cultural*. Nach der Vorentlastung der neuen Vokabeln scheint es sinnvoll, die grundlegenden Inhalte der kurzen Informationstexte über gezielte Fragen zum Text zu sichern. Die Zusatzmaterialien bieten eine Kopiervorlage mit eng gefassten Fragestellungen, die den Blick auf die wichtigsten Aspekte der Texte lenken (vgl. Zusatzmaterialien, Nr. 1). Die Aufgabe A 20.5 dient der Festigung der Inhalte und lässt rasch erkennen, ob die Texte von den S verstanden wurden. Da es sich inhaltlich um Allgemeinbildung für Lerngruppen mit mehrjährigem Spanischunterricht handelt, ist für schwache Lerngruppen auch durchaus eine Übersetzung der Texte ins Deutsche denkbar. Um nicht allzu viel Zeit damit zu verlieren, kann man diesen Schritt arbeitsteilig lösen lassen. Daran anschließend sollte die Detailarbeit am Text erfolgen. Die *Actividades* A 20.1, A 20.2 und A 20.6 konzentrieren sich auf die Wortschatzarbeit, die Übungen A 20.3 und A 20.4 wiederholen frühere Grammatikthemen in Verbindung mit den neuen Inhalten. Eine inhaltlich schöne Ergänzung ist das Gedicht *Romance del Rey Don Rodrigo de cómo perdió España* (A 20.8).

Anmerkungen zu den Texten:

(weitere Erläuterungen finden sich in *Nombres y lugares*, Schülerbuch S. 131 – 137).

<u>La Reconquista</u>

<u>1. ¡Que vienen los moros!:</u>
Der Ausdruck *moros* (= Mauren) ist ein historischer Begriff und sollte nur in diesem Kontext gebraucht werden. Andernfalls ist die Bezeichnung *moro* diskriminierend.

<u>2. Al-Ándalus</u>
Ándalus kann mit oder ohne Akzent geschrieben werden. Der Akzent steht hier, um eine falsche Betonung auf der letzten Silbe zu vermeiden.

<u>3. Un puente cultural</u>
Die S darauf hinweisen, dass es sich bei *escuela* nicht um einen konkreten Ort handelt (z.B. Schule, Universität oder Kloster), sondern dass der Begriff eine Gruppe von Menschen bezeichnet, die sich der gleichen wissenschaftlichen Arbeit widmen.

Phase 2

Die Texte *4 "Divide et impera"*, *5 Religión no hay más que una: la nuestra* und *6 Si no fue un loco, fue un genio* thematisieren die Rückeroberung Spaniens durch die Katholischen Könige 1492, ihre Herrschaft und die Ankunft von Kolumbus in Amerika. In Anlehnung an die ersten drei Textabschnitte ist auch für diese Phase eine Kopiervorlage vorgesehen, mit deren Hilfe die S die wichtigsten Inhalte der Texte erkennen sollen (vgl. Zusatzmaterialien, Nr. 1). Für die vertiefende Wortschatzarbeit eignet sich die Aufgabe A 20.7. Die *Actividades* A 20.9, A 20.10 und A 20.11 wiederholen und festigen zuvor behandelte Grammatikthemen anhand der neuen Inhalte.

Anmerkungen zu den Texten:

<u>4. Divide et impera</u>
Zeile 2: *Reinos de Taifas:* Auflösung des Kalifats in ein Mosaik aus vielen Kleinstaaten. Der Ausdruck wird heutzutage auch benutzt, um die Vielfältigkeit von Strömungen oder Gruppen innerhalb einer Bewegung (z.B. einer Partei) auszudrücken.
Zeile 6: *Al-Ándalus queda reducido:* Maskuline Angleichung, da man Al-Ándalus mit *califato*, *reino* oder *territorio* assoziiert.

Unidad 20

Zeile 12: *Isabel I, Fernando II:* Die S darauf hinweisen, dass die Reihenfolge von Königen mit nachgestellten römischen Zahlen ausgedrückt wird, allerdings stehen diese im Gegensatz zum Deutschen ohne Artikel und ohne Punkt.
Zeile 19: *El Sacromonte:* Berg, der der Alhambra auf der anderen Seite des Tals gegenüber liegt und von dem man einen wunderschönen Panoramablick auf die Architektonik der Alhambra hat. Man bezeichnet ihn als "heiligen" Berg.

5. Religión no hay más que una: la nuestra
Zeile 13: *famoso decreto de "bautizo o expulsión":* Die Verfügung der Katholischen Könige trug zwar nicht diesen Titel, hatte aber de facto die entsprechenden Konsequenzen.
Zeile 30: *El Tribunal de la Santa Inquisición:* Die Inquisition herrschte in allen europäischen Ländern. Dass sie vor allem mit Spanien in Verbindung gebracht wird, hängt damit zusammen, dass sie in Spanien besonders lange – bis 1833 – bestand und sich nicht nur auf Glaubensfragen beschränkte. Im Laufe der Zeit wurde die Inquisition zu einem Instrument der Unterdrückung, das gegen jede Art von Widerstand – gleich ob religiös oder politisch – und gegen jede Art von kultureller oder technischer Innovation genutzt wurde.

6. Si no fue un loco, fue un genio
Zeile 9: *cayó en desgracia:* Kolumbus verlor das Vertrauen der Könige durch eigenes Verschulden (Arroganz der Macht, Überschreiten seiner Zuständigkeiten, Verleumdung seiner Gegner, die auf seine Stellung erpicht waren).
Zeile 12: *creyendo aún que había llegado a las Indias Occidentales:* Kolumbus weigerte sich Zeit seines Lebens zu akzeptieren, dass er nicht in Indien gelandet war.

Phase 3

Die Texte *7 Los mayas, sabios y guerreros, 8 Al César lo que es del César, 9 El tiempo no pasa, vuela, 10 Yo os diré el lugar* und *11 Escuela de la vida* befassen sich mit den Mayas und Azteken. Erfahrungsgemäß interessieren sich die S sehr für fremde Kulturen, so dass sich diese Situation für eine arbeitsteilige Untersuchung der Kurztexte nutzen lässt.
Denkbar ist eine Stillarbeitsphase, in der sich die S in Kleingruppen mit den Texten auseinandersetzen und eine Zusammenfassung für die Mitschüler/innen vorbereiten. Bei der Präsentation der Zusammenfassung erläutern sie zuvor die neuen Schlüsselbegriffe und tragen dann die wichtigsten Aspekte in zusammenhängenden Sätzen vor. Über die Aufgabe A 20.12 können die wichtigsten Inhalte aller Texte gesichert werden. Das heißt, alle S ergänzen ihr Wissen über die Entscheidung von richtigen bzw. falschen Aussagen und die Lerngruppe hat wieder eine gemeinsame Wissensbasis zum Weiterarbeiten. Als Ergänzung eignen sich die Übungen *Actividades A 20.13* und *A 20.14*.

Anmerkungen zu den Texten:

Los mayas, sabios y guerreros
7. La sociedad maya
Häufig besteht die Tendenz, die alten präkolumbischen Kulturen zu mythologisieren und zu idealisieren. Ohne ihnen etwas von ihrer Bedeutung nehmen zu wollen, bleibt festzuhalten, dass sie ebenso wie andere Kulturen Grausamkeiten begingen, wie z.B. das Zelebrieren von Menschenopfern.
Zeile 14: *Los Mayas:* In der Regel Kleinschreibung, hier allerdings Großschreibung, da von der Kultur des Volkes die Rede ist. Kleinschreibung in Zeile 16, da es hier um Individuen geht.
8. Al César lo que es del César
Titel: „Gebt dem Kaiser, was des Kaisers ist." Das Bibelzitat wird hier benutzt, um zu verdeutlichen, dass das Volk den Herrschern Abgaben zahlen musste.
Zeile 1: *la principal rama de producción:* In diesem Kontext gibt es keinen Unterschied zwischen *ramo* und *rama*, so dass es hier ebenso *el pricipal ramo de producción* heißen könnte.

9. El tiempo no pasa, vuela
Zeile 5: *cinco días fatales:* statt der üblichen Terminologie *cinco días aciagos* (= "fünf Unglückstage") zur besseren Einprägung.

10. Yo os diré el lugar
Zeile 1: *la promesa de los dioses:* Bei nicht monotheistischen Religionen wird *dios* klein geschrieben.
Zeile 3: *el águila:* weibliches Substantiv mit männlichem Artikel im Singular; Plural: *las águilas*.
Zeile 4: *posaba sobre un cactus:* Das Wort *cactus* wird hier aus Gründen der Vereinfachung gewählt. In der mexikanischen Mythologie steht stattdessen *nopal*.
Zeile 13: *se sumó a su Olimpo:* Großschreibung, da der Olymp als Eigenname der griechischen Mythologie betrachtet wird.

11. Escuela de la vida
Zeile 2: *La enseñanza jugaba un gran papel.:* = *no representa ningún papel*. Der Ausdruck *jugar un gran papel* gilt als Anglizismus, ist aber im allgemeinen Sprachgebrauch üblich. Er findet sich auch in *Manuel Secos Diccionario del Español Actual* (Band II, S. 1746).

Phase 4

Das Inkareich wird in den Texten *12 Los creyó dioses, fue su error, 13 El quipú: las cuentas, claras,*

14 Ni tuyo, ni mío: de todos und *15 Un correo rápido* vielschichtig dargestellt. Auch in dieser Phase eignen sich die kurzen Informationstexte für eine Gruppenarbeit mit vier Gruppen. Der Arbeitsauftrag jeder Gruppe könnte eine Zusammenfassung des Textes anhand einer Stichwortfolie (vgl. Zusatzmaterialien, Nr. 2) sein und die Formulierung dreier Fragen zum Text beinhalten. Ist der Vortrag der Zusammenfassung gelungen, müssten die Mitschüler/innen allein vom Zuhören mit Hilfe der Folie in der Lage sein, die Fragen zu beantworten. Zur Festigung der Inhalte eignet sich die Differenzierung von Richtig-Falsch-Aussagen in Aufgabe 20.15. Günstig wäre, im zweiten Schritt die einzelnen Texte neuen Gruppen zuzuteilen, so dass sich jede Gruppe mit mindestens zwei Texten intensiv befasst. Die Besprechung der Richtig-Falsch-Aussagen sollte dann als Kontrollphase im Plenum erfolgen, so hat L die Möglichkeit, Missverständnisse zu klären und richtige Lösungsvorschläge zu bestätigen. Die *Actividades* A 20.16, A 20.17 und A 20.18 greifen die Inhalte der zuvor behandelten Texte nochmals in neuen Formulierungen auf und integrieren dabei zurückliegende Grammatikthemen wie beispielsweise die Verbkonjugation (in unterschiedlicher Zeitenfolge sowohl im *Indicativo* als auch im *Subjuntivo*) oder die korrekte Verwendung der Präpositionen.

Anmerkungen zu den Texten:

El imperio inca
12. Los creyó dioses, fue su error
Zeile 12: *sigue siendo un misterio el por qué no:* Der Artikel *el* könnte hier auch entfallen: *sigue siendo un misterio por qué no.*

13. El quipú: las cuentas claras
quipú kann mit oder ohne Akzent geschrieben werden, dementsprechend ändert sich auch die Betonung.

Phase 5

Malinche ist eine Schlüsselfigur aus der Zeit der Eroberung Mexikos durch die Spanier. In der Aufgabe A 20.20 lernen die S zunächst über den erzählenden Lückentext den Kontext der Person kennen. In dem nachfolgenden Auszug eines Theaterstückes von Carlos Fuentes erfahren die S "lebendige" Geschichte. Im Dialog zwischen Malinche und dem spanischen Eroberer Hernán Cortés lässt sich die Vermittlerrolle Malinches gut herausarbeiten.

Phase 6

Ergänzungsaufgaben:
Unidad 20 verzichtet auf die Einführung neuer Grammatikthemen und bietet stattdessen eine ergiebige Sammlung von Wiederholungsaufgaben. Die Übungen sind nicht textgebunden und schließen sowohl Hör-, Schreib-, Verständnis-, Kombinier- und Grammatikübungen mit ein. Sie sollten gezielt den Bedürfnissen der Klasse entsprechend eingesetzt werden. Dazu stehen im *Cuaderno de actividades* die Übungen 20.1 – 20.15 zur Verfügung.

Zusatzmaterialien
(s. Anhang, S. 191-194)

1. Erschließende Fragen zu den Texten 1–6.
2. Folienvorlage mit Stichwortvorgabe zu den Texten 12–14.

Unidad 20

Soluciones

Libro de texto

A 20.1 ¡Que vienen los moros!

1.
La Reconquista son los siglos de luchas entre cristianos y musulmanes por la recuperación, por parte de los reinos cristianos, de los territorios ocupados por los musulmanes desde el año 711. Siglos VIII-XV.

2.
Los musulmanes son los que siguen las doctrinas religiosas de Mahoma, cuyo libro sagrado es el Corán.

3.
El Califato fue la época gloriosa de Al-Ándalus, siglos IX y X; la capital fue Córdoba, la ciudad más culta y desarrollada de su época.

4.
Hispania fue la designación o el nombre que dieron los romanos a la Península Ibérica; de ahí se deriva el actual nombre de España.

5.
Al-Ándalus fue la parte de la Península Ibérica conquistada por los musulmanes. Al-Ándalus duró prácticamente hasta el siglo XII, ya que después de los terceros Reinos de Taifas el territorio musulmán quedó reducido al llamado reino nazarita de Granada. En esta última fase ya se habla menos de Al-Ándalus, sino más bien del Reino de Grananda.

6.
Asturias, Castilla y León, Navarra y Cataluña son actualmente Comunidades Autónomas, y fueron en la Edad Media reinos autónomos surgidos durante las luchas de la Reconquista. Asturias, Castilla y León se unieron en el reino de Castilla. Navarra fue en el siglo XV conquistada por Castilla e integrada en su territorio.

7.
Los Pirineos son los montes o la cadena montañosa que separa a España de Francia.

8.
La mezquita es un edificio religioso donde se reúnen los musulmanes para realizar sus oraciones. La Mezquita con mayúscula es un monumento arquitectónico de estilo árabe que está en Córdoba y que actualmente tiene carácter de catedral católica.

9.
Toledo es una ciudad histórica a unos 80 kilómetros al sur de Madrid. Toledo se considera la "ciudad de las tres culturas" porque en ella convivieron y dejaron imborrables huellas las culturas árabe, judía y cristiana. Con Toledo se asocia la labor de los eruditos y traductores de la llamada Escuela de Traductores de Toledo.

10.
Escuela de Traductores es la colaboración de varios eruditos e intelectuales de las tres culturas que se dedicaron a traducir obras de las culturas de la India, de Grecia y del mundo árabe al latín.

11.
Los visigodos fueron el pueblo de raza germánica que se asentó en la Península Ibérica después de la caída del Imperio Romano. Su régimen político fue la monarquía y su capital Toledo. Los visigodos fueron derrotados por los musulmanes en 711 y desplazados a la zona norte del país, donde nacieron luego los llamados "reinos cristianos".

Unidad 20

A 20.2 De boca en boca

1. la noticia se extendió rápidamente por todo el país / unos se la dijeron a otros
2. reunió con toda urgencia / rápidamente
3. crearon poco a poco / a lo largo de los siglos nuevos reinos
4. no eran tan cultos ni tan avanzados ni mucho menos / había una enorme diferencia entre su nivel cultural y científico / estaban muy por debajo
5. 400 mil volúmenes / libros
6. hubo también períodos de convivencia pacífica y de colaboración cultural
7. realizaron / hicieron un gran trabajo científico

A 20.3 Dame tu opinión ▶ G 13.7

1. Es normal que la noticia <u>corriera</u> de boca en boca.
2. Es lógico que don Rodrigo <u>diera</u> la orden de frenar el avance ...
3. Fue un error que don Rodrigo <u>calculara</u> mal sus ...
4. Es increíble que los musulmanes <u>conquistaran</u> todo el país en tan poco tiempo.
5. Me parece natural que <u>se refugiaran</u> en los ...
6. Yo no sabía que en el siglo X Córdoba <u>fuera / (era)</u> la ciudad ...
7. Me parece interesante que la gran pasión de Al-Ándalus <u>fuera</u> la poesía.
8. En ... no era normal que las mujeres <u>aprendieran</u> a leer y a escribir.

A 20.4 Unos son mejores que otros

1. no era <u>tan</u> fuerte <u>como</u> él creía 2. en <u>menos de</u> cinco años 3. no había en E. <u>tantos</u> reinos <u>como</u> después de la R. 4. más rápidamente <u>de lo que</u> ellos 5. era <u>la más</u> culta y moderna 6. había <u>más de</u> 400.000 libros 7. ni P. ni L. eran ciudades <u>tan</u> modernas ni <u>tan</u> cultas <u>como</u> C. 8. para mí <u>lo más</u> importante 9. se entendían mucho mejor <u>de lo que</u> nosotros creemos 10. no ganaban <u>tanto como</u> los científicos

A 20.5 Para un concurso cultural

1. falso: no se debe emplear porque es peyorativo y xenófobo.
2. cierto.
3. cierto.
4. falso: están en el norte, a lo largo del Mar Cantábrico, desde el País Vasco hasta Galicia.
5. cierto.
6. cierto.
7. falso: también trabajaban musulmanes.
8. falso: no sólo hubo guerras, también hubo largas fases de convivencia pacífica.

A 20.6 Tú tienes la palabra

A 20.7 Un buen combinado

1. se rompió en innumerables reinos pequeños, los llamados Reinos de Taifas
2. los cristianos intensficaron su avance hacia el sur
3. Al-Ándalus había quedado reducido al pequeño Reino de Granada
4. la lucha contra los cristianos estaba ya prácticamente perdida
5. ya sólo era cuestión de tiempo
6. unieron sus vidas y sus ejércitos para poner punto final a la R.
7. cuando iba camino del exilio

Unidad 20

8. no pudo contener las lágrimas
9. les dijeron que habría tolerancia de costumbres y de religión
10. del dicho al hecho hay mucho trecho
11. cambiaron de opinión
12. algunos decidieron mantenerse fieles a su fe
13. son los tatarabuelos
14. decidieron bautizarse
15. nadie se fiaba de esos cristianos nuevos
16. salió de España con tres carabelas
17. después cayó en desgracia
18. de ahí viene el nombre de "indios" que les dieron los europeos

A 20.8 Romance del Rey Don Rodrigo …

b)
Por ejemplo (en presente histórico):
Los soldados del rey don Rodrigo están cansados y desanimados porque sus enemigos son más fuertes y están venciendo en la batalla. Desde un pequeño monte, don Rodrigo ve que la batalla está perdida y comienza a llorar y a lamentarse de haber perdido todo lo que tenía: ciudades, castillos, etc.

A 20.9 Si combinas bien, haces una buena combinación

a)
1. avanzaron 2. se debilitaron 3. cuestionaba la fe 4. lucharon contra 5. le reprochó 6. unieron sus ejércitos 7. se exiliaron 8. finalizara – pero no finalizó 9. no firmara el proyecto 10. autorizara 11. decretaron la expulsión 12. caminaron día y noche 13. fracasara en su intento 14. que proyectaba 15. opinaba que 16. engañó

b)
bautizar → el bautizo
avanzar → el avance
debilitar → el debilitamiento
cuestionar → la cuestión
luchar → la lucha
reprochar → el reproche
unir → la unión
exiliar → el exilio
finalizar → la finalización / el final

firmar → la firma
autorizar → la autorización
decretar → el decreto
caminar → el camino
fracasar → el fracaso
proyectar → el proyecto
opinar → la opinión
engañar → el engaño

A 20.10 Algunas cosas podían haber sido de otra manera ▶ G 16.4 / 16.5

1. Si no se hubieran unido, no habrían sido tan fuertes.
2. Si no la hubiera perdido para siempre, no habría llorado.
3. Si hubieran cumplido lo que habían prometido, no habrían expulsado …
4. Si hablar no fuera más fácil que hacer, siempre cumpliríamos lo que …
5. Si se hubieran fiado de …, no habrían introducido la Inquisición.
6. Si hablaran un castellano moderno / si no hablaran un castellano tan antiguo, los españoles de hoy los entenderían …

A 20.11 América no fue descubierta, ya lo estaba ▶ G 19.1

1. Granada <u>fue conquistada por</u> los RR.CC. en 1492.
2. Córdoba <u>fue convertida por</u> los árabes en la ciudad más … de su tiempo.
3. Las obras antiguas <u>eran traducidas por</u> los traductores de Toledo del árabe al latín.

4. Las ciudades del antiguo ... <u>son visitadas</u> todos los años por millones de turistas.
5. El oro te <u>será entregado por</u> mis súbditos, dijo A.
6. Sacrificios <u>eran ofrecidos</u> a los dioses todos los días por los sacerdotes.

A 20.12 Ni mejores, ni peores, simplemente humanos

Los mayas
1. falso: Si era de una casta baja, nunca podía subir en la escala social.
2. falso: Tenían que casarse con chicas de su casta.
3. cierto.
4. falso: Sólo los de las castas superiores aprendían a leer y a escribir.
5. falso: Los mayas no conocían el uso de los metales.
6. falso: Vivían fundamentalmente de la agricultura.
7. falso: Los mayas eran una sociedad tan guerrera como cualquier otra.
8. cierto.

Los aztecas
1. cierto.
2. falso: Los aztecas tenían muchos dioses.
3. cierto.
4. falso: Cuando se casaban, iban a vivir a casa de los padres de la novia.
5. falso: Si el marido no podía alimentarla o la maltrataba, podía divorciarse de él.
6. cierto.

A 20.13 Yo sé por qué, ¿y tú?

Los dos textos están totalmente formulados en imperfecto porque se describe una situación, unas costumbres, unas normas en el pasado sin indicar cuánto tiempo fue así. El aspecto "duración" no desempeña aquí ningún papel.

A 20.14 No tenían animales de carga

A 20.15 No eran dioses, ni mucho menos

A 20.16 Todo a su tiempo

eran hermanos – que su padre nombrara – sólo porque era – le pertenecía a él – era el hijo mayor – no aceptó la decisión – le exigió – que renunciara – no hizo – le declaró la guerra – la perdió – si no hubieran llegado – él no conocía – nunca antes había visto – no supo / (sabía) qué hacer – podían ser lo dioses – se habían ido – ahora volvían a ella – le pareció razonable – creyó – lo que le dijeron / habían dicho – que todos recibieran – Ese fue – pagó con la vida – pudiera ser un peligro – se equivocó – No sólo fueron / eran[1] – destruyeron – y se llevaron – Cuando supieron – había muerto – perdieron el control – ellos habían creído dioses

Observación:
[1] En la frase anterior se habla de "un número tan reducido de hombres", pero en las frases siguientes ya no aparece explícitamente el término "número". En estos casos suele tender el castellano a usar la **concordancia lógica**, es decir, a concordar con los componentes de ese "número". Por ello es aconsejable **usar el plural**. Tanto el uso del indefinido *(fueron)* como del imperfecto *(eran un peligro)* son perfectamente aceptables, depende del enfoque que prefiera darle el hablante.

Plural wegen logischer Konkordanz, sowohl *indefenido* als auch *imperfecto* möglich

Unidad 20

A 20.17 Tú dirás

A 20.18 ¿En qué quedamos?

1. de boca en boca 2. a toda prisa 3. en las montañas del norte 4. por los árabes 5. avanzaron hacia el sur 6. de Toledo – del árabe al latín 7. de Córdoba – se llegaron a reunir 8. a la altura del zapato 9. de Toledo – llevaron a cabo 10. perdida para siempre 11. aprendían a leer 12. reducido a 13. se rompió en 14. del dicho al hecho 15. cambiaron de – salir del país 16. fieles a su fe 17. sueñan con S. 18. se fueron de E. – camino del exilio – más de 500 años 19. no se fiaban de – por razones de fe 20. introdujeron en E. para controlar a 21. en la hoguera a lo largo de 22. habló con – después de su fracaso en 23. En agosto de 1492 – partió de Palos – con tres – rumbo al Oeste – y en octubre – por primera vez – llegó a una isla 24. al final de su vida – cayó en desgracia 25. el decreto de expulsión en contra de lo que 26. dividida en reinos 27. a cambio de su libertad 28. llenó de oro 29. disponían de tierras para vivir 30. por etapas a lo largo de la G. C. R.

A 20.19 ¿Qué me das si te digo lo que sé?

a) Ejemplos:
contar
1. Ya hemos contado el número de personas que hay en la sala.
2. Yo cuento con tu colaboración.
3. El abuelo les cuenta un cuento a los nietos.
4. Este país cuenta con grandes recursos energéticos.

esperar
1. Espera aquí hasta que yo vuelva, ¿vale?
2. ¿Que te han dado menos de lo que te habían prometido? ¿Y qué esperabas?
3. Los musulmanes esperaban que los Reyes Católicos cumplieran su palabra.

metro
1. Tienen un piso de casi cien metros cuadrados.
2. En Madrid ha subido bastante el precio del metro.
3. Hoy día los poetas ya no emplean en sus poesías los metros clásicos.

nota
1. En Filosofía he sacado una buena nota.
2. Señor González, aquí han dejado una nota para usted.
3. En las clases de música los niños aprenden las notas musicales.

plata
1. Ahora ya no se lleva mucho usar tenedores y cuchillos de plata.
2. Los precios de la plata han bajado bastante en los últimos años.
3. Muchos latinoamericanos no tienen suficiente plata para vivir bien.

pueblo
1. Los visigodos eran un pueblo germánico que se asentó en España.
2. Mis abuelos viven en un pueblo de la provincia de Granada.
3. El Rey habló a su pueblo por televisión.

enseñar
1. Cuando pases por mi casa te enseño las fotos de mi viaje a México.
2. Don Gregorio era un maestro ejemplar que enseñaba como hay que enseñar.
3. Iba a acariciar al perrito, pero me enseñó los dientes y ya no me atreví.

b)
Es el verbo *dar*.
1. A mí me da miedo que pueda haber guerra.
2. A Marta no le da envidia que yo saque mejores notas que ella.
3. A mí me da igual que llueva o haga sol, porque tengo que estudiar.
4. A mi hermana le da mucha rabia que le digan que está gorda.
5. Le di un beso porque lo quiero mucho.

Unidad 20

A 20.20 Marina la Malinche, la madre del primer mestizo mexicano

La joven india mexicana – era hija de un cacique azteca – vivió en el siglo XVI – fue vendida como esclava al cacique – la regaló al conquistador español – se convirtió al cristianismo y adoptó el nombre de Marina – considerado el primer mestizo mexicano – se casó con el caballero Juan de J. – es un personaje de dos caras – otros la rechazan como traidora al servicio del hombre blanco.

Cuaderno de actividades

20.1 Hay muchas formas de hablar

1. los jóvenes de nuestra generación / los que tienen los mismos años que nosotros
2. a mí me fastidia / a mí me disgusta
3. yo sigo sola desde que dejé a Armando / desde que dejé de ser novia de
4. que lo pases bien
5. lo primero que noté / lo primer que me saltó a la vista
6. me sé el texto de memoria
7. me tocó la lotería
8. nos caímos mutuamente simpáticos / sentimos simpatía mutua
9. en mi currículum
10. que yo tengo la culpa
11. nunca olvidan los buenos modales / nunca olvidan portarse bien
12. eso les beneficiará a ustedes / eso será ventajoso para ustedes
13. creen que las labores del hogar
14. su deseo nunca se cumplió
15. repetía negando con la cabeza

20.2 Ya lo sabemos desde hace tiempo

1. Sí, desde que corté con 2. comenzó hace algo más de – desde entonces 3. hace días que – dos meses antes del concierto 4. Ya llevo casi una hora esperando – no abren antes de las ocho 5. desde que toco 6. ¿desde cuándo tocan? – desde hace unos seis años 7. antes de la una – antes de que cierren

20.3 Tú, para estas cosas eres un genio

20.4 Hay que ser ingenioso

1. d) 2. e) 3. f) 4. a) 5. i) 6. j) 7. k) 8. l) 9. c) 10. b) 11. g) 12. h)

Unidad 20

20.5 Buscando el glamour

a) / b)

"En realidad no sé muy bien a qué he venido, estoy pensando que <u>hubiera sido</u>[1] mejor no haber venido, porque con la cantidad de chicas que se <u>han presentado</u>, no creo que me den a mí el papel. Yo estoy segura de que mi actuación <u>fue mucho mejor</u> que la de las otras que actuaron antes que yo. Y seguro que ninguna de esas que están esperando a que <u>les toque el turno</u> para hacer el payaso en el escenario, lo <u>va a hacer tan bien</u> como yo.
Y, sin embargo, no sé, <u>me siento insegura</u>. Es que en esto de los cástings no te sirve de nada que <u>hayas terminado tus estudios</u> con supernotas. A esta gente lo único que le importa es que <u>sepas moverte</u> con elegancia, que seas sexi y fotogénica y, sobre todo, que le gustes al tío ése que decide a quién <u>contrata y a quién no</u>. Pensándolo bien, no <u>debería haber venido</u>, pero es que siempre he soñado con <u>poder trabajar</u> en una película y <u>llegar a ser</u> famosa. Por supuesto que me alegraría <u>si me dieran</u> una oportunidad. Te juro que si yo tuviera una vez la oportunidad de actuar en una película, <u>le demostraría</u> al mundo entero el talento que llevo dentro. Pero no sé, siempre me pasa lo mismo, que soy una fatalista y me imagino que las otras <u>tienen más suerte</u> que yo.
Pero, maldita sea, ¿por qué <u>van a tener</u> otras suerte y yo no? Si me han invitado a que <u>venga al cásting</u> y a que actúe en el escenario, es ya una buena señal, ¿no? Normalmente sólo leen el currículo y, si tu cara no les gusta, lo <u>tiran a la papelera</u> y ni te contestan. Pero a mí me han contestado <u>para que me presente</u>, así que por algo será. Me da el corazón que el director está buscando a alguien que, por su físico, ... por su cara, ... no sé, que por algo ... encaje en el personaje. Y ese alguien soy yo. Seguro que soy yo. Quizás le <u>haya gustado</u> mi foto. Quizás le <u>haya convencido</u> mi actuación. Porque, está mal que yo lo diga, pero es que me salió bien, bien, requetebién. ¡Fíjate si me <u>saldría bien que</u> hasta me aplaudieron!
Oh, <u>sería fenomenal</u> que ahora saliera la secretaria y dijera:
–¿Paloma Navas?
–Sí, soy yo.
–¡Enhorabuena! Has sido elegida para el papel.
¡Qué feliz me sentiría si realmente <u>se me cumpliera</u> este sueño!"

Observación:
[1] *habría sido* también sería correcto.

20.6 Ojalá se cumplan mis deseos

20.7 Manía de llevar la contraria

1. con toda lentitud / a paso de tortuga / con muchísima calma
2. destruyeron
3. sucias
4. firmaron la paz
5. como amigos / los trataron con respeto
6. de gran intolerancia
7. antes de comenzar el año
8. por última vez
9. de diferente clase social
10. un pueblo pacífico
11. era insuficiente
12. no desempeñaba ningún papel / no tenía ninguna importancia

Unidad 20

20.8 Tú eliges

1. a) 2. b) 3. c) 4. c) 5. c) 6. b) 7. d) 8. c) 9. c) 10. d)

20.9 De cuando en cuando

1. en verano – ¿a la playa? – por la mañana – un paseo por la playa
2. al fútbol – a la semana – yo por mí – para el examen
3. solicitud de cambiar de nombre – por escrito – ¿por correo? – en taquilla
4. para el jueves – sin concierto – paso yo por allí
5. he soñado con – en los sueños – con él por casualidad – son a veces
6. ¿... hacer por usted? – de mi talla – ¿de qué color? – No, por Dios, – que vaya bien con – de todos los colores – elija de entre ellas
7. haya tardado tanto en contestar a tu carta – por muchas razones – por Internet – hora de que te decidas a instalar – sin problemas – a mí me cuesta familiarizarme con
8. tú lo eres todo para mí – haré lo que sea por ti – para siempre – que nunca me dejes por otra – de dolor – No te preocupes por eso – siento por ti – tú sientes por mí – jamás te dejaré por otra – de eso puedes – confiar en mí

20.10 Son muy contrarios

la democracia ≠ la dictadura   derechas ≠ izquierdas
liberal ≠ conservador   la guerra ≠ la paz
el gobierno ≠ la oposición   la victoria ≠ la derrota

20.11 Cuestión de poner los acentos sobre las íes

Así que ... ¿qué te han ..? – ¿Y tú ... que qué me ...? ... regalado tú – ¿Cómo es ...? – creérmelo – ¡Qué mal ... y ábrelos – ¡Para qué ...? ¿Qué vas a ...? – Sólo darte ... ábrelos ya. Aquí tienes ... – ¡Qué sorpresa! ¿... en mí? ... emocionada, jamás ... precisamente tú pensarías en mí. – Pues sí, pensé en ti y, como ves, te compré un regalo. Anda, ábrelo ... – Sí, sí, es precioso. ¿Cómo sabías ...? – ... si adivinas cuál. – ... No sé, dímelo tú. – ... tú solita.

Text im *Cuaderno de actividades*, S. 87

20.12 De tal palo, tal astilla

1. nacer → el nacimiento
2. pensar → el pensamiento
3. morir → la muerte
4. sentir → el sentimiento
5. temer → el temor
6. recordar → el recuerdo
7. hacer → el hecho
8. decir → el dicho
9. entrar → la entrada
10. contar → el cuento
11. volver → la vuelta
12. ir → la ida
13. entrenar → el entrenamiento
14. cenar → la cena
15. solicitar → la solicitud
16. cambiar → el cambio
17. salir → la salida
18. comer → la comida
19. escribir → la escritura
20. subir → la subida

20.13 Una buena combinación

1. Quien no ha visto Sevilla no ha visto maravilla.
2. Quien no ha visto Granada no ha visto nada.
3. Quien fue a León perdió el sillón.
4. No se ganó Zamora en una hora.
5. Del dicho al hecho hay mucho trecho.
6. De Madrid al cielo y un agujerito para verlo.

Unidad 20

20.14 Un amor imposible

a)

Querida Lola:

Tenía pensado ir a un cibercafé para mandarte un e-mail, pero luego me dio pereza y he preferido quedarme en mi habitación y escribirte una carta, que es algo más personal. La verdad es que lo estoy pasando pipa. No me había
5 imaginado que en Granada hubiera tantas cosas que ver. Siempre pensamos sólo en la Alhambra, pero aquí hay muchísimas más cosas que ver y, sobre todo, te encuentras la Historia a cada paso, en cada esquina. Bueno, también te encuentras otras cosas, por ejemplo, chicos que te echan piropos y gitanas que quieren leerte las líneas de la mano y predecirte el futuro. ¿Y a que no
10 sabes quién dejó que una gitana le predijera el futuro? Pues nada menos que Noelia, la que siempre dice que no cree en el horóscopo y en esas tonterías. Y precisamente tonterías fue lo que le dijo, que conocería pronto al hombre de su vida, que se irían a vivir a Tenerife y que tendrían cinco hijos, etc. ¿Y sabes cuánto le cobró? ¡Pues 15 euros! Noelia no quería pagarle tanto, claro,
15 pero la gitana empezó a gritar, vinieron otras gitanas en su ayuda y, al final, tuvo que pagarle lo que le pedía. Creo que esos 15 euros le dolieron en el alma y estoy segura de que jamás volverá a caer en esa trampa.
Bien, pues a lo que iba. Ayer estuvimos viendo la Capilla Real, una parte de la catedral, donde está el sepulcro de los Reyes Católicos. Es impresionante,
20 pero a mí me resulta algo frío. Lo que más me gustó fueron las explicaciones históricas de nuestro profesor que sabe un montón de Historia y te lo cuenta como si él mismo lo hubiera vivido.
Hoy hemos visitado la Alhambra. Cuando bajamos del autobús y fuimos hacia la entrada, todas nos quedamos un poco decepcionadas. Por fuera la
25 Alhambra no parece nada del otro mundo, pero cuando entramos dentro, nos quedamos fascinadas por la belleza de este palacio. Hay muchos patios y muchas fuentes, porque a los árabes les encantaba jugar con el agua. Y los jardines del Generalife son de fantasía, para enamorarse. A propósito de "enamorarse". En uno de los patios hay un árbol mágico, creo que es un
30 cedro. Al lado de ese árbol solía encontrarse una princesa árabe con su amante cristiano hasta que los descubrieron. Su amor era imposible, claro. Por eso hoy existe una leyenda que dice que, si buscas novio y abrazas ese árbol, se te cumplirá tu deseo. No te rías de mí, pero yo sí que lo abracé. A lo mejor el árbol ése me ayuda a encontrar a mi Príncipe Azul. ¡Ojalá!
35 Es que, chica, ¡ya estoy harta de estar sola y de no tener con quien salir! Mañana hacemos una excursión a la Sierra Nevada. Ya te contaré.

Un beso
Natalia

b)

1. Quería ir a un cibercafé para enviarle un e-mail, pero le dio pereza y prefirió escribirle una carta que además es más personal.
2. Antes pensaba que en Granada sólo se podía ver la Alhambra, pero entretanto se ha dado cuenta de que hay muchas más cosas que ver y que se nota el pasado histórico por todas partes.
3. Dice que hay chicos muy majos y que echan piropos a las chicas cuando pasan.
4. Noelia tuvo un pequeño problema con una gitana. La gitana le ofreció predecirle el futuro leyéndole las líneas de la mano. Aunque Noelia, al principio, no quería, al final dijo que sí. La gitana le dijo unas cuantas tonterías, como que conocería al amor de su vida, que irían a vivir a Tenerife y que tendrían 5 hijos. Luego le pidió 15 euros. Noelia no quería dárselos, pero la gitana empezó a gri-

tar y a Noelia no le quedó más remedio que pagar los 15 euros, aunque le dolió muchísimo.
5. En la Capilla Real se puede ver el sepulcro de los Reyes Católicos. A Natalia le pareció todo muy frío, pero le gustaron las explicaciones del profesor.
6. Natalia escribe que cuando ves la Alhambra por fuera te quedas un poco decepcionada, pero que luego, por dentro, es preciosa. Hay muchos patios, fuentes y jardines que te fascinan.
7. En el Generalife, los famosos jardines de la Alhambra, hay un árbol mágico, donde se encontraban en secreto la pareja de enamorados compuesta por una princesa musulmana y un joven cristiano. Su amor era imposible y, cuando los descubrieron, tuvieron que separarse. Por eso dice la leyenda que, si estás buscando pareja y abrazas ese árbol, encontrarás el amor de tu vida. Natalia lo abrazó porque está harta de estar sola y porque quizás encuentre así a su Príncipe Azul.
8. Quieren hacer una excursión a la Sierra Nevada.

c)

mensajes relacionados con aspectos turísticos:
- viaje de fin de curso a Granada
- jóvenes que echan piropos
- gitanas que leen las líneas de la mano y predicen el futuro
- excursión a la Sierra Nevada

lugares y monumentos que menciona en su carta:
- han estado en Granada
- han visitado la Catedral con la Capilla Real
- han ido a ver la Alhambra y el Generalife
- el pasado histórico se nota en todas partes

elementos estilísticos típicos del español coloquial:
- pero, luego, me dió pereza
- la verdad es que
- lo estoy pasando pipa
- ¿a que no sabes?
- pues nada menos que
- y precisamente tonterías fue lo que le dijo
- ¿y sabes cuáles?
- pues 15 euros
- ella no quería, claro
- al final no le quedó más remedio
- le dolió en el alma
- bien, pues a lo que iba
- sabe un montón de Historia
- te lo cuenta como si él mismo lo hubiera vivido
- no me parece nada del otro mundo
- nos quedamos fascinadas
- son de fantasía
- para enamorarse
- a propósito de
- era imposible, claro
- no te rías de mí
- yo sí que lo abracé
- a ver si el árbol ése
- ojalá
- es que, chica, ya estoy harta de estar sola
- ya te contaré

d)

Resümee auf Deutsch

Natalia schreibt einen Brief an Lola. Sie befindet sich gerade in Granada und es geht ihr sehr gut. Außer der Alhambra und der historischen Vergangenheit, der man auf Schritt und Tritt begegnet, gibt es auch noch andere Erlebnisse: die Komplimente der jungen Männer, die Roma-Frauen, die die Zukunft aus
5 der Hand lesen wollen. Ausgerechnet Noelia, die nicht an Horoskope glaubt, hat sich aus der Hand lesen lassen und musste schließlich 15 € dafür zahlen. Natalia besichtigt mit ihrer Klasse die königliche Kapelle mit dem Grab der Katholischen Könige. Die anschaulichen Erläuterungen ihres Lehrers machen die Vergangenheit lebendig. Von der Alhambra ist sie zunächst enttäuscht,
10 erst von innen wird für sie die Pracht des Palastes mit den vielen Innenhöfen, Brunnen und Gärten erkennbar.
In einem der Innenhöfe gibt es einen magischen Baum: Wenn man sich eine(n) Liebste(n) wünscht und den Baum umarmt, geht der Wunsch in Erfüllung. Da Natalia nicht mehr allein sein möchte, hat sie den Baum umarmt und
15 hofft nun auf den Traumprinzen.

Unidad 20

20.15 El saber no ocupa lugar

1. c)	12. b)	22. c)	32. c)	42. b)
2. a)	13. c)	23. b)	33. b)	43. c)
3. a)	14. b)	24. a)	34. b)	44. c)
4. b)	15. c)	25. b)	35. c)	45. b)
5. b)	16. b)	26. b)	36. a)	46. c)
6. c)	17. b)	27. b)	37. a)	47. c)
7. c)	18. b)	28. b)	38. c)	48. b)
8. c)	19. b)	29. b)	39. b)	49. c)
9. c)	20. b)	30. b)	40. c)	50. a)
10. b)	21. b)	31. c)	41. b)	51. b)
11. c)				

Unidad 13

Examen corto de español (1)

Nombre y apellido: _____ **Fecha:** _____

Traduce. 30 puntos

würdig	das Ziel
die Tätigkeit	die Beziehung
sich amüsieren	etwas für jemanden tun
versuchen	misstrauen
einen Termin festlegen	die Angelegenheit
befreundet sein	der Analphabet
schade	bereit sein zu
das Stadtviertel	im Gegenzug dafür
gleichgültig sein	die Wüste
sich anstecken mit	im Augenblick
Kontakt aufnehmen mit	anstreben
Schluss machen mit	lustig
verbieten	die Fahrt
der Wald	wütend machen
hier	die Aufgabe

Unidad 13

Examen corto de español (2)

Nombre y apellido: _____   Fecha: _____

1. Traduce. 16 puntos

der Gruß	witzig
niedergeschlagen	persönlich
schwanger werden	hoffentlich
wunderbar	die Hoffnung
neidisch machen	das Tier
sich schützen	die E-Mail
die Regierung	Aids
verbieten	gleichgültig sein

2. Pasa los verbos del presente de indicativo al presente de subjuntivo. 10 puntos

presente de indicativo	presente de subjuntivo	presente de indicativo	presente de subjuntivo
leemos		voy	
hablan		saco	
piden		está	
dices		dais	
juega		son	

3. Pasa los verbos del presente de indicativo al perfecto de subjuntivo. 4 puntos

presente de indicativo	perfecto de subjuntivo
escribes	
coméis	
vivís	
vas	

Unidad 13

Examen de español

Nombre y apellido: _____ **Fecha:** _____

1. Traduce. 10 puntos

1. Es freut mich, dass Paula mir einen Brief geschrieben hat.

_____

2. Wir hoffen, dass ihr im Sommer die Osterinsel kennen lernt.

_____

3. Chile ist ein wunderbares Land.

_____

4. Schade, dass dein Freund mit seinen Eltern streitet.

_____

5. Er glaubt nicht, dass viele Leute dorthin in Urlaub fahren.

_____

2. Completa las frases con la forma correcta del indicativo o del subjuntivo. 10 puntos

1. Es posible que Mónica _____ (pasar) sus vacaciones en Sevilla.
2. Paco dice: "Quiero _____ (tener) una novia alegre".
3. Sentimos que ellos no _____ (ir) a la fiesta de Ismael.
4. Los jóvenes trabajan mucho para _____ (ganar) dinero.
5. El sábado vamos a _____ (comer) en un restaurante.
6. Quiero que _____ (ayudar, tú) un poco en la cocina.
7. Ojalá nos _____ (contar) Ana y Lucía algo sobre la obra de teatro.
8. Quizás Antonio le _____ (dar) un ragalo a su hermana.
9. ¿A vosotros os _____ (gustar) ver los museos modernos?
10. La abuela desea que sus hijos y nietos _____ (estar) presentes en su cumpleaños.

3. Completa la tabla con las formas correctas. 20 puntos

presente de indicativo	presente de subjuntivo	perfecto de subjuntivo
leo		
pide		
saco		
estamos		
doy		

presente de indicativo	presente de subjuntivo	perfecto de subjuntivo
van		
sabes		
sois		
pensamos		
juegas		

Unidad 13

Examen de español

Nombre y apellido: _____ **Fecha:** _____

4. Composición de textos.   **10 puntos**

En la unidad 13 has leído un e-mail de Paula. Escribe un e-mail a Paula para responderle desde tu perspectiva o desde la perspectiva de Paloma, p.ej.: trababajar en la ONG – mejorar la situación de las poblaciones marginales – cursos de alfabetización – el problema del SIDA

5. Comprensión de textos   **10 puntos**

a) Lee el siguiente texto.

Un día en la vida diaria de Paula

Son las 16:30 de la tarde. Paula acaba de llegar a casa y toma café con su madre y sus tres hermanos. Mientras toman café, cada uno de ellos cuenta lo que ha hecho por la mañana. María, la más pequeña, le pregunta a Paula si la puede ayudar a hacer los deberes. Paula quiere mucho a sus hermanos, pero ya no le queda mucho tiempo para ocuparse de ellos. Esta tarde tiene que acompañar a Felipe, un
5 compañero del colegio, que trabaja dos tardes a la semana para una ONG en el proyecto "Por una vida digna". Desde hace dos semanas, participa también Paula en este proyecto, ya que hace poco vio con sus propios ojos la dura realidad de la gente en los barrios marginales. La mayor parte de la gente que vive en esas barriadas no sabe leer ni escribir y no tienen formación ninguna. La gente es pobre y lamentablemente vive en malas condiciones. El proyecto ofrece un curso de alfabetización con el obje-
10 tivo de que estas personas logren algún día alcanzar una vida mejor.

Felipe y Paula toman el bus hasta llegar a la última parada. Se bajan del bus y caminan hasta llegar a uno de los barrios marginales en las afueras de la ciudad. Se acercan a una joven que está sentada en el suelo delante de una casita construida con unas tablas y unos cartones. Ella está jugando con un bebé.

15 Paula: –Hola, ¿cómo te llamas?
Chica: –Rosa.
Paula: –Yo soy Paula y éste es Felipe, un compañero.
Felipe: –Hola, Rosa. ¡Qué guagua más linda! ¿Es tu hermanita?
Chica: –No, es mi hija. Se llama Estrella.
20 Paula: –Estrella es un nombre muy bonito. Es que sus ojitos parecen como estrellas. ¿Y dices que es tu hijita? Pero tú eres muy jovencita para ser mamá, ¿cuántos años tienes?
Rosa: 15.
Felipe: ¿Y el papá de la niña?
Rosa: No sé dónde está. Yo vivo con mi mamá.
25 Paula: –Quieres decir con tu mamá y con tu papá.
Rosa: –No, sólo con mi mamá. A mi papá hace mucho tiempo que no lo veo. Se fue a buscar trabajo al extranjero y nunca más volvió.
Felipe: –¿Podemos hablar con tu mamá?
Rosa: –¡Mamáááá!
30 Madre: –Ay, hijita, ¡qué gritos son esos! ¿Pasa algo?
Paula: –Buenas tardes, señora, disculpe la molestia. Acabamos de charlar con Rosa y quisiéramos hablar un momentito con usted. ¡Es muy linda la guagua de su hija!
Madre: –¿Y quiénes son ustedes? Yo no los conozco, no recuerdo haberlos visto nunca por acá.
Paula: –Yo soy Paula y éste es Felipe, mi compañero. Somos estudiantes y en nuestro tiempo libre
35 trabajamos para una ONG en el proyecto "Por una vida digna".
Madre: –Ah, miren, yo no quiero saber nada de esas cosas. Nosotros no tenemos dinero para comprar nada. Váyanse y déjennos en paz. Bastantes problemas tengo yo con mis cinco hijos. ¡Y su padre sin dar señales de vida! Ni viene, ni nos manda plata.
Felipe: –No se preocupe, nosotros no queremos dinero, sólo queremos ayudarles.
40 Madre: –¿Ayudarnos? ¿Cómo? ¿Vienen a darnos plata, ropa, comida o algo así?

Unidad 13

Examen de español

Nombre y apellido: _____   **Fecha:** _____

    Paula: –No, ni plata ni ropa, de eso tampoco nosotros tenemos.
    Madre: –Entonces váyanse, yo otra cosa no necesito.
    Felipe: –Usted quizás no, pero sus hijos sí. Ellos necesitan otra forma de vida y nosotros queremos ayudarles a conseguirla.
45 Madre: –Ah, ¿vienen a ofrecerles trabajo?
    Paula: –Venimos a invitarlos a que vayan a nuestros cursos para aprender a leer y a escribir.
    Madre: –Ya sabía yo que ustedes venían a sacarme los últimos centavos. Acá no sirve de nada saber leer y escribir. Mis hijos tienen que trabajar para ayudarme a alimentar a la familia. Además, yo no puedo pagar esos cursos.
50 Paula: –No tiene que pagar nada, son gratis. Si sus hijos aprenden a leer y a escribir, pueden conseguir más tarde, cuando sean mayores, un trabajo digno y bien pagado.
    Madre: –Ay, señorita, ¡qué ingenua es usted! Los que hemos nacido en este barrio nunca vamos a conseguir nada digno ni nada justo.
    Felipe: –¿Por qué no? Otros chicos de este barrio han asistido a los cursos y han podido encontrar
55   un trabajo mejor. Envíe por lo menos a uno de sus hijos para probar.
    Madre: –Bueno, me lo voy a pensar. Además, ¿ustedes creen que ellos van a querer?
    Paula: –Pues claro que sí. ¿Podemos hablar nosotros un momentito con ellos?
    Madre: –Sólo con Rosa, los otros no sé dónde están ni a qué hora van a regresar.
    Felipe: –Bueno, pues la semana que viene volvemos a la misma hora y hablamos con ellos, ¿de acuerdo?
60 Madre: –Vamos a ver.

b) Paula está trabajando para el proyecto "Por una vida digna". (3 P)
    Describe en pocas palabras su trabajo.

_____
_____
_____
_____
_____

c) Contesta las preguntas.

1. Esta tarde se han encontrado con Rosa. ¿Qué sabes de Rosa y de su familia? (3 P)

_____
_____
_____
_____
_____

2. ¿Cómo reacciona la madre de Rosa al enterarse del curso de alfabetización? (3 P)

_____
_____

3. ¿Pudieron convencer Felipe y Paula a la madre? (1 P)

_____
_____

Unidad 13

Zusatzmaterialien

1. Chile, un país extraordinario
Mira el mapa de Iberoamérica en tu libro y decide si las frases son correctas o falsas.
Si son falsas, corrígelas.

1. Chile está en el norte de Sudamérica.
2. Chile es un país ancho.
3. Chile limita con cuatro países: Argentina, Paraguay, Bolivia y Perú.
4. Chile tiene costa al Océano Pacífico.
5. La capital de Chile se llama Santiago de Compostela.
6. Una parte de la cordillera de los Andes se sitúa en Chile.
7. El oeste de Chile se llama "Tierra de Fuego".
8. "Tierra de Fuego" se encuentra en la parte sur de Chile y Argentina.
9. Chile es más largo que Perú.
10. La selva amazónica se encuentra en Chile.
11. El Chaco se encuentra en Chile.
12. La Pampa no se encuentra en Chile.

2. Ejercicio de concentración

infinitivo	perfecto de indicativo 1.p.sg.	imperfecto de indicativo 1.p.sg.	indefinido 1.p.sg.	presente de subjuntivo 1.p.sg.	perfecto de subjuntivo 1.p.sg.
decir	he dicho				
poner		ponía			
escribir			escribí		
beber				beba	
hablar					haya hablado
sacar				saque	
dar			di		
estar		estaba			
ser	he sido				
saber		sabía			
ir			fui		

¡Ay pobrecitos alumnos! Sé que la grammática es dura, pero ... no hay otra.

Unidad 13

Zusatzmaterialien

3. Crucigrama

Horizontal
1. Sustantivo del verbo "esperar".
2. Nombre de una playa y cultura chilena.
3. Un verbo para describir "no tener confianza".
4. Atacama es un … .
5. Alta montaña que se sitúa en Chile.
6. Una escritora famosa de Chile.
7. Un lugar en Chile donde llueve cada quince años.
8. Uno de los países vecinos de Chile.
9. Un poeta famoso de Chile.
10. Una isla famosa, que pertenece a Chile.
11. Gente que no sabe leer ni escribir.
12. Organización que lucha por una vida digna.

Vertical
13. Muchos árboles forman un … .
14. Una enfermedad grave en todo el mundo.
15. Un árbol chileno que crece en el sur de Chile.
16. Dos personas que se quieren mucho tienen una … .
17. Una carta que se manda por la red se llama … .
18. Una parte de una ciudad se llama … .
19. Es la capital de Chile.
20. Antónimo de "permitir".

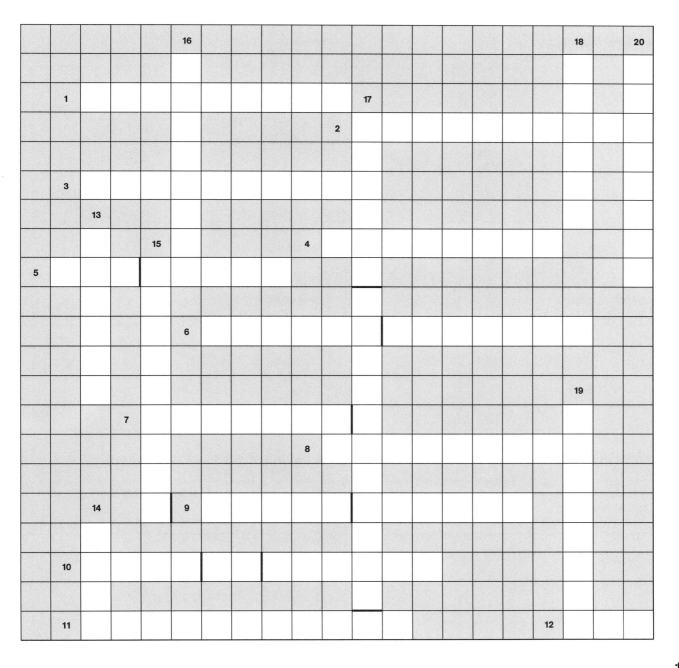

141

Unidad 14

Examen corto de español (1)

Nombre y apellido: _____   **Fecha:** _____

Traduce.   **30 puntos**

beobachten	der Himmel
vermissen	erschöpft
stehlen	anfassen
auf dem Weg nach	kassieren
das Treffen	schlecht gelaunt sein
schwitzen	bewegend
die Beziehung	der Schlagzeuger
je nachdem	niemals
das Schlagzeug	unbekannt
der Schrei	früher
erzählen	das Studium aufgeben
es kommt darauf an	die (Ton-) Aufnahme
total verliebt	der Beifall
eigentlich	proben
zufällig	hinten

Unidad 14

Examen corto de español (2)

Nombre y apellido: _____ **Fecha:** _____

1. Traduce.   **16 puntos**

das Konzert	das Ende
damals	der Schlagzeuger
schwören	die Sängerin
aufhören etw. zu tun	auffallen
etwas trinken	die Beziehung
aufnehmen	fang an
das Publikum	die Zugabe
zufällig	vor nicht allzu langer Zeit

2. Traduce las frases al español.   **7 puntos**

presente	futuro simple	presente	futuro simple
volvéis		decimos	
sabes		abren	
vienen		tomas	
estoy			

3. Pasa los verbos del presente al conditional simple.   **7 puntos**

presente	condicional simple	presente	condicional simple
compras		salgo	
beben		hacemos	
subo		tenéis	
quieres			

143

Unidad 14

Examen de español

Nombre y apellido: _____ Fecha: _____

1. ¿Qué harás después del examen de español? 10 puntos
   Imagínate 10 frases en futuro.

_____
_____
_____
_____
_____
_____
_____
_____
_____
_____
_____
_____
_____
_____

2. Completa las frases con las formas adecuadas del condicional simple. 10 puntos

1. A nosotros nos _____ (gustar) ir al teatro.
2. Yo, en tu caso, _____ (ir) a la fiesta de Javier.
3. A Rosana le _____ (tú, poder) regalar un ramo de flores.
4. Álex dice: "Tuve que jurarles que no _____ (dejar) los estudios."
5. ¿Te _____ (importar) cerrar la puerta?
6. Tú, en mi lugar, ¿qué _____ (hacer)?
7. Nosotros, en su caso, _____ (salir) esta noche.
8. Por favor, ¿les _____ (importar) abrir la ventana?
9. Yo, en el caso de Felipe, me _____ (poner) una chaqueta.
10. Me dijeron que _____ (ellos, volver) antes del domingo.

Examen de español

Nombre y apellido: _____   **Fecha:** _____

3. Depende, todo depende   10 puntos
Formula mini-diálogos y utiliza tanto el futuro como el subjuntivo.

1. ¿Me – (dejar, tú) – el coche?   para cuándo (quererlo)

_____

_____

2. ¿Nos – (explicar, vosotros) – la gramática?   si – (comprenderla, nosotros) o no

_____

_____

3. ¿(sacar, ellas) – buenas notas?   cuánto – (estudiar)

_____

_____

4. ¿(ir, tú)? – al concierto de Shakira   cuánto – (costar) las entradas

_____

_____

5. ¿(ver, tú) – la tele – esta noche?   lo que – (poner, ellos)

_____

_____

4. En la unidad 14 has conocido al grupo de música Jarabe de Palo, un   10 puntos
   grupo musical español famoso. ¿Quiénes son? ¿Qué sabes de este grupo?

_____

_____

_____

_____

_____

5. Contesta las preguntas y utiliza el subjuntivo.   10 puntos

1. ¿Cuándo vas a estudiar la gramática?

Cuando _____   (tener tiempo)

2. ¿Cuándo piensas comprar un diccionario inglés?

Cuando _____   (ir al centro)

3. ¿Cuándo vas a Francia?

Cuando _____   (tener dinero)

4. ¿Cuándo vas a salir con tus amigos?

Cuando _____   (llegar, ellos)

5. ¿Cuándo nos prepararás una tarta?

Cuando _____   (ser mi cumpleaños)

Unidad 14

Zusatzmaterialien

1. Hablamos un poco de la música.
Escucha la canción *Depende* y contesta después las siguientes preguntas.

1. ¿Conoces la canción? ¿Cómo se llama el grupo que toca esta canción?

2. ¿Cómo se llama el título de esta canción? Si no lo sabes, imagínate un título.

3. ¿Te gusta la melodía / el ritmo de la canción? ¿Por qué (no)?

4. ¿Se trata de música clásica? ¿Qué tipo de música es?

5. ¿Entiendes el texto de la canción? ¿De qué tema trata la canción?

6. ¿Sueles escuchar música en casa? ¿Cuándo?

7. ¿Qué tipo de música prefieres? ¿Clásica, rock, pop, moderna, jazz, romántica?

8. ¿Te gusta cantar? ¿Cantas solo/a, con amigos o en un coro?

9. ¿Qué instrumento(s) sabes tocar? ¿Tocas en un grupo?

10. ¿Te gusta ir a conciertos de música rock?

11. ¿Cuál fue el último concierto al que asististe / fuiste?

12. ¿Qué prefieres, tocar o escuchar música?

13. ¿Te gusta bailar? ¿Dónde bailas normalmente?

14. ¿Prefieres bailar solo/a o en pareja?

Unidad 14

Zusatzmaterialien

2. Escucha la canción *Depende* atentamente y completa el texto.

1. Que el blanco sea _____
   Y que el negro sea _____
   Que uno y uno sean dos
   Porque exactos son los _____.
   Depende.
   Que aquí estamos de prestado.
   Que hoy el cielo está _____.
   Que uno nace y luego muere,
   y este cuento _____.
   Depende. Depende.
   ¿De qué depende?
   De según cómo se mire,
   todo depende.

2. Que bonito es el _____,
   más que nunca en _____.
   Que mañana sale el sol,
   porque estamos en _____.
   Depende.
   Que con el paso del tiempo
   el vino se hace bueno.
   Que todo lo que sube _____
   De abajo arriba y de arriba a _____.
   Depende. Depende.
   ¿De qué depende?
   De según cómo se mire,
   todo depende.

3. Que no has conocido a nadie
   que te _____ como yo.
   Que no hay otro _____ en tu vida
   que de ti se beneficie.
   Depende.
   Que si quieres decir sí
   cada vez que abres la _____.
   Que te hace muy feliz
   Que hoy sea el día de tu _____.
   Depende. Depende.
   ¿De qué depende?
   De según cómo se mire,
   todo depende.

Hm hm hm ...
¡Que ritmo más alegre!
¿Cantamos?
La, la, la, la, laaa ...

Unidad 14

Zusatzmaterialien

3. Breve información sobre Los Jarabe de Palo

La Banda:
Pau Donés (voz y guitarra)
Álex Tenas (batería)
Danis Forcada (percusión)
María Roch (bajo)
Jordi Mena (guitarra)
Toni "Chupi" Saigi (teclados)

Premios otorgados
Premio Ondas a la mejor canción: "La Flaca"
Premio Amigo al grupo revelación español
Premio de la Música al mejor autor revelación
Premio de la Música al mejor artista revelación

Historia

Detrás de Jarabe de Palo se encuentran Pau Donés, un solista y compositor que nació en Aragón y vive actualmente en Barcelona, y cinco músicos (ver arriba) con un prestigio reconocido dentro del mundo musical local y nacional. Con la primera guitarra que tuvo, le entró el gusto por la música y, a los 12 años, adquirió dos discos que le impactaron de manera definitiva: Música Rock de los Beatles y Bob Marley. A los 15 comenzó con sus primeras experiencias en el mundo de la música formando el grupo "J&Co." con su hermano Marc. Más tarde cambiaron de nombre y se denominaron "Dentaduras Postizas". Pau comenzó a trabajar en una agencia de publicidad y, con su primer sueldo, se compró lo que fue su primer equipo: una grabadora, un sintetizador, una mesa de mezclas y una Fender Stratocaster y así comenzó a grabar sus primeras canciones.
Después de hacer la carrera de Empresariales y Economía, pasaron bastantes años hasta que Pau, con 31 cumplidos, publicara su primer trabajo discográfico: "La Flaca", que se convirtió en su gran éxito.

"Mi manera de aprender en la vida, que no en mi casa, ha sido recibiendo un palo detrás de otro. De hecho fui uno de esos niños conflictivos que van de colegio en colegio. Y lo curioso es que este método no ha terminado. Ahora más que nunca me llueven todos los palos en la chepa", explica Pau.
El 20 de noviembre de 1997, Jarabe de Palo gana el premio Amigo al grupo revelación español y poco antes el premio Ondas a la mejor canción: "La Flaca", una canción dedicada a una chica cubana a quien conoció durante un viaje a la isla, y que contiene ritmos típicamente caribeños. En abril de 1998 Jarabe de Palo consigue dos "Premios de la Música 98" al autor revelación y al artista revelación.

Después de dos años de éxito de "La Flaca", le sigue "Depende", un disco muy esperado por todos y que también se convierte en un gran éxito. Este disco habla de la vida y es igual de sencillo que el primero, con canciones tan buenas como "Realidad o sueño", "Vive y deja vivir" o "Te miro y tiemblo". Aunque la existencia de Jarabe de Palo comienza a ser conocida en el otoño de 1996, para la inmensa mayoría del público su obra sólo es conocida a través de un spot publicitario de Carácter Latino para el que se eligió la música de "La Flaca", cuyo estribillo se grabó en la mente de muchos telespectadores: "Por un beso de la Flaca yo daría lo que fuera". "La Flaca" se convirtió en la canción del verano de 1997 y a partir de ahí comenzó a crecer el interés por el grupo Jarabe de Palo.

Unidad 14

Zusatzmaterialien

4. Entrevista con Pau Donés
a) Lee la entrevista.

¿En qué ha cambiado el éxito vuestra vida?
Antes vivíamos en casa y ahora vivimos en hoteles y andamos en la furgoneta de un lado para otro. Antes cantabas en un club o en un bareto y, al acabar, te ibas a la barra y tan tranquilo. Ahora sabes que te vas a tirar toda la noche firmando autógrafos. Es una gran incomodidad. Pero hay una gran compensación y es que, al ser conocidos, nos resulta más fácil hacer llegar nuestra música a la gente.

¿Qué aporta Jarabe de Palo al rock español?
No pretendemos aportar nada nuevo. Queremos hacer lo nuestro e intentar conectar con la gente a través de nuestra música y nuestras letras. Nuestro objetivo principal no es buscar innovaciones e intentar que la gente nos reconozca por eso, somos menos pretenciosos, queremos disfrutar con las canciones y que lleguen a la gente.

¿Sois conscientes de que el fulgurante éxito de "La Flaca" es también un peligro?
Sí, hay gente que se puede quedar colgada con una canción. Es un peligro que tenemos muy claro, pero no nos preocupa demasiado porque detrás tenemos un disco con mejores canciones que "La Flaca". De hecho la gente en los conciertos nos dice: "Tíos, pero si La Flaca es una mierda". En los conciertos es donde se ve si das la talla, si las canciones conectan o no con gente que está a un metro de ti.

¿Qué tratáis de reflejar en vuestras canciones?
Un día estábamos tocando "El lado oscuro" en Zaragoza, de golpe y porrazo un tío se puso a llorar como un condenado. Cuando acabamos, fuimos a ver qué le pasaba y nos dijo que hacía una semana que se había separado de su mujer y lo que estaba contándole la canción le había llegado al fondo. Pretendemos hablar de cotidianidad, de amores, desamores, cosas que vemos por la calle. No vamos a arreglar el mundo ni a hacer proselitismo.

Vosotros sois precisamente un producto del impacto de una imagen.
Sí, es una especie de vértigo, pero uno tiene que saber dónde está en cada momento. Nosotros estamos aquí porque nos gusta hacer música y tocar, algo que ya hacíamos. ¿Que tenemos éxito? ¡Cojonudo! Pero desde el punto de vista personal no vamos a cambiar. Yo, Pau Donés, llevo estas wambas[1] que me costaron 30 euros hace cuatro meses y estos vaqueros que me compré hace cuatro años. Y, claro, ahora no me voy a comprar unos de Armani porque tenga éxito. El éxito sólo marea a quien lo quiere.

www.todomusica.orig/jarabe_de_palo/index.shtml

b) Contesta las preguntas.
1. ¿De qué temas básicos habla Pau Donés en esta entrevista?
2. El éxito de las canciones de Jarabe de Palo ha cambiado su vida. ¿Crees que le gusta su vida de momento? Explica por qué sí, o por qué no.
3. ¿Qué temas quieren expresar Los Jarabe de Palo en sus canciones?
4. ¿Crees que son temas interesantes para el público? Explica por qué sí, o por qué no.
5. ¿Crees que Pau Donés es un chico superficial, o arrogante porque ha tenido mucho éxito? Explica tu opinión.

---
[1] wambas: zapatillas de tenis

Unidad 15

Examen corto de español (1)

Nombre y apellido: _____   **Fecha:** _____

Traduce.   **30 puntos**

lediglich	kommen wir zu … zurück
die Wirtschaft	frisch
die Umwelt	der Sprung
etwas wagen	erlauben
schuldig	beitragen zu
behaupten	achtsam
geboren werden	sich halten für
die Erziehung	ehrlich
in der letzten Zeit	vergessen
wohlerzogen	lärmend
die Geduld	anerkennen
kann sein, dass	ökologisch
der Wohlstand	sich benehmen
kränken	die Geburt
die Aufmerksamkeit	obwohl

Unidad 15

Examen corto de español (2)

Nombre y apellido: _____ **Fecha:** _____

1. Traduce. 16 puntos

der Gesichtspunkt	der Ursprung
sich interessieren für	bestimmen
bauen	so viel ich weiß
der Lebenslauf	sich den Luxus gönnen
sich vergnügen	sobald
die Kunst	die Minderheit
in gewisser Weise	schmutzig
der Müll	wirtschaftlich

2. Escribe en afirmativo el imperativo de la segunda persona singular. 8 puntos

infinitivo	imperativo	infinitivo	imperativo
hacer		ser	
irse		salir	
tener		venir	
poner		decir	

3. Traduce. 6 puntos

1. Vergessen Sie nicht die gute Erziehung.

_____

2. Geh nicht in das Zimmer hinauf.

_____

3. Stellt die Musik nicht so laut.

_____

Unidad 15

Examen de español

Nombre y apellido: _____   **Fecha:** _____

1. Escribe la forma negativa de las frases usando el imperativo.   **14 puntos**

1. Poned la tele más baja.

2. Habla más rápido.

3. Pasad por el cine.

4. Espera en el restaurante.

5. Sal esta noche.

6. Comprad este diccionario de inglés.

7. Levántate temprano.

8. Pon la radio.

9. Ven a casa por la tarde.

10. Escuchad lo que dicen los chicos.

11. Abre la puerta.

12. Haz los ejercicios.

13. Entrad en clase.

14. Lavaos los manos.

2. Completa las frases con la forma del subjuntivo.   **10 puntos**

1. Puede que _____ (haber) partes de la presentación que no convencen al público.
2. Disculpen que no les _____ (escribir, yo) antes.
3. Aunque ustedes no lo _____ (creer), tengo mucho trabajo.
4. Depende de cuándo me _____ (dar, ellos) vacaciones.
5. Cuando _____ (tocar) los Jarabe de Palo, iré al concierto .
6. Deseamos que _____ (venir, vosotros) pronto a Madrid.
7. Ellos no les prohíben que _____ (salir) por la noche.
8. Me alegro de que _____ (sacar, tú) el carnet de conducir.
9. Os aconsejo que _____ (participar) en un curso de verano .
10. Sentimos mucho que no _____ (poder, ellos) venir a la fiesta.

Unidad 15

Examen de español

Nombre y apellido: _____ **Fecha:** _____

3. Completa las frases con la forma del subjuntivo o indicativo. 10 puntos

1. Cuando Shakira _____ (llegar) al concierto, sacaré una foto.
2. Cuando _____ (tener, yo) un buen puesto de trabajo, me casaré con Mónica.
3. Cuando Paco _____ (encontrarse) con su ex, ni la _____ (saludar)
4. Empezaremos a desayunar, cuando _____ (levantarse) Luis y Rosa.
5. Cuando llego a casa, mis padres me _____ (recibir) con cariño.
6. Me echan la culpa de que no _____ (estar) la comida preparada.
7. Iremos al restaurante aunque todavía no _____ (tener, nosotros) hambre.
8. Cuando vamos a bailar a esa discoteca, _____ (tener, nosotros) que enseñar el carné de identidad.
9. Cuando _____ (venir, vosotros) a mi casa la próxima vez, os haré una paella.

4. Explica las ventajas y desventajas del turismo en España. 10 puntos

_____
_____
_____
_____
_____
_____
_____
_____
_____

5. Un amigo mexicano te escribe que quiere viajar a España o a Alemania para conocer un país extranjero. Elige un país, escríbele una carta y hazle na propuesta. 16 puntos

Unidad 15

Zusatzmaterialien

1. Themenorientierte Stichwortvorgabe, für eine Zusammenfassung des Textes
   Yo, entonces, era un don nadie

siglo XIX

turismo / nacer
viajes de estudios
poca gente / viajar
minoría / interesarse por cultura,
arte, playas

siglo XX

llamarse / turismo
para mucha gente / ser interesante
ranking económico / empezar / años 60
éxito / tener
bienestar económico en España
nuevo medio de transporte
avión
millones de extranjeros / venir a España
ser / uno de los factores económicos /
importantes

aspectos positivos   => turismo <=   **aspectos negativos**

- factor económico / importante
- dar / trabajo / millones de personas
- dinero / modernizar / país
- mejorar / infraestructura
- construir / autopistas, carreteras, hoteles
- cambiar / vida española
- país moderno / democrático / europeo

- ecologistas / estar en contra
- medio ambiente / estar contaminado
- playas / sucias
- basura
- contaminación / ríos / mares
- subir / coste de la vida
- país / más ruidoso / Europa
- gente / identificar / turismo / Mallorca
- turistas / no tener educación
- turistas / comportarse mal

Unidad 15

Zusatzmaterialien

2. Tandemübung zum Einüben der Imperativ-Formen
Practicad las formas del imperativo afirmativo y negativo en la segunda persona singular.

ten / no tengas	**haben**
erlauben	permite / no permitas
determina / no determines	**bestimmen**
stellen / legen	pon / no pongas
sal / no salgas	**ausgehen**
kommen	ven / no vengas
gasta / no gastes	**ausgeben**
behaupten	afirma / no afirmes
pórtate bien / no te portes bien	**sich gut benehmen**
vergessen	olvida / no olvides
molesta / no molestes	**stören**
kassieren	cobra / no cobres
vete / no te vayas	**weggehen**
machen	haz / no hagas
sé / no seas	**sein**
wegnehmen	quita / no quites
observa / no observes	**beobachten**
proben	ensaya / no ensayes
vende / no vendas	**verkaufen**
sagen	di / no digas
pon / no pongas	**legen**
verbieten	prohíbe / no prohíbas
persigue / no persigas	**anstreben, verfolgen**
misstrauen	desconfía / no desconfíes

Unidad 15

Zusatzmaterialien

3. Busca los significados adecuados en español.

afirmar · fumar · indignar · considerarse · olvidar · comportarse · observar · protegerse · prohibir · perseguir · divertirse · vender · ensayar · grabar · determinar · desconfiar · jurar · casarse · permitir · nacer · modernizar · interesarse · sudar · quitar · molestar · atreverse · cobrar · construir · reconocer · contribuir · gastar

Deutsch	Español	Deutsch	Español
sich schützen	_____	anstreben	_____
sich trauen	_____	verbieten	_____
bauen	_____	sich interessieren	_____
schwitzen	_____	ausgeben	_____
bestimmen	_____	modernisieren	_____
heiraten	_____	sich benehmen	_____
schwören	_____	vergessen	_____
kassieren	_____	behaupten	_____
beobachten	_____	rauchen	_____
beitragen	_____	kränken	_____
aufnehmen	_____	stören	_____
erlauben	_____	verkaufen	_____
proben	_____	sich betrachten	_____
sich amüsieren	_____	misstrauen	_____
wegnehmen	_____	geboren werden	_____
		anerkennen	_____

Unidad 15

Zusatzmaterialien

4. Traduce los nuevos verbos y practica otra vez el indicativo y el subjuntivo.

	infinitivo	perfecto de indicativo 1.p.sg	imperfecto de indicativo 1.p.sg.	indefinido 1.p.sg.	presente de subjuntivo 1.p.sg.	perfecto de subjuntivo 1.p.sg.
stören						
rauchen						
vergessen						
behaupten						
misstrauen						
verkaufen						
beobachten						
schwören						
bestimmen						
anerkennen						
beitragen						
bauen						
schwitzen						
proben						
verbieten						
kassieren						
ausgeben						

¡Qué linda es la gramática!, ¿verdad? Verás que este ejercicio te ayudará en el futuro.

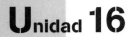

Examen corto de español (1)

Nombre y apellido: _____ **Fecha:** _____

Traduce. 30 puntos

kläglich	einen Fehler machen
die Fernsehserie	sich scheiden lassen
die Stewardess	darin bestehen
die Folge	die Hochzeit
die Verteilung	das Unglück
sich operieren lassen	besetzen
warnen vor	die Arbeitszeit
weiter tun	die Hüfte
das Grundstück	atmen
bügeln	erleiden
krank werden	nie
leicht	illegal
die Ehefrau	vereiteln
in Begleitung von	der Haushalt
die Untreue	sich entwickeln

Examen corto de español (2)

Nombre y apellido: _____   **Fecha:** _____

1. Traduce.   16 puntos

der Wohnort	ausschließlich
schrecklich	aufgrund von
schlicht	der Unfall
das Bein	trotz
ganz, gesamt	malen
die Hausfrau	die Hoffnung
wandern	das Ehepaar
erfüllen	der Traum

2. Escribe las formas del imperfecto de subjuntivo y del pluscuamperfecto de subjuntivo.   14 puntos

indicativo	imperfecto de subjuntivo	pluscuamperfecto de subjuntivo
compramos		
viven		
vienes		
dice		
bebo		
ponéis		
trabajo		

Unidad 16

Examen de español

Nombre y apellido: _____ **Fecha:** _____

1. En la unidad 16 has conocido a dos mujeres mexicanas.   **15 puntos**
   Elige a una mujer y describe la persona, su vida etc.

2. Si ganaras un viaje, ¿qué países te gustaría conocer personalmente: **15 puntos**
   Chile, México o España? Explícalo.

3. Completa la frase con el imperfecto de subjuntivo   **16 puntos**
   y termínala con algo de fantasía.

1. Si los chicos _____ (hacer) el bachillerato, _____

2. Si nosotros _____ (tener) más dinero, _____

3. Si Miguel _____ (ser) el esposo de Madonna, _____

4. Si yo _____ (vivir) en Miami Beach, _____

5. Si tú _____ (saber) cantar muy bien, _____

6. Si vosotros _____ (hablar) ruso, _____

7. Si yo _____ (ser) millionario, _____

8. Si el rey Don Juan Carlos de España me _____ (invitar), _____

4. Completa las frases con la forma del pluscuamperfecto de subjuntivo   **14 puntos**
   y del condicional simple o compuesto en la principal.

1. Si nosotros _____ (aprender) una profesión, nuestra actual situación

   _____ (ser) mejor.

2. Si tú _____ (casarse) con el príncipe de Inglaterra, ahora no _____ (vivir)

   en este pequeño pueblo.

3. Si yo _____ (comprar) el coche, no _____ (tener) que ir en bicicleta.

4. Si José _____ (estudiar) inglés, hoy _____ (poder) trabajar en los

   Estados Unidos.

5. Si ustedes _____ (trabajar) más, _____ (permitirse) el lujo de pasar

   las vacaciones en Cuba.

6. Si mis amigas no _____ (ponerse) enfermas, _____ (poder) ir

   con nosotros a bailar.

7. Si vosotros _____ (llegar) puntuales, _____ (comer) todos juntos.

Unidad 16

Zusatzmaterialien

1. Formular el resumen de un texto

Para resumir un texto que esté a nivel de bachillerato hay que tener en cuenta las siguientes reglas:
Un resumen tiene que tener una cierta estructura que sirva de guía para el lector.
La estructura básica para cada tipo de resumen consiste en:
– la introducción,
– la parte principal,
– el final o conclusión.
Un resumen de un texto siempre tiene que ser más corto que el texto mismo.
Principalmente se utiliza el presente.

La introducción:

La introducción sirve para introducir al lector en la situación del texto. Hay que hablar de los siguientes aspectos: tipo de texto (p.e. texto narrativo, informe, reportaje, relato, novela, carta, anuncio, entrevista), nombre del autor (si está mencionado), título y tema del texto.

Vocabulario complementario para escribir la introducción:

El informe está extraído de …	*Der Bericht ist entnommen aus …*
El relato titulado "…"	*Die Erzählung mit dem "…" Titel*
El reportaje que lleva el título "…"	*Die Reportage, die den Titel "…" trägt*
La carta escrita en … por …	*Der Brief, geschrieben in … von …*
trata de …	*handelt von …*
habla de …	*spricht von …*
comenta el tema …	*kommentiert das Thema …*
expone …	*legt dar …*
aclara …	*erläutert …*
dice que …	*sagt, dass …*

La parte principal:

En la parte principal hay que explicar los aspectos o temas más importantes del texto, sin entrar en cada uno de los detalles del texto. Nunca se debe copiar las frases del texto. Siempre hay que tratar de formular los asuntos con palabras propias.

Para mantener la continuidad del resumen utiliza, por ejemplo, el siguiente vocabulario:

primero	*zuerst*	cuenta	*erzählt*
para empezar	*zu Beginn*	informa	*informiert*
luego	*dann*	ilustra	*veranschaulicht*
después	*danach*	explica	*erklärt*
a continuación	*dann, darauf*	critica	*kritisiert*
por un lado … por otro lado …	*einerseits … andererseits*		
en cuanto a	*was … angeht*		
con respecto a	*bezüglich*		

El final o conclusión:

Al final del resumen uno destaca los siguientes asuntos: el final del texto; el final del resumen; o una opinión personal respecto al tema del texto. El escritor debe decidir en cada caso cuál es el final adecuado para el resumen de un texto determinado.

Refuerzo de vocabulario para concluir el resumen del texto:

en conclusión	*als Zusammenfassung*	opino / creo que	*ich meine / glaube, dass*
finalmente	*abschließend*	pienso que	*ich denke, dass*
en consecuencia	*als Konsequenz*	a mí me parece que	*es scheint mir*
para terminar	*um zum Schluss zu kommen*	estoy seguro de que	*ich bin sicher, dass*
en pocas palabras	*in wenigen Worten*	en mi opinión	*meiner Meinung nach*

Unidad 16

Zusatzmaterialien

2. Carmen Balderas, una mujer del pueblo
a) Lee el resumen del texto. Analiza el texto y fíjate si el escritor del resumen ha respetado las reglas mencionadas.
b) Marca todas las partes del resumen que haya que cambiar para que sea un buen resumen.
c) Formula mejor las partes.
d) Tacha todos los detalles innecesarios para abreviar el texto.

> El texto "Carmen Balderas" habla de una mujer interesante de México. La familia Castillo Balderas vive en Guadalajara, en el barrio de Buenos Aires, una zona donde la gente comenzó a ocupar terrenos ilegalmente. Aunque la infraestructura del barrio es mala, la familia Castillo Balderas decidió construir con sus propias
> 5 manos el ranchito donde vive. Ambrosio, el esposo de Carmen, se levanta todos los días a las cuatro de la mañana. Su trabajo consiste en hacer la distribución de productos agrícolas para la empresa donde trabaja. Carmen es ama de casa, lava, plancha y cocina. Después de trabajar, a la familia le gusta mucho sentarse delante del televisor y ver juntos telenovelas. Carmen Balderas nació en Guadalajara y
> 10 creció sin padre. Después fue a la escuela primaria hasta los 12 años. Con 15 tuvo que casarse con Ambrosio, porque se embarazó.
> Hoy Carmen Balderas quisiera cambiar su vida, pero no puede. Si hubiera aprendido una profesión, trabajaría para mejorar la situación de sus hijos. A Carmen le gustaría mucho trabajar y ganar dinero, pero Ambrosio no se lo permite. Él quiere
> 15 que Carmen esté en casa para cuidar a la familia.
> El final.

3. Buenos ejemplos de resumen
Se trata de tres buenos ejemplos de resumen aunque son muy diferentes.
a) Lee los tres siguientes resúmenes.

Ejemplo 1

El informe extraído del País Semanal lleva el título "Carmen Balderas, una mujer del pueblo" y habla de la vida de Carmen Balderas y de su familia.
Carmen Balderas y su familia viven en Buenos Aires, un barrio de Guadalajara. Viven en una casa pequeña que construyeron con sus propias manos. Carmen es ama de casa y trabaja todo el día en la
5 casa. Plancha, lava y cocina. Su esposo, Ambrosio, se levanta todos los días muy temprano, después va al trabajo. Hace la distribución de productos agrícolas para una empresa. Carmen y Ambrosio tienen varios hijos. Carmen Balderas nació en Guadalajara y fue a la escuela hasta que tenía 12 años. Cuando tenía 15, se embarazó y se casó con Ambrosio. A Carmen le hubiera gustado estudiar y trabajar como azafata o como secretaria.
10 Ahora piensa ella que si hubiera aprendido una profesión, podría trabajar y mejorar su situación.
Pero a Ambrosio no le gusta que su esposa trabaje fuera de casa.

Unidad 16

Zusatzmaterialien

Ejemplo 2

El reportaje titulado "Carmen Balderas, una mujer del pueblo" del País Semanal habla de la vida de Carmen Balderas y de su familia.
Primero, el texto describe el ambiente del pueblo, donde vive la familia Castillo Balderas. Vive en Buenos Aires, un barrio de Guadalajara en una casita que construyeron con sus propias manos.
5 Después informa sobre la vida diaria de Carmen y de su esposo Ambrosio. Ambrosio siempre se levanta muy temprano, después va al trabajo. Allí hace la distribución de los productos agrícolas para una empresa. Carmen es ama de casa y se queda todo el día en la casa. Por la tarde se encuentra la familia para ver juntos las telenovelas con los hijos. A continuación el reportaje describe la niñez de Carmen. Nació en Guadalajara, fue a la escuela hasta que tenía 12 años, después, cuando tenía 15 años, se
10 embarazó y se casó con Ambrosio. Como no ha aprendido ninguna profesión, hoy no puede trabajar. Además Ambrosio no le permite que haga "nada" para ganar por lo menos unos pesos y para mejorar su situación.
Pienso que Carmen está triste, porque le gustaría trabajar y mejorar la situación suya y la de sus hijos. Por un lado, Ambrosio no la deja trabajar porque quiere que Carmen cuide en casa la familia. Por otro
15 lado, Carmen nunca aprendió una profesión. Creo que en esta situación ella no tiene muchas posibilidades de cambiar su vida.

Ejemplo 3

El informe que lleva por título "Carmen Balderas, una mujer del pueblo" del País Semanal expone el currículum de Carmen Balderas.
Carmen Balderas nació en Guadalajara. Fue a la escuela primaria hasta que tenía 12 años. Después salió con Ambrosio, se embarazó y, cuando tenía 15 años, tuvo que casarse.
5 Hoy vive con Ambrosio y sus hijos en Buenos Aires, un barrio de Guadalajara en una casa pequeña que construyeron ellos mismos. Carmen se queda todo el día en casa y trabaja como ama de casa.
A Carmen le hubiera gustado aprender una profesión y trabajar como azafata o secretaria.
No fue posible porque se embarazó. Hoy Ambrosio tampoco le permite que Carmen gane por lo menos unos pesos. Para él una mujer casada tiene que estar en casa y cuidar a la familia. Ambrosio va a
10 trabajar a una empresa. Hace la distribución de productos agrícolas.
Estoy segura de que, si Carmen no se hubiera embarazado, habría aprendido una profesión y habría tenido otra vida. A mí no me parece correcto que Ambrosio insista en que ella se quede en casa para cuidar a la familia.

b) Analiza en qué se distinguen.

	ejemplo 1	ejemplo 2	ejemplo 3
introducción			
parte principal			
el final			

Unidad 17

Examen corto de español (1)

Nombre y apellido: _____   **Fecha:** _____

Traduce.   30 puntos

träumen von	der Spatz
finden	stehen bleiben
aufstehen	die Kindheit
sich entschuldigen	schlagen
anstarren	sich nähern
besteigen	nichts dagegen haben
verrückt werden	so dass
der Schmetterling	jdm. etwas danken
jdm. eine Aufmerksamkeit erweisen	hinzufügen
das Schauspiel	etwas bemerken
weggehen	gelten
das Licht	überraschend
erfinden	der Frieden
sich verbrennen	die Zunge
vorausgesetzt, dass ...	verdienen

Unidad 17

Examen corto de español (2)

Nombre y apellido: _____ **Fecha:** _____

1. Traduce. 16 puntos

empört	sich ereignen
möglich	hinbringen
dankbar	erwachsen
antworten	der Pfarrer
der Frühling	es sei denn, dass
jdm. etwas übel nehmen	zu tun haben mit
das Schiff	sobald
das Handwerk	mit Sie anreden

2. Escribe las formas del imperfecto de subjuntivo y del pluscuamperfecto de subjuntivo en la forma de -se. 14 puntos

indicativo presente	imperfecto de subjuntivo	pluscuamperfecto de subjuntivo
sucede		
pego		
reponemos		
os detenéis		
inventas		
merece		
discuten		

165

Unidad 17

Examen de español

Nombre y apellido: _____   **Fecha:** _____

1. Completa las frases con el imperfecto de subjuntivo.   **10 puntos**

1. A don Gregorio le gustaría que Moncho _____ (volver, él) a la escuela.
2. Moncho no quería que le _____ (pegar, ellos).
3. El chico se había escondido en el bosque toda la noche, para que no le _____ (encontrar, ellos).
4. Un día, el hermano de Moncho le pidió que _____ (venir, él) a casa.
5. A nosotros nos gustaría que el profesor nos _____ (contar, él) más de la situación política en España en aquel tiempo.
6. Yo le dije a mi amigo que _____ (buscar, nosotros) más información en la red.
7. ¿A vosotros os gustaría que _____ (leer, nosotros) más sobre el dictador Franco en la clase de español?
8. A ti te gustaría que Manuel _____ (aprender, él) también español, ¿verdad?
9. Ayer le llamé por teléfono para que _____ (enterarse, él) del tema de la unidad 17.
10. Yo quería que Manuel _____ (pasar) el examen de español.

2. Completa las frases con el pluscuamperfecto de subjuntivo.   **10 puntos**

1. Moncho no habría vuelto a clase si don Gregorio no _____ (hablar) con sus padres.
2. Don Gregorio no habría visitado a los padres de Moncho si no le _____ (gustar) el chico.
3. Los padres de Moncho no creían que la situación política _____ (cambiar) tanto en aquellos días.
4. Ellos temían que _____ (comenzar) ya la guerra.
5. Si don Gregorio _____ (ser) más estricto, le habrían temido los niños en la clase.
6. Si la madre no _____ (quemar) la bandera republicana, tarde o temprano la habrían encontrado los antirrepublicanos.
7. Si los enemigos de la Republica no _____ (organizar) una rebelión, no habría estallado[1] la guerrra.
8. El papá de Moncho no le habría hecho un traje, si don Gregorio _____ (tener) algo en contra.
9. Si ayer _____ (hacer) buen tiempo, habrían dado la clase en el campo.
10. Los españoles no habrían sufrido tanto, si no _____ (haber) una guerra civil.

---

[1] estallar: *ausbrechen (Krieg)*

Examen de español

Nombre y apellido: _____ **Fecha:** _____

3. Completa las frases con la forma adecuada del indicativo o del subjuntivo. 5 puntos

1. Mientras no _____ (estudiar, tú) más, no tendrás buenas notas.

2. Moncho estaba escondido en el bosque, mientras todos le _____ (buscar).

3. Los chicos llegaron a casa, mientras su madre _____ (quemar) el carné del partido.

4. Mientras no _____ (aprender, nosotros) más de la historia española, no podremos entenderla.

5. Mientras el profesor no nos _____ (presentar) una película de aquel tiempo, no podremos imaginarnos, cómo era la situación.

4. Traduce las frases al español. 10 puntos

1. Don Gregorio unterrichtet die Kinder im Freien, es sei denn die Kinder haben etwas dagegen.

2. Morgen schreiben wir einen Test, vorausgesetzt unser Lehrer ist nicht krank.

3. Die Schüler werden ein Buch über die spanische Geschichte lesen, vorausgesetzt sie interessieren sich dafür.

4. Die Mädchen gehen heute Abend ins Kino, es sei denn sie haben kein Geld.

5. Sie reisen nach Spanien, vorausgesetzt sie haben genügend Geld.

5. Producción de texto 15 puntos

Elige un tema y escribe un texto.

Tema 1: Describe la situación política de España en el año 1936.

Tema 2: Elige una película y descríbela con detalles.

Unidad 17

Zusatzmaterialien

1. **Analizamos la película *La lengua de las mariposas*.**

a) **Observa la primera parte de la película titulada *La lengua de las mariposas* del director artístico José Luis Cuerda y toma apuntes respecto a las siguientes preguntas:**

> Las primeras imágenes de una película provocan curiosidad. Analiza ... ¿Cómo logró esto el director artístico?

1. La película empieza con imágenes en blanco y negro.
   – ¿Qué situaciones puedes reconocer?
   – ¿En qué parte de España crees que fue filmada la primera parte de la película?
   – ¿Qué época histórica representa la película?
   – Formula una hipótesis. ¿Qué significado tienen las fotos en blanco y negro antes de que empiece la acción de la película?
2. ¿En qué momento los espectadores se dan cuenta de que empieza la acción de la película?
3. ¿Qué personajes aparecen en las primeras secuencias?
4. ¿Cómo se llaman estos personajes y de qué trabajan o a qué se dedican?
5. Describe también los diferentes lugares que aparecen en la película.

> Caracterizar a una persona no es fácil. Hay que observarla.

b) **Composición de texto**

Describe uno de los personajes que has visto en la película con lujo de detalles. Busca en un diccionario las palabras adecuadas que detallan tanto el aspecto físico del personaje como el carácter que manifiesta. Explica también por qué has elegido a este personaje.

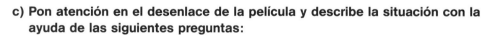

> ¿Qué te parece el final de la película?

c) **Pon atención en el desenlace de la película y describe la situación con la ayuda de las siguientes preguntas:**

1. ¿En qué día tiene lugar la acción?
2. ¿Dónde se encuentran los protagonistas?
3. ¿Qué pasó?
4. ¿Cómo reacciona la familia de Moncho?
5. Explica cómo cambió la actitud de Moncho respecto a don Gregorio. ¿Por qué reacciona este personaje de esta manera?

d) **En caso de que hayas visto la película entera, soluciona el siguiente ejercicio:**

En diferentes secuencias de la película se ve que Moncho aprende para la vida. Elige una situación significativa. Descríbela e interprétala.

Unidad 17

Zusatzmaterialien

2. La lengua de las mariposas
(Folienvorlage Version A)

Presenta los aspectos más importantes de los textos.

La escuela

Moncho / crecer / pueblecito / Galicia
Moncho / contar / primer día / escuela
Padre / llevar / escuela
Don Gregorio / saludar Moncho / tratar de usted
Preguntar / cómo / llamarse
Moncho / responder / Gorrión
Tener que / repetir / porque / Don Gregorio / preguntar / si realmente / llamarse Gorrión
Todos los niños / reírse / Moncho salir / correr / escuela
Esconder / bosque / pasar / noche / árbol
Hermano / encontrar / Moncho
Don Gregorio / venir / casa / padres / disculparse
Don Gregorio / querer que / Moncho volver / escuela

Don Gregorio y la naturaleza

Don Gregorio / gustar / naturaleza
Espectáculo más sorprendente
Dar ejemplo / mariposa
Mariposa / tener lengua / trompa / elefantes / pero …

El traje

Padre / querer hacer / traje / don Gregorio
Gustar / tener / atención / don Gregorio
Al principio / no querer / por principios
Después / preguntar / ser / republicano
El padre / responder / sí
Por eso / don Gregorio / no oponer resistencia

No fue posible la paz

Un día / Moncho / jugar al fútbol / otros niños
Hermano / buscar / Moncho / decir / venir / a casa / porque / haber guerra
En casa / madre / quemar / cosas / tener que ver / República /
p.e. periódicos / carné del partido / bandera republicana

Zusatzmaterialien

3. La lengua de las mariposas
Folienvorlage Version B

Presenta los aspectos más importantes de los textos.

La escuela

Moncho / pueblecito / Galicia
Moncho / primer día / escuela
Madre / Moncho / escuela
Don Gregorio / Moncho / ... de usted
Don Gregorio / preguntar
Moncho / "gorrión"
Todos los niños / Moncho salir / escuela
Bosque / noche / árbol
Hermano / Moncho
Don Gregorio / casa / padres
Don Gregorio / Moncho / escuela

Don Gregorio y la naturaleza

Don Gregorio / naturaleza
Espectáculo más sorprendente
Ejemplo / mariposa
Mariposa / lengua / trompa / elefantes

El traje

Padre / traje / don Gregorio
Atención / don Gregorio
Al principio / no querer / por principios
Después / republicano
El padre / responder / sí
Por eso / don Gregorio / resistencia

No fue posible la paz

Un día / Moncho / fútbol / otros niños
Hermano / Moncho / a casa / porque / guerra
En casa / madre / cosas / República /
p.e. periódicos / carné del partido / bandera republicana

Unidad 17

Zusatzmaterialien

4. No fue posible la paz

Resume el texto *No fue posible la paz*.

Manuel Azaña / ser / Primer Ministro / Presidente de la República
Luchar por / constitución progresista / mayor autonomía de las regiones / mejor formación cultural de los ciudadanos
ser / político liberal e intelectual / estar en exilio en Francia
Morir / allí
Escribir / libro / memorias
Libro / describir / dos Españas enfrentadas
Por un lado / republicanos
Republicanos / querer / hacer reformas / convertirse / España / país moderno / democrático
Por otro lado / antirrepublicanos
Antirrepublicanos / enemigos / cambios / porque / perder privilegios
Intentos / cambiar / España / país liberal / descentralizado / fracasar
Antirrepublicanos / organizar / rebelión / acabar / República
Golpe de Estado / convertirse / Guerra Civil
Régimen / dictador / Francisco Franco / durar / 40 años
Censura radical / pérdida / libertades ciudadanas / ser / características / régimen franquista

5. Entre estas frases, hay cinco frases incorrectas; márcalas y corrígelas.

1. ¡Que lo pasas bien en las vacaciones!
2. Me alegro de que el examen de español haya salido bien.
3. Nos da mucha rabia que el profesor no nos explica otra vez el tema.
4. Depende de cuánto cuesten las entradas al concierto.
5. La madre dijo a su hijo: "¡No sales esta noche!"
6. Vamos a comprar pan antes de que cierre la panadería.
7. Si hubiera hecho el bachillerato, ha podido ser médico.
8. Si pude cambiar mi vida, lo haría.
9. Nosotros habíamos estudiado mucho para pasar bien el examen.
10. Me gustaría que mi padre me pagara mis estudios.
11. Nos encontraremos en la estación, a no ser que venga en coche.
12. Es normal que los jóvenes quieran salir por la noche.
13. Te mando una foto para que no me olvides.

Unidad 17

Zusatzmaterialien

6. Practica las formas del subjuntivo con los verbos nuevos de la unidad 17.

infinitivo	presente de subjuntivo 3.p.sg.	perfecto de subjuntivo 3.p.sg.	imperfecto de subjuntivo 3.p.sg.	pluscuamperfecto de subjuntivo 3.p.sg.
montar				
pegar				
llevar				
responder				
añadir				
salir				
encontrar				
pedir				
disculpar				
mejorar				
inventar				
respetar				
suceder				
discutir				

Unidad 18

Examen corto de español (1)

Nombre y apellido: _____   **Fecha:** _____

Traduce.   **30 puntos**

Zeichen geben	unentschlossen
bleich	auszahlen lassen
aufbewahren	das Eigentum
der Rechtsanwalt	verwirrt
vertrauen auf	behalten
sich entfernen	das Vertrauen
benutzen	betrügen
herausbekommen	hinweisen
stehlen	kaum
bitten	das (Heil-)Mittel
der Besitzer	antworten
die Belästigung	versuchen
zurückgeben	das Landgut
aushändigen	leer
beichten	die Notiz

Unidad 18

Examen corto de español (2)

Nombre y apellido: _____   **Fecha:** _____

1. Traduce.   **16 puntos**

Angst machen	der Wunsch
ausrufen	sich verabschieden
der Beweis	drauf und dran sein
seit der Kindheit	der Gewinn
umarmen	das Fahrzeug
die Strecke	schicken
äußern	drinnen
das Schicksal	leer

2. Transforma las frases subordinadas en frases con gerundio.   **4 puntos**

1. Terminaba de abrir el libro, cuando se acercó aquella señora, que me pidió que le indicara una dirección.

_____

_____

2. La señora repetía esta última frase con violencia y movía la cabeza de un lado a otro.

_____

_____

3. Me comentó que ella no tenía cédula de identidad, que le daba miedo que la gente la engañara al aprovechar que era sola.

_____

_____

4. Como el Pedro estaba detrás de la ventana para hacerme señas de que no, yo no se lo di.

_____

_____

Unidad 18

Examen corto de español (2)

Nombre y apellido: _____   **Fecha:** _____

3. Completa las frases con los pronombres relativos.   **4 puntos**

1. Rosa: "Esta es la carta de _____ le hablé, señorita".

2. Rosa: "Pedro es _____ me metió en esto de la lotería".

3. Me iba contando _____ quería hacer.

4. Hay muchas cosas para _____ se necesita la cédula de identidad.

4. Transforma las frases en estilo indirecto.   **6 puntos**

1. Rosa: "Ya son años que compro con la ilusión de sacarme alguito."

Rosa dijo _____

2. Rosa: "Me ofrecieron regalarme una chacrita con vaquitas y borreguitos".

Rosa comentó _____

3. Rosa: "¿Me puede dar pruebas de que puedo confiar en usted?"

Rosa preguntó _____

Unidad 18

Examen de español

Nombre y apellido: _____ **Fecha:** _____

1. Transforma las frases subordinadas en frases con gerundio. **10 puntos**

1. Llegó a Alemania cuando aún era una niña.

2. Al salir del cine, nos encontramos con Paco y Anabel.

3. Si tu sabías que iban a venir, ¿por qué no me habías avisado?

4. Como estaba enfermo, no pude terminar el trabajo.

5. Si hubiéramos tomado el tren a las siete, habríamos llegado a las ocho.

6. Si te comportas de ese modo, no vas a conseguir nada.

7. Si inviertes el dinero, puedes comprar una casa grande.

8. Las chicas protestaban mientras movían la cabeza de un lado a otro.

9. Se me acercó un niño y me pidió chocolate.

10. El chico se levantó como si no supiera qué hacer.

2. Transforma las frases en estilo indirecto. **10 puntos**

1. "No tengo ganas de estudiar." – La chica dice _____

2. "Hemos tomado mucho vino." – Los jóvenes explicaron _____

3. "¿Queréis un helado?" – He preguntado _____

4. "¿Por qué no estudias más?" –La profesora va a preguntar _____

5. "Eres la más guapa del pueblo." – El chico le dijo _____

6. "¿Por qué no tenéis tiempo?" – Les habíamos preguntado antes _____

7. "Vamos a dar una vuelta por el centro." – Nuestros amigos sabían _____

8. "Soy estudiante de Matemáticas." – He respondido _____

9. "¿Tienes ganas de hacer una excursión?" – Le ha preguntado _____

10. "Viajamos en tren a Madrid." – Digo _____

Examen de español

Nombre y apellido: _____   **Fecha:** _____

3. "Premio de lotería". Elige un tema y escribe un texto.   **20 puntos**

<u>tema 1:</u> **Resumen los aspectos centrales del texto "Premio de lotería" y formula tu opinión personal sobre el texto.**

<u>tema 2:</u> **La señorita que ayuda a Rosa en el texto "Premio de lotería" escribe el mismo día en su diario todo lo que pasó. Tú eres la señorita.**

_____

_____

_____

_____

_____

_____

_____

4. Completa las frases con los pronombres relativos.   **10 puntos**

1. Los alumnos escribieron un examen. En este momento el profesor está hablando de _____ han reprobado.

2. Tengo una vecina _____ es ama de casa y pinta cuadros.

3. Hace cinco años tuve un novio _____ muchas de mis amigas nunca conocieron.

4. Mi amiga me contó _____ quería hacer.

5. Los padres buscaban a una persona con _____ ayuda su hijo pudiera mejorar su nota en Matemáticas.

6. Quería ver a un actor de cine de _____ sabía que había ganado un premio.

7. El señor Sánchez es _____ me preguntó por el museo de Picasso.

8. Nos enseñaron el coche _____ tenían en el garaje.

9. Estos son los cedés de _____ te hablé la semana pasada.

10. El director del colegio es _____ organizó la fiesta de fin de curso.

Unidad 18

Zusatzmaterialien

1. Composición de textos

La narradora personal en el texto *Premio de lotería* reflexiona sobre el encuentro con Rosa y escribe un texto en su diario. Identifícate con la narradora personal y expresa todos los pensamientos, sentimientos, todas las dudas que tiene y todas las preguntas que le podrían surgir respecto a la situación.

¡A veces pasan cosas raras que uno no espera!
Esta tarde

2. La última frase del texto *Premio de lotería* menciona que Rosa trataría de ubicar a su primo en el cuartel y que se perdió entre la gente. Imagínate cómo continúa la historia.

Unidad 18

Zusatzmaterialien

3. Hablar de publicaciones periódicas.

Introducción:

El texto titulado …	Es un fragmento de …
El texto con el título …	Es una parte de un anuncio …
Se ha publicado en …	Es un anuncio de …

> Este vocabulario te ayudará a resumir los textos A 18.10 y A 18.15

Parte principal:

Trata de …	Ilustra …
Habla de …	Subraya …
Expone el tema …	Manifiesta …
Centra la atención en …	Cita …
Se ocupa de …	Describe …
Aborda el tema …	

Parte final:

> En la unidad 16 ya aprendiste expresiones para formular el final de un resumen. Si no te acuerdas, repasa otra vez tus apuntas.

4. Interpretar y hablar de poesía

La poesía se llama …
El poema está titulado …
La oda del poeta … se llama …

El Yo lírico	habla de …
	expresa …
	refleja ….
	se dirige al lector …

| El poema | se compone de … estrofas. |
| | consta de … versos. |

La estructura del texto es	sencilla.
	compleja.
	dialógica.
	monológica.

El poeta	emplea	un lenguaje	rítmico.
	aplica		melódico.
			sencillo.

| El ritmo es | regular. |
| | irregular. |

Se trata de versos	que riman.
	sueltos.
	libres.

> Todavía no hemos hablado de poesía. Aprovecha el vocabulario anotado para comentar los textos A 18.4 y A 18.15 *El niño indio* de una manera adecuada.

> Y no olvides mencionar al final tu opinión personal.

Unidad 19

Examen corto de español (1)

Nombre y apellido: _____ **Fecha:** _____

Traduce. 30 puntos

nicht einmal	beschreiben
die Diktatur	unerwartet
gründen	der Einwanderer
entführen	die Schönheit
ewig	der Schriftsteller
der Zufluchtsort	die Armut
ledig	der Stolz
die Wolle	Was macht das schon?
das Taschentuch	die Hälfte
verantwortlich	es ist bekannt
ermorden	treu
sein Wort geben	verschwunden
die Sprache	fordern
gewiss	um einen Gefallen bitten
der Enkel	das Pferd

Unidad 19

Examen corto de español (2)

Nombre y apellido: _____ **Fecha:** _____

1. Traduce. 16 puntos

zufällig	von zu Hause ausziehen
neugierig	zusammenpassen
spurlos	das Gewissen
die Zeichnung	hervorheben
sich lohnen	die Gesellschaft
Hin- und Rückfahrt	die Seele
als Gegenleistung	der Lastwagenfahrer
selten	vermeiden

2. Transforma las siguientes frases de activa a pasiva. 14 puntos

1. Muchos diarios y revistas publican las viñetas de Maitena.

2. Una cadena de televisión invitó a Maitena a participar en un debate.

3. Todos suponían que la policía militar había asesinado a los desaparecidos.

4. La crisis económica cambió el ambiente de Buenos Aires.

5. Carlos Gardel cantó famosos tangos en Argentina.

6. La ingeniería ferroviaria construyó La Polvorilla, un imponente viaducto.

7. Un camionero transportaba colchones de Buenos Aires a las provincias.

Unidad 19

Examen de español

Nombre y apellido: _____   **Fecha:** _____

1. Transforma las frases de activa a pasiva.   **10 puntos**

1. El camionero llevó a don Giuseppe en su camión a Mendoza.

2. Algunas personas saludaron a los dos hombres.

3. Una familia italiana en Mendoza recibió a don Giuseppe en su casa.

4. Un barco llevó a los bisabuelos de Álvaro Zárate a la Argentina.

5. Álvaro montó una clínica veterinaria en 1990.

2. Traduce las frases al español.   **10 puntos**

1. Don Giuseppe hätte dem Lastwagenfahrer von seiner Familie erzählen können, aber er wollte es nicht.

2. Don Giuseppe hätte in Argentinien eine Bäckerei öffnen können, aber er hatte nicht genügend Geld.

3. Álvaro Zárate hätte sich eine andere Arbeit in Argentinien suchen müssen, aber er tat es nicht.

4. Álvaro Zárate und seine Familie hätten den Ausweis für Valeria früher beantragen sollen, aber sie dachten nicht daran.

5. Maitena hätte bei ihren Eltern wohnen sollen, aber sie wollte von zu Hause ausziehen.

Examen de español

Nombre y apellido: _____ **Fecha:** _____

3. Formula frases en pasiva refleja. **10 puntos**

1. Las canciones de Carlos Gardel – (escuchar) – muchas veces en la radio.

2. Solamente en un país de Latinoamérica – (hablar) – portugés.

3. En el debate de ayer – (discutir) – sobre la crisis económica actual.

4. En aquel edificio – (dar) – clases de piano.

5. En esta fábrica francesa – (construir) – coches.

6. Mañana – (celebrar) – en España la Feria del Caballo.

7. En una tienda cerca de la Plaza Mayor – (arreglar) – guitarras.

8. Este tipo de camiones ya no – (fabricar).

9. En los restaurantes no – (permitir) – entrar con perros.

10. En el hotel "Maravilla" – (alquilar) – habitaciones con vista al mar.

4. Composición de texto **20 puntos**

**En la clase de español has conocido a Maitena, una argentina famosa.
Resume lo que sabes de su niñez y la relación con su padre. Explica por qué la gente de Argentina la conoce.**

Unidad 19

Zusatzmaterialien

1. Maitena, una argentina de hoy

**Escucha el texto Maitena, una argentina de hoy, y rellena los espacios del texto.
No te asustes si aparecen de vez en cuando palabras o expresiones que todavía no conoces. Apúntalas.**

No hace mucho era una total _____ y ahora va camino de _____ en una de las figuras argentinas universales como Carlos Gardel, Atahualpa Yupanqui o Mercedes Sosa. Sus _____ humoristas y sus

5 _____ son publicadas _____ de casi una decena de diarios y revistas del mundo hispanohablante.

Su abuelo era vasco, de ahí que ella _____ vascuence: Maitena, que significa "_____".

La _____ de Maitena está llena de altibajos, de _____ y sombras, de

10 _____ y aciertos, de _____ y fracasos. Un poco, por decirlo así, como la historia reciente de su propio país, La Argentina. Penúltima en una serie de siete hermanos, cuatro mujeres y tres _____, Maitena fue siempre la _____.

"Yo fui la rebelde de la familia, la inconformista. Mi negativa a estudiar – lo único que mi padre _____ – fue origen de numerosos conflictos familiares. Me _____ y, llevé una vida bohemia. Con 19 años ya tenía dos hijos, y me separé de mi marido

15 _____ los 25. A los treinta y tantos me aventuré a casarme por segunda vez."

"Yo siempre _____ lectora insaciable, curiosa e interesada por muchas cosas, pero nada de estudiar. Yo era punk, _____. Me peleaba con el mundo, con las _____, con las reglas. Sobre todo me peleaba con mi padre, de derechas y

20 _____, porque lo que él quería no casaba con lo que luego hacía. Fue ministro en el último Gobierno de la _____.

Podría haber dicho que no, pero la vanidad le _____ que sí, porque se moría por ser ministro de Educación. 'Vos me podés decir lo que querás, papá, – le atacaba yo cuando discutíamos – pero acá está pasando algo grave. Todo el mundo está convencido de que la gente que desaparece

25 sin dejar rastro es _____ por la policía militar. Y él trataba de darme argumentos para demostrarme lo contrario, pero nunca _____ de que esos miles y miles de personas que desaparecían fueran realmente terroristas como el Gobierno decía. Luego, cuando _____ ministro, le costaba mucho reconocer que se había equivocado y no quería que en casa se hablara de ese tema. Pese a todo, no tuve una _____ con mi viejo."

Unidad 19

Zusatzmaterialien

2. ¿Quién sabe más de Argentina y sus países vecinos?

grupo A **grupo B**

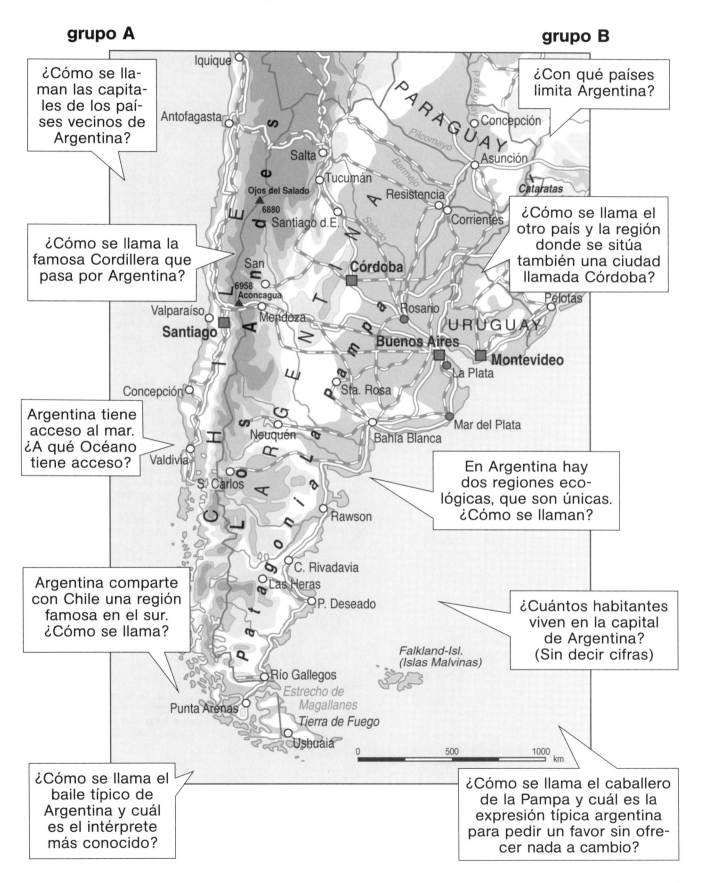

grupo A:
- ¿Cómo se llaman las capitales de los países vecinos de Argentina?
- ¿Cómo se llama la famosa Cordillera que pasa por Argentina?
- Argentina tiene acceso al mar. ¿A qué Océano tiene acceso?
- Argentina comparte con Chile una región famosa en el sur. ¿Cómo se llama?
- ¿Cómo se llama el baile típico de Argentina y cuál es el intérprete más conocido?

grupo B:
- ¿Con qué países limita Argentina?
- ¿Cómo se llama el otro país y la región donde se sitúa también una ciudad llamada Córdoba?
- En Argentina hay dos regiones ecológicas, que son únicas. ¿Cómo se llaman?
- ¿Cuántos habitantes viven en la capital de Argentina? (Sin decir cifras)
- ¿Cómo se llama el caballero de la Pampa y cuál es la expresión típica argentina para pedir un favor sin ofrecer nada a cambio?

Unidad 19

Zusatzmaterialien

3. Un viaje por Latinoamérica

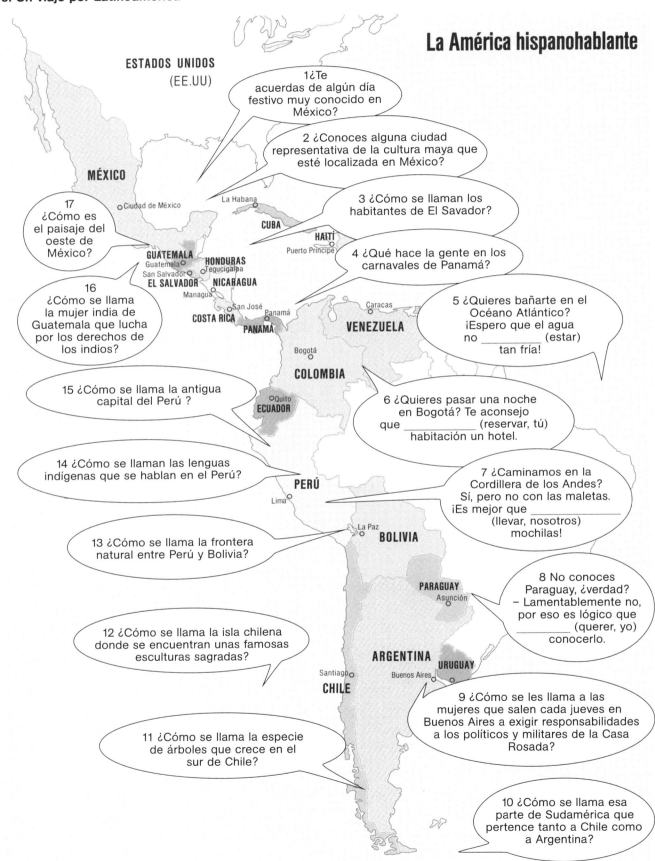

Unidad 20

Examen corto de español (1)

Nombre y apellido: _____   **Fecha:** _____

Traduce.   30 puntos

weinen	der Versuch
abfahren	zurück
die Medizin	die Meinung
die Phase	der Glaube
sich ergeben	der Titel
das Exil	berechnen
das Motto	verteidigen
der Sklave	die Anwesenheit
bremsen	durchführen
erfüllen	es ist eine Frage von …
vorwerfen	ein Ende setzen
enden	in aller Eile
glänzend	garantieren
die Königin	zerbrechen
unzählig	vereinen

Unidad 20

Examen corto de español (2)

Nombre y apellido: _____ **Fecha:** _____

1. Traduce. 16 puntos

die Träne	der Verbrecher
beherrschen	besitzen
beruhen auf	das Bedürfnis
das Versprechen	eine große Rolle spielen
bestrafen	die Todesstrafe
erreichen	ein Recht haben auf
die Ernährung	die Gefahr
die Täuschung	verfügen über

2. Contesta las preguntas. 14 puntos

a) La Batalla de Guadalete es un acontecimiento histórico de España. Describe este hecho histórico en pocas palabras. (4 P)

_____
_____
_____

b) Explica la expresión „Al-Ándalus". (2 P)

_____

c) ¿Cuál de las ciudades andaluzas era la más famosa y por qué? (4 P)

_____
_____

d) ¿Cuánto tiempo estuvieron los musulmanes en España? (1 P)

_____

e) En aquel tiempo convivieron tres culturas. ¿Cómo se llaman? (3 P)

_____

Unidad 20

Examen de español

Nombre y apellido: _____   Fecha: _____

1. La historia de España 10 puntos

a) Explica la expresión "Reinos de Taifas". (2 P)

_____

b) Los Reyes Católicos cambiaron la historia española.
Explica esta tesis y apunta también el año en el que se realizó el cambio. (4 P)

_____
_____
_____

c) "Religión no hay más que una: la nuestra", dijeron los Reyes Católicos. ¿Qué consecuencias tuvo esta expresión para las diferentes culturas que vivían en aquel tiempo en España? (4 P)

_____
_____
_____

2. Los mayas 12 puntos

a) Explica el sistema social de los mayas y da ejemplos. (5 P)

_____
_____
_____

b) ¿Qué sabes de la enseñanza entre los mayas? (3 P)

_____
_____
_____

c) ¿Qué significado tuvo la agricultura para los mayas? (4 P)

_____
_____
_____

Unidad 20

Examen de español

Nombre y apellido: _____ Fecha: _____

3. Los aztecas 6 puntos

a) ¿Qué animales servían de símbolo para los aztecas cuando los dioses querían demostrar "algo"? (2 P)

_____

b) ¿Cómo era el "matrimonio" en la época de los aztecas? (4 P)

_____
_____
_____
_____

4. Los incas 12 puntos

a) Cuando los españoles llegaron al Perú, los incas no los atacaron. Explica por qué. (2 P)

_____
_____

b) Describe el sistema de contabilidad de los incas. (3 P)

_____
_____
_____

c) ¿Cómo funcionaba el correo de los incas? (3 P)

_____
_____
_____

d) El "ayllu" es una expresión de organización de la sociedad inca. Explica el término y describe el sistema social de los incas. (4 P)

_____
_____
_____
_____
_____

Unidad 20

Zusatzmaterialien

1. La Reconquista

¡Mucha suerte!

Lee los textos en el libro de texto (pág. 112 – 113) y contesta las preguntas.

¡Que vienen los moros!

1. ¿Qué año describe el texto?

2. ¿Cómo se llama el rey visigodo que reinaba en aquel tiempo en España?

3. ¿Cuál es el acontecimiento histórico que describe el texto?

4. Con la fundación de los nuevos reinos empezó otro acontecimiento histórico muy importante. ¿Cómo se llama?

Al-Ándalus

5. Explica el término „Al-Ándalus".

6. ¿De qué siglos se habla con respecto a Al-Ándalus?

7. ¿Cuál de las ciudades andaluzas era la más famosa y por qué?

8. El texto dice: "Al-Ándalus alcanzó un nivel mucho más alto que otros reinos". ¿En qué sentido?

Un puente cultural

9. ¿Cuánto tiempo estuvieron los musulmanes en España?

10. En aquel tiempo convivieron tres culturas. ¿Cómo se llaman?

11. Describe los aspectos positivo, que menciona el texto.

Unidad 20

Zusatzmaterialien

La Reconquista
Lee los textos en el libro de texto (pág. 114 – 115) y contesta las preguntas.

"Divide et impera"

12. ¿Cómo se llaman los famosos Reyes Católicos?

13. ¿Cómo se llama el último rey de los árabes que reinó en el sur de España?

14. ¿En qué año y en qué ciudad entregó este rey árabe el reino a los Reyes Católicos?

Religión no hay más que una: la nuestra

15. ¿A partir de qué año reinaron los Reyes Católicos?

16. ¿Cuál era su lema?

17. ¿Cuáles eran las tres culturas que existían en aquel tiempo en España?

18. ¿Cuál fue el decreto de los Reyes Católicos para las personas que no eran cristianas?

Si no fue un loco, fue un genio

19. Cristóbal Colón convenció a la Reina de Castilla con su proyecto. ¿Cuál era su proyecto?

20. ¿Cuándo y de dónde partió?

21. ¿Cómo se llamaban sus tres carabelas?

22. Colón creyó que había descubierto las Indias Occidentales. ¿A dónde había llegado en realidad?

Zusatzmaterialien

2. El imperio inca
(Folienvorlage)

Los creyó dioses, fue su error

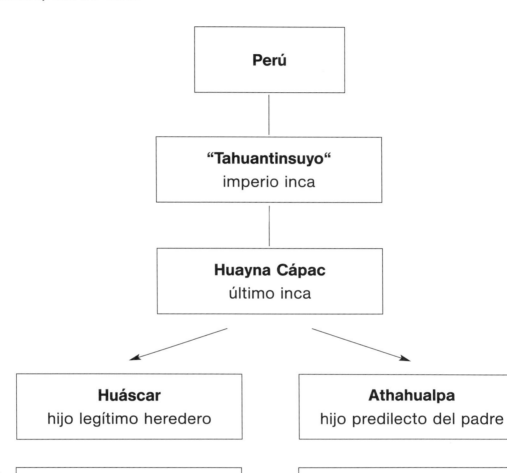

193

Unidad 20

Zusatzmaterialien

El imperio inca
(Folienvorlage)

El quipú: las cuentas, claras

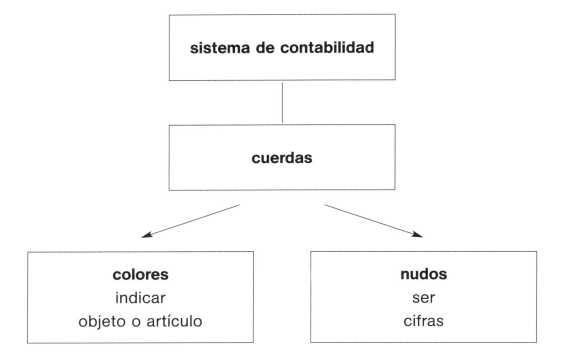

Ni tuyo, ni mío: de todos

base de la sociedad
tribu "ayllu"

agrupación

~~propiedad privada~~

economía socialista

cada familia – tierra – vivir

parte – cosecha – entregar

alimentos:

maíz – papas

carne – cobayas / conejillos

chicha

194

Lösungen 13/14

Lösungsvorschläge zu den Zusatzmaterialien

Unidad 13

1.
1. Falso: Chile está en el sur de Sudamérica.
2. Falso: Chile es un país largo.
3. Falso: Chile limita con tres países: Perú, Argentina, Bolivia.
4. Correcto.
5. Falso: La capital de Chile se llama Santiago (de Chile).
6. Correcto.
7. Falso: El sur de Chile se llama "Tierra de Fuego".
8. Correcto.
9. Correcto.
10. Falso: La selva amazónica se encuentra en Brasil, Bolivia y Perú.
11. Falso: El Chaco se encuentra en Argentina y Paraguay.
12. Correcto.

2.

infinitivo	perfecto de indicativo 1.p.sg.	imperfecto de indicativo 1.p.sg.	indefinido 1.p.sg.	presente de subjuntivo 1.p.sg.	perfecto de subjuntivo 1.p.sg.
decir	he dicho	decía	dije	diga	haya dicho
poner	he puesto	ponía	puse	ponga	haya puesto
escribir	he escrito	escribía	escribí	escriba	haya escrito
beber	he bebido	bebía	bebí	beba	haya bebido
hablar	he hablado	hablaba	hablé	hable	haya hablado
sacar	he sacado	sacaba	saqué	saque	haya sacado
dar	he dado	daba	di	dé	haya dado
estar	he estado	estaba	estuve	esté	haya estado
ser	he sido	era	fui	sea	haya sido
saber	he sabido	sabía	supe	sepa	haya sabido
ir	he ido	iba	fui	vaya	haya ido

3.
1. esperanza
2. Chinchorro
3. desconfiar
4. desierto
5. Los Andes
6. Isabel Allende
7. Atacama
8. Argentina
9. Pablo Neruda
10. Isla de Pascua
11. analfabetos
12. ONG
13. bosque
14. SIDA
15. Araucaria
16. relación
17. correo electrónico
18. barrio
19. Santiago
20. prohibir

Unidad 14

1.
1. No, no la conozco. / Sí, la conozco. El grupo se llama Jarabe de Palo.
2. Se llama *Depende*.
3. Sí me gusta. / No, no me gusta.
4. No, no es música clásica. Es música rock.
5. No, no entiendo el texto. / Sí, el grupo habla de la manera de ver la vida.
6. Sí, normalmente escucho mucha música en casa.
7. Prefiero música rock y música moderna.
8. No, no me gusta cantar. No sé cantar. / Sí me gusta cantar. Los martes canto en un coro.
9. Toco el piano. / No, no sé tocar ningún instrumento.
10. Sí, claro.

Lösungen 15

11. Era un concierto del grupo ...
12. Prefiero escuchar música. Es más cómodo.
13. Sí, (a veces) me gusta. Normalmente bailo en la discoteca.
14. Prefiero bailar solo/a.

2.
Es werden nur die Lösungswörter genannt.

blanco	amor	bese
negro	primavera	hombre
números	agosto	boca
nublado	baja	boda
se ha acabado	abajo	

4b)
1. Habla de su vida antes y hoy, del estilo musical del grupo, de los temas de sus canciones, de su opinión de la prensa del corazón y de su forma de vivir con el éxito.
2. Por un lado, creo que sí le gusta, porque se da cuenta de que tiene éxito y que a la gente le gustan sus canciones. Por otro lado, creo que le molesta vivir en hoteles y andar en la furgoneta de un lado para otro. No le gusta firmar autógrafos toda la noche.
3. Quieren cantar temas de la vida cotidiana, de amores, desamores y cosas que ven en la calle.
4. Creo que sí, porque son temas que se refieren a una persona cualquiera en este mundo.
5. No creo que sea un chico superficial o arrogante porque se nota que reflexiona sobre la vida. Observa las situaciones de la vida diaria y compone canciones sobre ellas. Dice que hace música, porque le gusta y no principalmente para ganar mucho dinero. Además explica que por el éxito no cambia su estilo de vivir.

Unidad 15

1.
Textorientierte, aber individuelle Lösung der S.

2.
Lösung auf dem Arbeitsblatt.

3.

sich schützen – protegerse
sich trauen – atreverse
bauen – construir
schwitzen – sudar
modernisieren – modernizar
bestimmen – determinar
heiraten – casarse
schwören – jurar
kassieren – cobrar
anerkennen – reconocer
beitragen – contribuir
aufnehmen – grabar
erlauben – permitir
proben – ensayar
sich amüsieren – divertirse

anstreben – perseguir
verbieten – prohibir
sich interessieren – interesarse
ausgeben – gastar
sich benehmen – comportarse
vergessen – olvida
behaupten – afirmar
rauchen – fumar
sich halten für – considerarse
stören – molestar
verkaufen – vender
misstrauen – desconfiar
geboren werden – nacer
kränken – indignar
wegnehmen – quitar

4.

infinitivo	perfecto de indicativo 1.p.sg	imperfecto de indicativo 1.p.sg.	indefinido 1.p.sg.	presente de subjuntivo 1.p.sg.	perfecto de subjuntivo 1.p.sg.
molestar	he molestado	molestaba	molesté	moleste	haya molestado
fumar	he fumado	fumaba	fumé	fume	haya fumado
olvidar	he olvidado	olvidaba	olvidé	olvide	haya olvidado
afirmar	he afirmado	afirmaba	afirmé	afirme	haya afirmado
desconfiar	he desconfiado	desconfiaba	desconfié	desconfie	haya desconfiado
vender	he vendido	vendía	vendí	venda	haya vendido
observar	he observado	observaba	observé	observe	haya observado
jurar	he jurado	juraba	juré	jure	haya jurado
determinar	he determinado	determinaba	determiné	determine	haya determinado
reconocer	he reconocido	reconocía	reconocí	reconozca	haya reconocido
contribuir	he contribuido	contribuía	contribuí	contribuya	haya contribuido
construir	he construido	construía	construí	construya	haya construido
sudar	he sudado	sudaba	sudé	sude	haya sudado
ensayar	he ensayado	ensayaba	ensayé	ensaye	haya ensayado
prohibir	he prohibido	prohibía	prohibí	prohiba	haya prohibido
cobrar	he cobrado	cobraba	cobré	cobre	haya cobrado
gastar	he gastado	gastaba	gasté	gaste	haya gastado

Unidad 16

2.

El texto "Carmen Balderas" habla de una mujer interesante de México.
La familia Castillo Balderas vive en Guadalajara, en el barrio de Buenos Aires, una zona donde la gente comenzó a ocupar terrenos ilegalmente. Aunque la infraestructura del barrio es mala, la familia Castillo Balderas decidió construir con sus propias manos el ranchito donde viven. Ambrosio, el esposo de Carmen, se levanta todos los días a las cuatro de la mañana. Su trabajo consiste en hacer la distribución de productos agrícolas para la empresa donde trabaja. Carmen es ama de casa, lava, plancha y cocina. Después de trabajar, a la familia le gusta mucho sentarse delante del televisor y ver juntos telenovelas. Carmen Balderas nació en Guadalajara y creció sin padre. Después fue a la escuela primaria hasta los 12 años. Con 15 tuvo que casarse con Ambrosio porque se embarazó. Hoy Carmen Balderas quisiera cambiar su vida, pero no puede. Si hubiera aprendido una profesión, trabajaría para mejorar la situación de sus hijos. A Carmen le gustaría mucho trabajar y ganar dinero, pero Ambrosio no se lo permite. Él quiere que Carmen esté en casa para cuidar a la familia.
El final.

> Einleitung zu knapp + nicht präzise. Ergänzen + Thema des Textes konkretisieren.
>
> Details streichen
>
> Eigene Wortwahl + Satzbau vereinfachen
>
> kürzen
>
> kürzen
>
> kürzen
>
> korrekt formulieren
>
> Das ist keine angemessene Formulierung für einen Schluss. Neu formulieren!

3.

Lösungen 17

3.

	ejemplo 1	ejemplo 2	ejemplo 3
introducción	Alle Merkmale einer Einleitung werden berücksichtigt.		
parte principal	Zusammenfassung folgt inhaltlich dem Aufbau des Textes.	Zusammenfassung wird auf Metaebene formuliert. Sie beschreibt + erläutert chronologisch der Textstruktur entsprechend die einzelnen Themen bzw. Textabschnitte.	Der Lebensweg wird von der Geburt bis heute dargestellt, ohne die Reihenfolge des Textes zu berücksichtigen.
el final	Als Schluss wird die rückblickende Überlegung Carmens aufgenommen.	Eigene Stellungnahme + Vermutung	Behauptung + persönliche Stellungnahme

Alle drei Formen der Zusammenfassung sind zulässig, sofern sie die Grundregeln berücksichtigen und inhaltlich korrekt sind.

Unidad 17

1. / 2. / 3. / 4.
Individuelle Lösungen.

5.
Es werden nur die korrigierten Sätze aufgeführt:

1. ¡Que lo pases bien en las vacaciones!
3. Nos da mucha rabia que el profesor no nos explique otra vez el tema.
5. La madre dijo a su hijo: "¡No salgas esta noche!"
7. Si hubiera hecho el bachillerato, habría podido ser médico.
8. Si pudiera cambiar mi vida, lo haría.

6.

infinitivo	presente de subjuntivo 3.p.sg	perfecto de subjuntivo 3.p.sg	imperfecto de subjuntivo 3.p.sg	pluscuamperfecto de subjuntivo 3.p.sg
montar	monte	haya montado	montara	hubiera montado
pegar	pegue	haya pegado	pegara	hubiera pegado
llevar	lleve	haya llevado	llevara	hubiera llevado
responder	responda	haya respondido	respondiera	hubiera respondido
añadir	añada	haya añadido	añadiera	hubiera añadido
salir	salga	haya salido	saliera	hubiera salido
encontrar	encuentre	haya encontrado	encontrara	hubiera encontrado
pedir	pida	haya pedido	pidiera	hubiera pedido
disculpar	disculpe	haya disculpado	disculpara	hubiera disculpado
mejorar	mejore	haya mejorado	mejorara	hubiera mejorado
inventar	invente	haya inventado	inventara	hubiera inventado
respetar	respete	haya respetado	respetara	hubiera respetado
suceder	suceda	haya sucedido	sucediera	hubiera sucedido
discutir	discuta	haya discutido	discutiera	hubiera discutido

Unidad 18

Unidad 19

1.
desconocida, convertirse, ilustraciones, viñetas, en las páginas, lleve un nombre, la más querida, biografía, luces, errores, éxitos, varones, oveja negra, quería que hiciera, fui de casa, antes de cumplir, he sido, agresiva, instituciones, católico, dictadura, hizo decir, asesinada, consiguió convencerme, dejó de ser, mala relación

2.
Linke Spalte von oben nach unten:
– Uruguay – Montevideo; Brasil – Brasilia; Paraguay – Asunción; Bolivia – La Paz; Chile – Santiago – Los Andes
– Océano Atlántico
– Tierra de Fuego
– El Tango; Carlos Gardel

Rechte Spalte von oben nach unten:
– Uruguay, Brasil, Paraguay, Bolivia, Chile
– España; Córdoba está en el sur de España, está situada en la Comunidad Autónoma de Andalucía.
– Gran Chaco; Pampa
– La mitad de la población vive en la capital
– El gaucho; "¡Hacéme una gauchada, ché!"

3.
1. el día de los muertos
2. Palenque
3. salvadoreños
4. La gente echa cubos de agua.
5. sea
6. reservemos
7. llevemos
8. quiera
9. Las madres de la Plaza de Mayo
10. Tierra de Fuego
11. La araucaria
12. La isla de Pascua
13. Lago Titicaca
14. quechua y aymará
15. Cuzco
16. Rigoberta Menchú
17. Es desértico

Unidad 20

1.
La Reconquista
¡Que vienen los moros!

1. En el año 711.
2. El rey visigodo se llama don Rodrigo.
3. Es la Batalla de Guadalete.
4. Se llama la Reconquista.

Al–Ándalus

5. Al-Ándalus se llamaba la parte de España conquistada por los musulmanes.
6. Se habla de los siglos IX y X.
7. Córdoba. Era la ciudad más culta, más moderna, más limpia y más refinada de todas las capitales del mundo occidental.
8. Los niños y también las mujeres aprendían a leer y a escribir en las escuelas coránicas.
   Muchos iban después a estudiar en la mezquita-universidad.
   Ál-Andalus alcanzó un nivel muy alto en Medicina, Astronomía y Matemáticas.

Un puente cultural

9. Estuvieron en España casi ocho siglos.
10. La cultura cristiana, la cultura musulmana y la cultura judía.
11. En aquel tiempo hubo largas fases de paz. Las tres culturas colaboraron en la Escuela de Traductores de Toledo.
    Allí hicieron una brillante labor científica.

"Divide et impera"

12. Se llaman Isabel I de Castilla y Fernando II de Aragón.
13. Se llamaba Boabdil.
14. En 1492 entregó Boabdil en Granada el reino a los Reyes Católicos.

Religión no hay más que una: la nuestra

15. Reinaron a partir de 1479.
16. Su lema era: "un solo reino, una sola corona, una sola religión".
17. Las tres culturas eran la musulmana, la cristiana y la judía.
18. El decreto para las personas que no eran cristianas fue "bautizo o expulsión".

Si no fue un loco, fue un genio

19. Quería llegar a las Indias Occidentales.
20. Partió el 3 de agosto de 1492 de Palos de Moguer.
21. Se llamaban la Pinta, la Niña y la Santa María.
22. Había llegado a tierras americanas.